TEJA FIEDLER
Die Zeit ist aus den Fugen

TEJA FIEDLER

Die Zeit ist aus den Fugen

Vom Kaiserleutnant zum Vertriebenen
Das Leben meines Vaters

Mit 24 Abbildungen auf Tafeln

Piper München Zürich

Mehr über unsere Autoren und Bücher:
www.piper.de

Alle Bilder im Innentitel entstammen
dem Privatbesitz des Autors.

ISBN 978-3-492-05188-0
© Piper Verlag GmbH, München 2010
Satz: Fotosatz Amann, Aichstetten
Druck und Bindung: CPI – Clausen & Bosse, Leck
Printed in Germany

Für meine Familie

Eine Biografie, bunt und prall wie ein Roman, so habe ich das Schicksal meines Vaters stets empfunden. Dokumente, Bilder, Zeitzeugen, vor allem aber die unvergesslichen Erzählungen meines Vaters selbst haben mir geholfen, es nachzuzeichnen – ohne Schwarz-Weiß-Malerei, doch mit dem versöhnlichen Unterton, den auch er immer für das bewegte Zusammenleben von Deutschen und Tschechen in Böhmen fand.

T. F.

Inhalt

Italienische Front 1917 9

Die Rohner Mühle 12

Jelena und der Schimmel 25

Auf dem Balkan 37

Mensur 46

Familie Schwansee 55

Das Duell 65

Sarajewo 78

Zu den Fahnen 88

Ein Toter hört zu 98

Maschinengewehre 109

Die Republik 123

Königin von Thule 136

Großfürstin Anastasia 145

Der Fortschritt 155

Der blaue Engel 166

Keine zweite Schweiz 176

»Heim ins Reich« 187

Heil Hitler, Herr Notar! 199

Vaters Abschied 211

Krieg und Frieden 223

Eine Rose ist eine Rose ist eine Rose 233

Die Russen kommen 243

Häftling Dr. Fiedler 254

Vertrieben 264

Der Prozess 275

Kippen und Korbflechten 286

Angina Pectoris 298

Halali 308

Italienische Front 1917

Nur er war noch am Leben. Die anderen mussten alle tot sein. Zerfetzt. Zerstückelt. Zermalmt. Zwei Tage schwerstes Artilleriefeuer, Tausende von Granaten aller Größen genau auf die Schützengräben des 74. k. und k. Infanterieregiments, da konnte keiner mehr übrig sein. Außer ihm, dem Oberleutnant, Burschenschafter, Bauernsohn Alois Fiedler. »Schießen können sie, die Katzelmacher! Verdammte Italiener!«, dachte er ingrimmig mit dem bisschen Hirn, das noch zum Denken taugte. Viel war das nicht, denn seinen Kopf unter dem Stahlhelm füllte Angst, angespannte Angst, die jeden Augenblick auf den Einschlag wartete, mit dem alles aus sein würde. Hoffentlich. Nur kein glühendes Eisen in den Bauch, dachte er in aufflackernden Panikschüben, nur kein Granatsplitter, der dir die Schädeldecke wegfegt und dein Gehirn noch ein paar Minuten zucken lässt. Nur nicht diese Schmerzen. Er hatte genug Männer brüllend und winselnd sterben sehen. Herrgott, schick mir wenigstens einen Volltreffer, der mich in Stücke reißt, bevor ich etwas spüre.

Er lag seit einem Tag bäuchlings auf dem Boden des Schützengrabens, so tief in den Berg gekrochen, wie es nur ging. Alles um ihn war grauweiß. So grauweiß wie der Kalkfels der Dolomiten, über deren Vorberge die Front verlief. Kalkstaub auf der Feldflasche vor ihm, Kalk auf dem Karabiner neben ihm, Kalk auf dem weit aufgerissenen Mund des Meldegängers, der verrenkt und steif an seiner Seite lag. Selbst die klaffende Wunde auf der Brust des Mannes, aus der zwei geborstene Rippen ragten, war nicht mehr rot, sondern wie mit Mehl zugepudert. Den Mann hatte es schon während der Nacht erwischt, als er ihm eine sinnlose Nachricht vom Bataillonsstab bringen wollte, geduckt, doch immer noch hoch genug aufgerichtet, dass ein Haubitzengeschoss durch ihn hindurchfuhr wie ein niederzischender Meteor. »Sturmangriff erwartet in absehbarer Zeit«, stand auf dem Zettel, den er aus der noch warmen Hand des Toten gezogen hatte. Was denn sonst? Natürlich kam am Ende des Artillerie-Infernos ein Sturmangriff, das war so sicher wie das Amen in der Kirche.

Staub stand als dichter Nebel im Graben und machte es unmöglich, weiter als zwei, drei Meter zu sehen. Jede Granate, die in den Dolomitenfels einschlug, wirbelte Felsbrocken und Steinsplitter hoch. Und Staub, Staub, Staub, der das Atmen schwer machte. Daran hatte Alois Fiedler sich in den vielen Stunden gewöhnt, die der Beschuss nun schon anhielt. Längst waren seine Ohren fast taub von dem pfeifenden, dröhnenden, donnernden Kanonenfeuer. Und doch hörte er aus dem brüllenden Schlachtenlärm wie Solostimmen über einem Chor des Grauens die Granaten heraus, die lauter und lauter werdend in die Richtung flogen, wo er im Graben lag. Jedes Mal hielt er dann den Atem an, jedes Mal verkrallten sich seine Hände, bis das Geschoss ohrenbetäubend nahe seiner Stellung krepierte. Noch einmal davongekommen.

Er hatte Durst. Aber die Feldflasche war leer. Vielleicht war es gut, dass sein Körper langsam austrocknete. Herr Oberleutnant, gar nicht heldenhaft bäuchlings und bewegungslos daliegend, spürte keinen Harndrang mehr, und das bisschen Scham, das dieses Trommelfeuer bisher überstanden hatte, blieb so am Leben: er war nicht mehr genötigt, sich selbst von unten anzupinkeln wie er es in den ersten Stunden getan hatte. Wie lange würde er noch so daliegen? So hilflos und angsterfüllt? Er schloss die Augen. Nur nicht verrückt werden vor Panik. Er versuchte, sich den Frieden vorzustellen. Die Welt ohne heranheulende, berstende Granaten, ohne verstümmelte Leichen, ohne endloses Warten auf das Ende. Es war schwer. Er zwang sich. Mit aufgesprungenen Lippen und tauben Ohren summte er sein Lieblingslied vor sich hin: »Tief drin im Böhmerwald, da ist mein Heimatort, es ist schon lange her, dass ich von dort bin fort.« Ein simples Lied, doch ihm liefen Tränen die weiß angestaubten Wangen hinab. Und durch den Staub, den Lärm, den Schrecken brachten ihm diese Zeilen seine Welt vor dem großen Sterben zurück.

Die Rohner Mühle

Wenn der Vater zum Mittagessen vom Rohner Sägewerk nach Hause kam, roch er nach Harz und Holz. Er bürstete seine Schuhe sorgfältig ab, die mit Sägemehl eingestaubt waren, klopfte seine Joppe aus, spülte mit einem kräftigen Schluck Wasser den Staub aus der Kehle, wusch am Wasserhahn gleich neben dem Herd die Hände, fuhr sich mit den noch nassen Händen über das Gesicht, das borstige, kurz geschnittene Haar und den Schnurrbart und setzte sich dann an den großen Holztisch. Dort lag noch immer die Zeitung, die er schon morgens vor dem Weggehen gelesen hatte. Mittags, das wussten die Kinder, sah er nur noch die Zahlenreihen auf der Seite »Ökonomie« durch, oft mit Zweifeln, oft mit Freude in den hellen Augen, und so lange er das tat, mussten sie den Mund halten. Dann schaute er oben auf der ersten Seite, welches Wetter der Hundertjährige Kalender für den heutigen Tag verhieß, lachte kurz auf, wenn da Regen angesagt war, draußen über der Fichtenschonung aber die Sonne stand, und sagte zu seiner Frau am Herd: »Ja, Mariandel, heute scheint sie nicht, die Sonne, denn der Hundertjährige Kalender stimmt ja immer.« Jetzt wussten Alois und sein Bruder, ihr Vater war durch mit der Arbeit und sie konnten laut werden.

Die Mutter lächelte dann ein wenig schief mit einem Blick über die Schulter zurück, rührte weiter in dem großen Tiegel mit der dampfenden Mehlsuppe und antwortete: »Hast ja recht, Dori, aber oft stimmt er schon, der Hundertjährige Kalender.« Vater glaubte nicht an den Hundertjährigen Kalender, so wie die Mutter das tat. Vater glaubte auch nicht an die göttliche Kraft des Weihwassers, Mutter schon. Vater, so fürchtete Alois, der älteste Sohn, glaubte nicht einmal an die wirksame Fürbitte bei der Heiligen Jungfrau Maria in allen Lebenslagen, was für ihn böse ausgehen konnte. Denn, so hatte der Herr Pfarrer in der Religionsstunde mit erhobener Stimme und erhobenem Zeigefinger den Zehnjährigen erklärt, wer dies leugne, für den stehe das Höllentor weit offen. Alois wünschte sich, der Vater würde doch wie die anderen Bauern in Rohn auch Marias Wundertätigkeit nicht anzweifeln; er liebte ihn und wollte ihn nicht bei den Teufeln enden sehen. Aber so war er nun mal, der Vater.

»Ich glaube, was ich sehe«, sagte er einmal zur Mutter, »und was ich verstehe.« Die Eltern hatten sich über den Apostel Thomas gestritten. Der Vater meinte, er könne den Apostel sehr gut begreifen, der erst seine Finger in die Wunden des auferstandenen Herrn Jesus legen wollte, bevor er dessen Auferstehung akzeptierte. Und die Mutter hatte mit Sorge um das ewige Heil ihres Mannes im Blick geantwortet, wer Gottes Wort nicht ohne Wenn und Aber als wahr ansehe, der versündige sich zutiefst. Loisl, wie alle im Dorf den Alois, den aufgeweckten Erstgeborenen des Bauern und Sägewerkbesitzers Isidor Fiedler nannten, hielt es eigentlich schon mehr mit Vaters Meinung. Schaute man nicht auch sehr genau auf das Gebiss eines Pferdes, statt den schönen Worte des Rosshändlers zu vertrauen? Andererseits steckte der liebe Gott hinter allem in dieser Welt, daran gab es nichts zu rütteln, denn das glaubten auch der Kaiser Franz Joseph in Wien, der Stadtpfarrer in Prachatitz und die Mutter am Herdfeuer. Und wenn an Weihnachten das Goldene Rössel mit Geschenken durch den Kamin herniederfuhr, konnte das ohne übernatürliche Hilfe nicht gehen – obwohl, ob das wirklich durch den rußigen Schornstein niederfuhr, da hatte er inzwischen seine Zweifel. Es wäre dem Alois jedenfalls schon recht gewesen, wenn der

Vater nicht nur so ganz beiläufig ein Kreuz vor dem Kruzifix im Stubenwinkel geschlagen und nicht bloß zu den hohen Kirchenfesten die Messe besucht hätte.

Doch weil der liebe Gott barmherzig ist, hatte der Loisl begründete Hoffnung, dass dem Vater trotz aller Glaubensschwäche ein ewiges Leben oben im Himmel beschieden sein könnte, vielleicht nicht ganz nahe zur Rechten Gottes, immerhin jedoch irgendwo bei den niederen Engeln. Denn der Vater trank nicht, schlug nie die Mutter oder die Kinder, behandelte und bezahlte das Gesinde anständig, schien auch der Sünde der Unkeuschheit nicht zu erliegen, deren grausige Existenz Alois durch des Religionslehrers atemloses Entsetzen bei der Erwähnung des Sechsten Gebots geläufig war, auch wenn er ihren Inhalt nicht genau kannte. Aber es hatte irgendetwas mit dem Stier zu tun, der schnaubend auf die Kuh sprang. Alois bat den lieben Gott auch bei jedem Abendgebet um diesen Platz im Jenseits für den Vater und erinnerte ihn sicherheitshalber an dessen gute Seiten. Manchmal allerdings schlief er schon ein, bevor er mit Vaters Tugenden vor Gottes Ohr durch war. Manchmal verkürzte er auch seine Fürbitte, weil er Gottes Hilfe in eigener Sache erflehen musste. Denn er ging jetzt das erste Jahr ins Gymnasium und tat sich mit den mannigfaltigen Konjugationen der griechischen Verben und mathematischen Gleichungen schwer. Im Ganzen war er ein guter Schüler.

Vater hatte gerade mal vier Jahre die Volksschule besucht und war trotzdem immer den anderen Bauern eine Nasenlänge voraus. Er hatte sofort zustimmend genickt, als der Herr Lehrer vor einem halben Jahr nach Ende des Unterrichts in der zweiklassigen Dorfschule auf den Fiedlerschen Hof gekommen war, den Vater aus dem Lärm des Sägewerks herausgewunken und ihm gesagt hatte: »Der Loisl könnte aufs Gymnasium in Prachatitz gehen. Der ist schnell im Kopf!« Das gesamte Dorf hielt Isidor Fiedler wieder einmal für verrückt: Warum musste der seinen ältesten Sohn, auch wenn er der größte Bauer im Dorf war, aufs Gymnasium schicken wie ein feiner Stadtmensch, wo er doch einmal den schönen Hof übernehmen konnte! »Weißt du Mariandl, ich hätte auch gerne ein bisschen mehr gelernt als nur Lesen und Schreiben«, sagte er zu seiner Frau, »und falls er das Gymnasium nicht packt, kriegt er immer noch den Hof. Ansonsten bekommt ihn sein Bruder. Meine Kinder sollen alle was Anständiges lernen, man weiß ja nie, was noch geschieht im Leben.«

In der Kreisstadt Prachatitz zogen die Bürger höflich den Hut vor dem kleinen, sehnigen Mann. Sobald er außer Hörweite war, nannten sie ihn allerdings mit kaum unterdrückter Geringschätzung den »Rohnmüller«. Sie hatten ein Bild des Kaisers Franz Joseph im Salon über dem Klavier hängen, sie hatten seit Kurzem elektrisches Licht und ihre Töchter mit Gymnasialprofessoren oder, unter besonders glücklichen Umständen, sogar mit Kommerzialräten verheiratet – wie hätten sie einen Bauern aus dem eine Wegstunde entfernten Dorf Rohn als Ihresgleichen ansehen können, nur weil er zu Geld gekommen war!

Vater störte das nicht. Er wusste, dass er dieser bürgerlichen Ballung von Wohlanständigkeit und Mittelmaß auf seine Weise überlegen war, auch wenn er keine Lackschuhe zum Gehrock, sondern Sommer wie Winter seinen abgetragenen, fadenscheinig glänzenden Überzieher trug. Isidor Fiedler mit den wachen Augen war gewohnt, belächelt zu werden – und recht zu behalten.

Als junger Mann hatte er einen heruntergewirtschafteten Hof samt Sägewerk übernommen. Schon damals hatten die übrigen Bauern von Rohn beim sonntäglichen Frühschoppen bedenklich die Köpfe geschüttelt: was für ein unseliges Erbe! Denn Isidors Vater war ein fröhlicher, allseits beliebter Mann gewesen, bei den Frauen ganz besonders, ein begnadeter Geschichtenerzähler, der eine Wirtshausrunde über Stunden bestens unterhalten und freihalten konnte. Zu wirtschaften aber verstand er nicht. Er lebte über seine Verhältnisse, bis er sich Geld leihen und schließlich seine Waldungen Stück um Stück verkaufen musste. Als Isidor endlich alt genug war, den Hof zu übernehmen, war außer hohen Schulden nicht mehr viel übrig vom Familienbesitz.

Als Erstes setzte der neue Herr die besoffenen Fuhrknechte vor die Tür, die besten Zechkumpane des Großvaters, aber unzuverlässige Fahrer für die schweren Holzfuhrwerke. Zu Mariä Lichtmess im Februar stellte er Personal nach einer simplen Aufnahmeprüfung ein, die er ein Leben lang beibehielt: Er bewirtete die Aspiranten reichlich und entschied sich dann für die zügigen Esser. »Wer schnell und tüchtig isst, arbeitet auch schnell und tüchtig!« Die Bauern der Umgebung brachten ihr Holz wieder ins Fiedlersche Sägewerk. Dort wurde jetzt präzis und pünktlich gearbeitet. Den Ackerbau, der im steinigen Böhmerwald noch nie viel eingebracht hatte, fuhr er auf den Eigenbedarf für Familie und Gesinde herunter. Damit war kein Geld zu machen. Langsam konnte er die Schulden zurückzahlen.

Als die große Wirtschaftskrise kam und niemand Bauholz brauchte, lagerte Vater so viele Baumstämme ein, wie er nur bezahlen konnte. In der Rohn lachten die gestandenen Waldbauern ungläubig: »Der Rohnmüller hat wohl den Verstand verloren!« Die Rezession ging vorbei, die böhmische Wirtschaft blühte wieder auf, und der Aufschwung wollte Bauholz. Überall wurde Holz eingeschlagen, doch die frisch gefällten Stämme waren grün und auf Jahre nicht brauchbar. Abgelagertes Bauholz hatte weit und breit nur einer: der Rohnmüller. Isidor Fiedler konnte fast jeden Preis verlangen. Der Sparkassendirektor von Prachatitz grüßte ihn jetzt und nannte ihn »Lieber Herr Fiedler«.

Doch er zupfte bedenklich an seinem Kaiser Franz Joseph nachempfunden Backenbart, als der Rohner Bauer eines Tages in seinem abgewetzten Überzieher vor ihm stand und um einen Kredit von ein paar tausend Goldkronen bat. »Wofür? Für ein Sägewerk in Prachatitz? Aber lieber Herr Fiedler, Sie haben ja die gut gehende Säge in Rohn.« Vater schaute ihn mit seinen wachen Augen an. Er räusperte sich: »Die Eisenbahn kommt doch im nächsten Jahr nach Prachatitz, Herr Direktor. Und dann hätt' ein Sägewerk direkt neben den Schienen schon Sinn.« Der Herr Direktor seufzte bedenklich, musste sich aber eingestehen, dass dieser Bauer mit den hellen Augen so unrecht nicht hatte. Nach Rückfrage in der Prager Zentrale gewährte er das Darlehen.

Doch dann fuhr der Rohnmüller nach Schweden. Als der Sparkassendirektor von dieser Reise hörte, wurde ihm mulmig im Magen. Ein Bauer aus dem tiefen Böhmerwald in der großen, weiten Welt! Zum ersten Mal seit Langem betete er in der Sonntagsmesse die zwei Zeilen des Vaterunsers wieder mit vollem Bewusstsein ihres Inhalts: »Und vergib uns unsere Schuld, wie auch wir vergeben unseren Schuldigern«. Worauf hatte er sich da nur eingelassen? Jetzt war sein größter Kreditnehmer irgendwo da in dem Land, aus dem die Streichhölzer stammten, um moderne Maschinen für sein geplantes Sägewerk zu kaufen. Die Kosten, die Risiken! Auch für sein Geldinstitut und erst recht für ihn selbst. »Nun ist er komplett übergeschnappt! Daran wird er sich ruinieren!«, hatte händereibend zum Direktor ein Konkurrent aus dem Holzgeschäft gesagt, der wie alle anderen und wie schon sein Großvater die eigene Säge mit einer Wassermühle antrieb. Der Direktor beschloss, für die Heilige Jungfrau von Strachonitz eine extra große Kerze zu stiften, falls er mit einem blauen Auge aus diesem Wahnsinnsunternehmen herauskommen sollte.

Der Rohnmüller kehrte zurück, berichtete, dass es ihm im Überzieher ganz schön kalt gewesen sei da droben in Schweden, die Mädchen schön blond, doch leider protestantisch seien und er jetzt allerhand über moderne Holzverarbeitung wisse. Außerdem werde in ein paar Wochen die neue Säge mit Dampfantrieb, schwedisches Patent, in Prachatitz ankommen. Sie kam mit einem der ersten Güterzüge auf der neuen Eisenbahnstrecke. Blonde, großgewachsene Ingenieure und Mechaniker, die erstaunlich wenig Bier vertrugen, installierten sie im eben fertig gewordenen Sägewerk. Alois sah begeistert zu und spielte tagelang Güterzug.

Schon nach wenigen Monaten pilgerte der Sparkassendirektor erleichtert nach Strachonitz, stiftete eine beträchtliche Kerze und erzählte am Stammtisch, er habe immer schon gewusst, dass dieser Bauer aus Rohn, auch wenn er über keinerlei Bildung verfüge und sich entsprechend unfein schnäuze, doch ein natürliches Talent für Ökonomie besitze.» Man muss mit ihm nicht verkehren, doch man muss mit ihm rechnen«, meinte er gewichtig und freute sich über diese geistvolle Sentenz. Bei der Konkurrenz war die Häme schnell in Verzweiflung umgeschlagen. Ihre Sägemühlen nach Vorväterart konnten in Qualität, Preis und Schnelligkeit nicht mithalten mit dem neuen Werk des Rohnmüllers, der nun eigentlich mehr als ein Rohnmüller war, da er viel Zeit in der neuen Säge in Prachatitz verbrachte.

Als Alois mit dem Gymnasium anfing, war Vaters Sägewerk schon bei Weitem das größte im Umkreis. Es hatte jedoch einen Makel: Ihm fehlte der himmlische Segen. Denn der Ortspfarrer hatte sich geweigert, das schwedische Wunder im Böhmerwald mit Weihwasser zu besprengen. Der Grund lag zehn Jahre zurück, war aber so schwerwiegend, dass ihn auch höchste christliche Nachsicht nicht ungeschehen machen konnte. Gerade als es mit dem Fiedlerschen Anwesen in Rohn wieder aufwärtsgegangen war, hatte Isidor geheiratet. Kurz nach der Heirat war der Bischof aus Krumau nach Prachatitz gekommen. Die junge Frau des Fiedler war nicht bigott, doch sehr gläubig. Als der Bischof in der Stadtpfarrkirche die Parade seiner Schäflein abnahm, kniete auch das hübsche, erst jüngst getraute Schäflein Maria Fiedler, geborene Matschl, vor Seiner Exzellenz nieder und küsste deren goldenen, rubinbesetzten Ring.

Isidor Fiedler war trotz abgetragenen Überziehers ein stolzer Mann. War es Eifersucht? War es Besitzdenken? Jedenfalls zog er, der hinter seiner knienden Frau stand, sie und ihre Lippen brüsk vom bischöflichen Ring zurück und sagte so laut, dass es jeder im Kirchenschiff hören musste: »Mariandel, meine Frau kniet vor niemand und küsst schon gar nicht von jemand den Ring, ganz wurscht, wer das ist.«

Dieser so hoffärtige wie unbotmäßige Ausruf kostete Jahre später das Sägewerk den kirchlichen Segen, hatte aber weiter keine erkennbaren Folgen. Vaters Geschäfte prosperierten trotzdem. In Rohn war er der wohlhabendste Mann, natürlich, mit zwei Sägewerken, eins im Dorf, eins in Prachatitz, dazu einer Ziegelei und einem schönen Bauernhof. Ja, in Prachatitz galt er – wenn auch gesellschaftlich nie ganz anerkannt – als ein Mann, mit dem man rechnen musste. Und sein Mariandel hatte am 16. Oktober 1889 ihren ersten Sohn mit dem damals geläufigen Namen Alois gesund zur Welt gebracht. Jetzt war Alois elf und hungrig.

Die Mutter trug den großen Topf mit der Mehlsuppe auf, die Großmagd brachte eine Schale voller Krumbeeren. Krumbeeren hießen eigentlich Kartoffeln, das wusste Alois, seit er im Gymnasium Hochdeutsch und Schillers »Glocke« lernen musste. Im Böhmerwald hießen sie nur Krumbeeren und waren das alltägliche Gericht in der Mehlsuppe, der Sauermilchsuppe, mit Butter und Quark. Viel Quark, wenig Butter. Es gab einen Witz, den Vater gerne erzählte, wenn das Gesinde sich zu Tisch setzte und begehrlich auf den gestrichen vollen Butternapf blickte. Also: Erntezeit. Die Bäuerin bringt Krumbeeren, Quark und Butter zum Mittag hinaus aufs Feld in die Sommerhitze. Jeder langt zu – am meisten bei der Butter. »Esst doch mehr Quark«, fleht die besorgte Bäuerin ob der rapiden

Abnahme der teuren Speise, »Quark kühlt!« Ruft einer der Knechte kauend zurück: »Und wenn ich verbrenn', ich fress' Butter!« Dann lachte der Vater laut und ließ jeden richtig bei der Butter reinhauen. Denn Vater war nicht geizig und gönnte jedem was.

Sein Bruder Dori, wie der Vater Isidor getauft, war zwei Jahre jünger als Alois, Jakob war vier Jahre jünger gewesen. Und die Mutter hatte schon wieder einen dicken Bauch. Den Jakob aber gab es inzwischen nicht mehr. Zumindest hier auf Erden. Er war bei den Engeln, der kleine Jakob mit der ewigen Schnupfennase und der Freude am Wasser. Der Jakob war in jede Pfütze gesprungen, hatte die Hand auch im Winter so lange unter den Strahl der Pumpe gehalten und vor Vergnügen gekreischt, bis sie vor Kälte rot und gefühllos war. Er war immer wieder an den Mühlbach getrippelt und hatte sich so weit vorgebeugt, wie es nur ging, um zu sehen, wie sich sein Gesicht im unruhigen Wasser ständig neu verzerrt spiegelte. »Jakob, geh weg vom Bach, kannst ja noch nicht schwimmen«, rief dann die Mutter besorgt aus der Küche und schickte den Loisl oder den Dori hinaus, um den kleineren Bruder unter dessen Wehklagen ins Haus zu scheuchen.

Dann kam dieser Frühlingstag. Das erste Grün war schon draußen, nur noch am Waldrand hielten sich ein paar schmutzige Schneeflecken. »Wo ist denn der Jakob?«, fragte die Mutter aus der Haustür heraus die beiden großen Buben, die, gerade zurück von der Schule, ihre Holzschuhe ausgezogen hatten und zum ersten Mal wieder barfuß über den Hof hüpften. »Jakob, komm«, riefen die beiden, »Mittagessen, wo bist denn wieder?« Es kam keine Antwort, es kam kein Jakob. Die Mutter lief um die Hausecke zum Bach, nein, auch da war er nicht, Gott sei Dank. Sie lief in die Säge zum Vater, doch auch der schüttelte den Kopf: hier bei mir nicht.

Erst kam der Vater aus der Säge und half beim Suchen, dann

halfen auch die Sägearbeiter mit und die beiden Mägde. Jakob? Jakob! »Vielleicht ist er in den Wald gerannt und versteckt sich dort«, meinte der Vater. Plötzlich schrie die Kleinmagd vom Dachfenster herunter: »Da liegt er in der Mühlrinne, heilige Jungfrau!« Sie zeigte nach unten, dorthin, wo das Wasser vom Bach durch eine Holzrinne, so tief und breit wie eine Viehtränke, auf das Mühlrad, den Antrieb für die große Säge, geleitet wurde.

Da lag er im knietiefen Wasser, den Blick nach oben zum Frühlingshimmel, und weil die Strömung über dem bleichen Jakob kleine Wellen und Strudel bildete, sah es aus, als würde er sich noch ab und zu bewegen unter Wasser. Als der Vater ihn aus der Holzrinne hob mit einem Blick, den der Loisl niemals vergessen würde, hing sein kleiner Bruder schlaff und triefend erst in Vaters, dann in Mutters Armen. »Jaköberl, Jaköberl«, flüsterte die Mutter dem nassen Bündel an ihrer Brust zu, das sie festhielt, als könnte sie Jakob mit ihrer Wärme ins Leben zurückholen. Loisl und Dori wussten, dass Jakob die Mutter nicht mehr spüren konnte, nie mehr. Und Loisl hätte alles in der Welt dafür gegeben, jetzt mit dem Kleinen Verstecken zu spielen, Jakobs Lieblingsspiel, das er sonst immer als lästig und für einen angehenden Gymnasiasten unwürdig empfunden hatte.

Vater hatte Tränen in den Augen und im Schnurrbart. Er nahm der Mutter sacht den toten Jakob aus den Armen, und sagte mit einer rauen Stimme: »Wenn jemand in den Himmel kommt, Mariandl, dann unser Kleiner.« Dann drehte er sich abrupt um und trug seinen drittgeborenen Sohn zurück ins Haus. Am Abend, als Jakob in der Kinderstube in einem kleinen Sarg aus Fichtenholz lag, saßen die Familie und das Gesinde schweigend um den großen Tisch. Nur die Mutter bewegte lautlos die Lippen. Der Vater starrte auf die Tischplatte, schaute plötzlich hoch, streifte das Kreuz im Stubenwinkel mit einem seltsamen Blick, deutete dann auf Mutters dicken Bauch und sagte: »Wenn es ein Bub wird, nennen wir ihn wieder Jakob.« Es wurde ein Mädchen, Maria. Doch der nächste Sohn, der ein paar Jahre später auf die Welt kam, wurde Jakob getauft, auch wenn der Pfarrer die Stirn runzelte.

Es war ein heißer Sommertag. Die Sonne stach. Alle am Tisch hatten ein großes Glas Buttermilch vor sich stehen. Und einen Napf aus Ton für die Mehlsuppe, in die jeder so viele Kartoffeln versenkte, wie er wollte. Bei den Häuslern weiter oben am Mühlbach stand kein Geschirr auf dem Tisch. Dort war vor jedem Stuhl die dicke Tischplatte tellergroß und tellertief ausgehöhlt. Suppe oder Gerstenbrei wurde aus diesen Mulden gelöffelt, mit Brot wurden die letzten Reste säuberlich ausgewischt und dann rieb eine der Frauen im Haus die Aushöhlungen mit einem feuchten Lappen ab. Das war der Abwasch.

Die Fiedlers aßen gehobener. »Reich genug sind sie ja«, sagten die anderen Rohner mit einer Mischung aus Neid und Bewunderung. Doch Fleisch gab es auch beim Rohnmüller nur am Sonntag. Oder an Feiertagen. Vater aß am Sonntag am liebsten Rinderbraten mit großen böhmischen Knödeln und einer dicken Rahmsoße. »Alle Tage Fleisch macht fett und faul«, sagte er. Fett und faul konnte Vater gar nicht leiden. Loisl freute sich immer auf die Hochfeste Ostern, Weihnachten, Pfingsten mit ihrem angehängten Feiertag. Da stand dann an zwei Tagen hintereinander Fleisch auf dem Tisch, obwohl es an den Montagen meist nur noch die Reste vom Sonntag waren, ziemlich viel Knochen und Flachsen und wenig Fleisch. Doch immerhin. Hochfeste waren was Schönes.

Am Nachmittag schickte die Mutter Loisl und Dori zum Pilzsammeln für das Abendessen, das in Rhon Nachtmahl hieß. Wenn es die Tage vorher geregnet hatte, gab es Pilze im Überfluss. In guten Sommern schossen so viele aus dem Boden, dass die Mutter oder eine der Mägde sie mit der Sichel abschneiden konnten. »Nur die mit dem Kissen unter der Haube«, mahnte die Mutter, »nicht die mit den Falten«. Die Kinder hätten sowieso keine anderen genommen. Pfifferlinge, Reizger oder so ähnliches Kroppzeug. Nur Steinpilze und gerade noch Birkenpilze. Von den anderen konnte man sterben, wenn man die falschen erwischte. Sterben mit grünem Schaum vor dem Mund, wie es angeblich einer ganzen Familie in Wallern passiert war. Und richtig weh sollte es auch noch tun.

Alois stellte sich vor, wie sich seine ganze Familie mit grünem Schaum vor dem Mund auf dem Boden wälzte und dann einer nach dem anderen alle viere von sich streckte. Nur er selbst nicht. Oder doch auch er? Nein, er selbst musste einfach übrig bleiben, sonst könnte er ja gar nicht das anschließende Begräbnis miterleben. Die drei Särge sauber ausgerichtet nebeneinander. Oder wahrscheinlich sechs. Denn die beiden Mägde und der Knecht hätten ja auch am Todesmahl teilgenommen. Die Onkeln und Tanten mit Tränen in den Augen. Den Pfarrer und seinen Blick voller Kümmernis, wenn auch mit einer Spur Schadenfreude, den Bürgermeister von Prachatitz im schwarzen Frack und Zylinder, der eigens im Zweispänner hinaus aufs Dorf gefahren war »um den schmerzlichen Verlust einer der Stützen des Prachatitzer Handels und Wandels und seiner Familie zu beklagen«, wie er mit gewichtigem Ernst in der Stimme sagen und dann ihm, dem Loisl, dem einzigen Überlebenden aus der Rhonmühle, über den sauber gezogenen Scheitel streichen würde.

Aber nein, bei genauerem Nachdenken wäre er schon auch tot und könnte den von der Prachatitzer Feuerwehrkapelle geblasenen Trauermarsch in seiner ganzen Schwermut nicht mehr hören, obwohl das in seiner Phantasie der schönste Teil des Dramas »Pilzvergiftung« war. Denn er hätte ganz sicher auch richtig zugelangt, wo er doch immer so guten Appetit hatte. Alois schauderte leicht. Zum Glück gab es so viele Steinpilze. Da kam man erst gar nicht in Gefahr.

»Komm Dori, da drüben wachsen immer welche«, rief er

dem jüngeren Bruder zu, der wie gewohnt brav hinter ihm herlief. Dori hatte wegen der Frühlingssonne Hemd und Hose ausgezogen und rannte nur in der Unterwäsche über die Wiese ihm nach. »Warte doch, Loisl«, krähte er mit seiner Kinderstimme. Und das tat Alois auch. Das Unterzeug seines kleinen Bruders war wie bei allen kleinen Buben einteilig, Hemd und Hose in einem, hinten und vorne ein Schlitz mit Knöpfen. Die Eltern nahmen sich nicht die Zeit, sie dauernd auf und zu zu knöpfen und die Kinder hatten sowieso immer Wichtigeres zu tun.

Als Dori seinen Bruder eingeholt hatte, sah der aus Doris offenem Untergewand an der Rückseite etwas wie ein kleines Hundeschwänzchen herausstehen. Was war denn das? Alois schaute genauer, beugte sich vor, schnüffelte und sagte streng: »Dori, du Schweinderl, dir steht ein hartes Würstchen aus dem Arsch.« Dann brach er in unbändiges Lachen aus und konnte gerade noch verhindern, dass sein Bruder voll Entsetzen nach hinten mitten hinein ins Verderben fasste. Da weinte der Kleine. Immerhin war er neun Jahre alt und hatte auch schon einmal heimlich Bier getrunken. »Hat ja keiner gesehen, Dori«, meinte Alois, »und ich erzähl es auch nicht weiter.« Dori schluchzte dankbar. An diesem Nachmittag fanden sie besonders viele Steinpilze im Wald.

Jelena und der Schimmel

Jelena, die Kleinmagd, wusch sich an der Wasserpumpe. Es war Winter. Es war kalt, und das Fenster seiner Dachkammer, durch das Loisl hinunter auf die Pumpe in der Hofecke schielte, beschlug sich sofort von seinem raschen, heißen Atem. Jelena war es gewohnt, sich auch bei Frost im Freien zu waschen. Sie war es gewohnt, im Winter einen Tiegel heißes Wasser vom Herd oben in die Pumpe zu schütten. Das brachte das Eis in der Pumpenröhre zum Schmelzen, der Schwengel ließ sich bewegen. Bei jedem Auf und Ab gab die Pumpe zuerst ein hohes, langgezogenes Ächzen von sich, das fast so klang wie das Stöhnen eines brünftigen Esels. Dann zog die Pumpe das Wasser aus der frostfreien Tiefe hoch. Eiskalt, aber kein Eis.

Jelena hatte ihr Unterhemd aufgeknöpft und bis zu den breiten Hüften heruntergestreift. Sie wusch sich wie immer vom Wohnhaus abgewandt. Von seinem Ausguck sah Alois den weißen Rücken der Magd, fast so weiß wie der Schnee auf den Schindeldächern. Doch manchmal, wenn Jelena sich mit dem Waschlappen unter den Achseln einseifte, drehte sie sich erschauernd leicht nach rechts oder links. Und wenn sie sich nach links drehte, sah der Loisl für einen Moment ihre großen, hellen Brüste wie eine jähe Verheißung und er musste seine Oberschenkel zusammenpressen.

Er war sechzehn, mittelgroß, kräftig, mit ein paar Pickeln rund um die Nase. Er hatte reiten gelernt. Sein Vater hatte ihm einen schönen Schimmel mit schlanken Fesseln gekauft zu einem Spottpreis. Mehr oder weniger eine Draufgabe zu den vier schweren Rössern für die Holzfuhrwerke, die er teuer genug bezahlen musste. Da konnte der Pferdehändler leicht großzügig sein. »Ja, Bub, wenn du unbedingt ein Pferd willst, ob wir da eins mehr durchfüttern oder nicht, macht keinen Unterschied. Aber du kümmerst dich darum. Und wehe, du schlägst es!« Vater war stolz, dass der Loisl aus dem Gymnasium in Prachatitz gute Noten nach Hause brachte. Da gab er dem Drängen seines Sohnes gern nach, es sei doch besser, eine halbe Stunde in die Schule zu reiten, anstatt eine Stunde zu laufen.

Als Alois eines Morgens gegen acht zum ersten Mal vorritt am schönen neuen Gymnasium von Prachatitz und dann vor dem Schultor ein wenig steif und linkisch herunterkam vom hohem Ross, rissen seine Mitschüler aus der Stadt die Augen auf. Ein paar Unterklässler brachen in mehr oder minder geglückte Imitationen von lautem Wiehern aus. Die Lehrer, die sich Professoren nannten, reckten die Hälse aus den Stehkragen und nahmen die Kneifer ab: Ich glaube, ich seh' nicht recht! Wo war der Herr Direktor?

Der Herr Direktor bog um die Ecke, gerade als die Schulglocke zum ersten Mal läutete und Alois nicht wusste, wohin mit dem Pferd. Er musste jetzt hinein zu Homer, zu Pythagoras und hatte noch immer den Zügel seines Schimmels in der Hand. Der Direktor kam immer näher, mit ihm der bedrohliche Ernst des Pennälerlebens. Der Direktor schaute so verdutzt wie streng und versuchte sich zu erinnern, ob das Vorreiten laut Gymnasialordnung verboten war. Unerhört war es auf jeden Fall. »Guten Morgen, Herr Direktor«, sagte Alois mit gebotener Reverenz, doch bänglich. Denn er wusste, mit einem Pferd am Zügel würde der Gruß nicht reichen, um den Direktor ohne besondere Vorkommnisse an sich vorbeigehen zu lassen.

Er musste den Schimmel loswerden, schnell. Und dann nichts wie rein. Und so packte er den Zügel, schaute nach einem festen Halt aus und fand ihn im kunstvoll geschmiedeten Schultor. Mit fliegenden Händen machte er die Lederriemen ausgerechnet um die Taille der Athene fest, die als schmiedeeiserne Göttin der Weisheit und des Kampfes das Eingangstor zum Prachatitzer Bildungstempel zierte. Dann rannte er in Panik nach drinnen, ohne sich noch einmal umzudrehen.

Innen angekommen, setzte sich der Loisl auf seinen Platz, klappte automatisch sein Geometriebuch auf, erhob sich mit den anderen, als der Mathelehrer eintrat – »Guten Morgen, Herr Professor!« – und wusste: Dies würde nicht die Stunde des Pythagoras werden. Es klopfte. Fräulein Horowitz, die Direktoratssekretärin, steckte ihren Kopf herein, schaute einmal unheildrohend in Richtung Alois und sagte: »Der Herr Direktor bitten Herrn Professor Hanik in fünf Minuten zu einer außerordentlichen Sitzung. Es werde nicht allzu lange dauern, sagt der Herr Direktor.« Der Professor ermahnte seine Klasse, sich still mit Pythagoras zu beschäftigen, und entschwand. Alois hätte sich heute gern in $a^2 + b^2 = c^2$ versenkt, obwohl er die Geometrie in ihrer Abstraktheit sonst hasste. Alles, sogar Geometrie, war besser als seine standrechtliche Hinrichtung und die würde jetzt im Lehrerzimmer schnell und ohne Rekurs auf Berufung beschlossen.

»Ja Fidlär, das war schneidig, was du gämacht hast«, sagte der Wenzel aus der Bank hinter ihm in einer Mischung aus Bewunderung und Schadenfreude, kaum war der Lehrer draußen. »Aber jetzt, was wärden die tun?« Wenzel war der einzige Tscheche in der Klasse und ein netter Kerl, außer es ging um die Nationalitätenfrage. Alois nickte und lächelte das Lächeln von Verurteilten, wenn sie vor dem Richtblock ein letztes Glas Branntwein verlangen. Er wusste, dass er nicht aus Schneid sein Pferd am Tor angebunden hatte, sondern aus Panik. Doch das wollte er nun auch nicht zugeben. Wenn wenigstens Jelena seinen Ritt zur Schule gesehen hätte, Jelena mit dem breiten Lachen und den weißen Brüsten. Alois ließ die Schultern hängen. »Aber geh, nichts wird passieren, Fiedler«, meinte Ferdi, der Sohn vom Apotheker am Marktplatz, der bereits siebzehn war, manchmal ein Monokel trug und nach eigenen Angaben schon einmal in Prag »gewisse Damen« besucht hatte, »die trau'n sich doch nicht – wegen deinem Vater.« Ferdi rieb den Daumen am Zeigefinger mit einem Lachen, das er für zynisch hielt.

Alois mochte den Ferdi nicht besonders, mit seinem blöden Monokel und seinen blöden Sprüchen. Sein Vater, der immer nach Harz und Holz roch und ewig den gleichen Überzieher trug, er würde ihn nicht retten können vor all diesen Stehkragen, die jetzt im Lehrerzimmer über ihn zu Gericht saßen. Weil er so unglücklich war, hätte er dem Ferdi am liebsten eine in seine hochmütige Bubifresse gegeben. Zum ersten Mal schämte er sich fast ein bisschen für seinen Vater, diesen Bauern, und für sich selbst, den Bauernjungen. »Qidquid agis, prudenter agas et respice finem« – »Was immer du tust, handle mit Klugheit und bedenke das Ende.« Das hatte er nicht, weiter als bis zu seiner gloriosen Ankunft vor der Schule war seine Vorausschau nicht gegangen.

Doch Ferdi sollte recht behalten. Zwar bebte die Stimme des Direktors vor Entrüstung, als er dem Kollegium den unerhörten Vorfall schilderte. Anderseits gab die Schulordnung tatsächlich nichts her zu Gymnasiumstoren mit angehängtem Pferd, und der Paragraf »unbotmäßiges Betragen« passte eigentlich auch nicht, um mit ihm das Benehmen des Obersekundaners Alois Fiedler zu ahnden. »Wir müssen ein Exempel statuieren, meine Herren,« knarzte der fast pensionsreife Deutschprofessor Mannlicher. Er hatte als ganz junger Mann bei Königgrätz gegen die Preußen mitgekämpft und mitverloren und wollte seither fortwährend Exempel statuieren, ganz egal ob es gegen Preußen, Jesuiten, Ruthenen, politisierende Frauen oder sonstige Widersacher der k. und k. Welt ging.

Aber nur wenige Stimmen erhoben sich für eine Bestrafung. »Mein Gott, sagt dem Buben, er soll gefälligst die dummen Scherze lassen und seinen Gaul halt irgendwo in der Nähe unterstellen«, meinte Chemieprofessor Kovac.« Immer der Kovac, dachte der Direktor, der dem Kovac nicht besonders zugetan war, diesem Naturwissenschaftler, der glaubte, nichts sei so wichtig für das Vorankommen der Welt wie die Struktur der chemischen Elemente mit ihren Kernen und Elektroden oder wie diese unsichtbaren Dinger auch immer hießen. Außerdem hieß es, der Kovac wähle trotz seiner Pensionsberechtigung sozialdemokratisch. Doch dann fiel dem Direktor rechtzeitig ein, dass die Spielwarenfabrik Jungbauer jedes Jahr das Schulfest unterstützte, auch regelmäßig für die Bildungsfahrten des Oberstufenchors spendete und der Vater des Alois Fiedler trotz seines bäuerlichen Habitus Großaktionär der Firma war. »Meine Herren, wir wollen Gnade vor Recht ergehen lassen«, sagte er, »der Schüler Fiedler wird mit einem Verweis bestraft und angehalten, ein für allemal sein Pferd von unserer Schule fernzuhalten«. Das Kollegium nickte einvernehmlich, nur Mannlicher knurrte halblaut noch etwas von »Verfall der Sitten, Exempel.«

Professor Hanik ging zurück zu seiner Klasse, die sich bei seinem Eintreten wieder schnell über die Geometriebücher beugte, winkte den Loisl heraus und sagte im langen, düsteren Korridor zum Zimmer des Direktors kein Wort. Dem Alois schien es, als würden ihn die Gipsköpfe der Habsburgerhäupter, die den Gang zierten, mit kalter, unbewegter Strenge anstarren. Wie erleichtert war er, als der Direktor es nach einer bedrohlichen Vorrede bei einem Verweis beließ. »Doch das Tier muss weg. Sofort.«

Alois bedankte sich für den milden Spruch des Hochgerichts. Begleitet von Hanik eilte er nach draußen. Dort war der Pedell inzwischen gut Freund mit seinem Schimmel geworden, immerhin hatte er ihn mit drei Metern Abstand zum Schultor und zu Athene nun schon länger am Zügel gehalten, ohne zu wissen, wohin mit dem Vieh. »Ich bring ihn zur Säge, Herr Professor«, sagte Alois. Hanik nickte, Alois schwang sich in den Sattel, der Schimmel schnaubte froh und ließ zum Glück keine Rossäpfel fallen. Erst schaute der Vater streng, als Alois mitten während der Unterrichtszeit antrabte und ihm beichtete, was passiert war. »Meiner Seel', Bub«, meinte er kopfschüttelnd, »da werden's geschaut haben, die Herren Professoren.« Von nun an stellte Alois sein Pferd in Vaters Sägewerk am Bahnhof unter, nur wenige Fußminuten vom Gymnasium entfernt.

Bis zur Matura kam er zu Pferd in die Stadt, auch im Winter. Im strengen, unbarmherzigen Wintern des Böhmerwalds, wenn die Atemstöße seines Schimmels weiße Wölkchen waren und Loisls erste Barthaare grau vom Raureif. Die tief verschneite Straße von Rohn nach Prachatitz war mit Stangen markiert. Die schweren Holzfuhrwerke sollten nicht vom rechten Weg abkommen. Die Fuhrleute tranken noch mehr Schnaps als sonst, »gegen die Kälte«, doch auch im Sommer tranken sie, »gegen die Hitze«. Im Winter ersetzten Schlittenkufen die Räder der schweren Fuhrwerke, und bergauf schafften es auch Gespanne mit vier riesigen Brabanter-Gäulen kaum. Dann fluchten die Fuhrknechte, brüllten die Tiere an, knallten die Peitschen und wenn das Gefährt trotz aller Anstrengung steckenblieb oder sogar zentimeterweise nach hinten abrutschte, schlugen viele auch auf die keuchenden, schweißnassen Tiere ein.

Vom Rohnmüller durfte sich keiner beim Schlagen erwischen lassen. Alois erinnerte sich, wie sein Vater, dieser eher kleine Mann, einmal von dem Pferdeschlitten heruntersprang, auf dem er in die Stadt fuhr, als an der Steigung auf halbem Weg vor ihm eines seiner Holzfuhrwerke fast ins Rutschen kam und der Kutscher wie wild auf die Brabanter eindrosch. Er riss dem Mann die Peitsche aus der Hand, zog ihm zwei Hiebe über den Rücken und schrie ihm ins schmerzverzerrte

Gesicht: »Du bist entlassen, hol dir dein Geld ab, ich will dich nie wieder bei mir sehen!« Dann beruhigte er die Pferde, gab dem Gespann eine Verschnaufpause, setzte sich selbst auf den Bock und schaffte schließlich den Anstieg. Alois war damals mächtig stolz auf ihn. »Was zu viel ist, ist zu viel«, sagte der Vater, »aber gegen das Saufen kannst du nichts machen. Die Holzkutscher sind Spezialisten, fahren sie nicht für mich, fahren sie für einen anderen. Da können sie sich einfach mehr herausnehmen als jeder sonst.« Beim übrigen Gesinde und den Sägewerksangestellten duldete er während der Arbeit keinen Alkohol.

So mutig und entschlossen wie sein kleiner Vater wollte Alois auch einmal werden. Richtig mutig, nicht dieser aufgedonnerte Kasinoschneid der Herren Offiziere des 11. Infanterie-Regiments aus Prachatitz, der sich in halb ernsten Duellen wegen Nichtigkeiten und in markigen Sprüchen über die notwendige Courage in einem zukünftigen Krieg austobte. Vom Anblick gefielen Alois die Soldaten schon, besonders die Offiziere, auch bei der Infanterie hoch zu Ross, mit ihrem Säbel und den Sternchen am Stehkragen. Vater mochte Uniformen nicht. »Dünkel, Dummheit und eine verlorene Sache, Mariandl«, sagte er zu seiner Frau nach dem Prozess gegen ihn und eine Handvoll anderer Männer aus Rohn, als er ihr von der Verhandlung erzählte. Schwere Körperverletzung und Störung der öffentlichen Ordnung waren die Anklagepunkte. »Die hätten als Beschuldigte vor Gericht stehen müssen, nicht wir.«

Die waren ein Fähnlein Infanteristen aus Prachatitz. Sie waren in der Schmiede eingekehrt, der einzigen Schenke in Rohn. Der Hufschmied betrieb sie nebenher. In der Ecke des rauchig-rußigen Wirtsraums hat wie immer der Sippel Hans gesessen, der Hanserl, wie ihn alle nannten. Hanserl war schwachsinnig und lieb und konnte vor einem Glas Bier stundenlang mit ungetrübtem Frohsinn die runden Steine zählen, die er sich am Mühlbach zusammengeklaubt hatte. Über Sieben kam er beim Zählen nie hinaus. Der Hanserl grüßte nicht, als die Soldaten, an der Spitze ein Fähnrich, eintraten. Der Hanserl grüßte nie, aber er lächelte immer. Dem Fähnrich gefiel das nicht. Er sah seine Ehre als Jungoffizier in Gefahr. »Hat er schon mal was von Grüßen gehört?« Hanserl zählte seine Steine und lächelte. »Herr Fähnrich, lassen Sie ihn, der ist nicht ganz richtig im Kopf«, sagte der Schmied entschuldigend und ein bisschen besorgt. »Vielleicht kann man ihm ja trotzdem Manieren beibringen«, schnarrte der Fähnrich. Hanserl lächelte und zählte, und als er mit blubbernden Lippen gerade bei Fünf angekommen war, zog der Fähnrich seinen Säbel und wischte mit der Klinge die Steine vom Tisch.

Hanserl schaute erst erstaunt, dann verletzt. Er stand auf, ein Mann um die Vierzig mit einem Kindergemüt, aber erwachsenen Muskeln. Er ging auf den grinsenden Fähnrich zu, brabbelte etwas Unverständliches und patschte ihm mit der flachen Hand wie ein wütendes Kind voll auf die Nase. Dann bückte er sich und fing an, die Steine aufzuheben. »Du Dorfdepp«, zischte der Fähnrich, in seinem Offiziersstolz zu Tode verwundet. Von einem Bauernlümmel, noch dazu einem Idioten, ins Gesicht geschlagen zu werden vor versammelter Mannschaft! »Dir werde ich es zeigen!«

Ein Korporal und ein Gefreiter rissen auf Befehl den Hanserl hoch. Der Fähnrich schlug ihm mit der flachen Säbelklinge gegen den rechten Backenknochen. Die Haut platzte, Blut floss die Wange hinab. Hanserl ließ die aufgesammelten Steine fallen und stöhnte. Seine Augen irrlichterten jetzt wie die eines verschreckten Rehs. Dann klatschte die Klinge an seine linke Seite und auch diese Wange färbte sich rot. Der Fähnrich piekste mit der Säbelspitze durch Hanserls blaues Kattunhemd. Einmal, zweimal, dreimal. Hanserl wollte sich losreißen. Doch die Soldaten hielten seine Arme fest. Dunkle Flecken bildeten sich auf dem blauen Kattun. »Nimm Haltung an, du Trottel«, schrie der Fähnrich, »du Kanaille«, als sein

Opfer mit halb offenem Mund verstört auf die langsam wachsenden Flecken starrte.

Auch der Fähnrich hatte jetzt seinen Mund halb aufgerissen. Speichel stand in seinen Mundwinkeln und in seinen Augen die Lust zu töten. Sein Säbel schnellte wieder vor und stach auf Magenhöhe. Einer der umstehenden Soldaten trat Hanserl mit der Stiefelspitze in die Seite und wie eine jäh losbrechende Lawine der Gewalt fiel jetzt der ganze Trupp über den armen Schwachsinnigen her, trat und schlug und piesackte ihn. »Hört auf«, rief der Schmied und wollte sich zwischen Hanserl und die Meute drängen. Doch die Soldaten stießen und prügelten ihn zurück: »Halt dich da raus, du blöder Lackel!«

Der Schmied rannte hinaus, die Dorfstraße hinunter und brüllte: »Die Soldaten bringen den Hanserl um! Männer helft mir! Helft, Männer!« Ein halbes Dutzend Männer, darunter Alois' Vater, hörte seine Hilferufe. Der Schmied klärte sie atemlos und bruchstückweise auf: »Der Fähnrich mit dem Säbel, Hanserl blutet, und sie schlagen ihn!« Der Rohnmüller sagte: »Nehmt euch ein paar Prügel mit!« Die Männer bewaffneten sich mit Knüppeln und Stangen So stürmten sie zur Schmiede.

Hanserl lag keuchend und stöhnend auf dem Boden. Blutflecken auf dem Hemd, Blut im Gesicht, Blut aus der Nase. Der Fähnrich stand über ihm, den Säbel halb erhoben, als wisse er nicht so recht, was jetzt zu tun sei. Einer der Soldaten trat dem Daliegenden noch einmal in die Rippen. Dann kamen die Rhoner Bauern über sie, bevor die Soldaten ihre Bajonette vom Gürtel losnesteln konnten, bevor der Fähnrich den Säbel zur Attacke schwingen konnte. Die Bauern schlugen zu wie sonst mit den Dreschflegeln. Die Wucht eines heruntersausenden Eichenknüppels brach dem Fähnrich Elle und Speiche des rechten Arms. Drei Männer knüppelten auf den Korporal ein.

Die Schlacht von Rhon dauerte nur wenige Sekunden und

endete mit einer totalen Niederlage der k. und k. Infanterie. Hanserl überlebte seine Tortur, der Korporal einen Schädelbruch. Es kam zur Gerichtsverhandlung gegen den Bauernaufstand. Der Richter sprach die Bauern frei. Notwehr. Der Fähnrich mit eingegipstem Arm wurde von ihm scharf gerügt und später unehrenhaft entlassen. »Was zu viel ist, ist zu viel«, sagte wieder einmal Alois' Vater, als »Rädelsführer« einer der Hauptangeklagten. »Berufsoffizier wirst du mir nicht, mein Sohn.«

Nein, das wollte Alois auch jetzt nicht, wo er kurz vor der Matura stand und aufgefordert war, darüber nachzudenken, welchen Lebensweg er denn einschlagen sollte, wie der Herr Direktor seine Oberprima so hochtrabend an Kaisers Geburtstag ermahnt hatte. Ja, was wollte er eigentlich werden? Also, Offizier auf Lebenszeit mal sicher nicht – so, wie die Soldaten von seinem Vater und den anderen Bauern verdroschen worden waren! Doch den Einjährig-Freiwilligen würde er nach der Reifeprüfung schon machen. Erstens dauerte dann der Militärdienst nicht drei Jahre, sondern nur eins. Und wenn alles gut lief, war man am Schluss Leutnant der Reserve. »Jene Wehrpflichtigen, die sich höheren Studien widmen«, sollten nach dem Willen des Kaisers »durch die dreijährige Präsenz-Dienstzeit nicht für eine spätere Laufbahn in empfindlicher Weise geschädigt werden.« Praktisch war das. Und die schöne Uniformen und hoch zu Ross, das half bei den Frauen, wie man hörte, auch bei denen in der Stadt, denen mit knisternden Seidenkleidern und einem Klavier im Wohnzimmer. Nach diesem Jahr beim Militär konnte er sich immer noch überlegen, welchen »höheren Studien« er sich widmen würde.

Im Moment beschäftigte ihn Jelena mehr. Jelena mit dem etwas harten Deutsch und den weichen, weißen Brüsten. Wenn er ehrlich war, dachte er mehr an ihre Brüste als an Jelena. Und an den halbdunklen Heuboden an einem ungewöhnlich heißen Maisonntag, dem siebten Tag, an dem der

Mensch laut Bibel ruhen sollte. Jelena war nicht viel älter als er, kam aus dem Tschechischen nahe Pilsen, hatte dort einen Verehrer, der ab und zu längere Briefe in großen krakeligen Buchstaben schrieb. Jelena las sie manchmal erst einen oder zwei Tage später und schrieb dann irgendwann zurück.

Nach dem Mittagessen – viel Fleisch auf dem Tisch – war das Mädchen aufgestanden, hatte vor dem Hinausgehen kurz über die Schulter geschaut zu Alois, mit diesem Blick, der dem Maturanten Fiedler jedes Mal einen Schauer durch den ganzen Körper trieb, einen Schauer, für den er sich als Oberprimaner an der Schwelle zu höheren Studien einerseits schämte, auf den er andererseits aber sehnlich wartete. Bis zu diesem Maiensonntag war er dann stets allein geblieben mit dem Schuldgefühl niedriger Begierde, gegen das er sich aber nicht wehren konnte und wollte, obwohl es so verwerflich war, wie er aus der Religionsstunde wusste.

Diesmal stand er kurz nach der Magd auf, murmelte etwas von »den Schimmel füttern«, sah nicht mehr, wie die hellen Augen seines Vaters ihm forschend nachschauten, war froh, dass sein Bruder Dori ihm nicht nachlief und ging gemessenen Schritts, zu dem er sich zwang, hinaus auf den Hof. Er sah Jelenas weiße Schultern und ihren schwingenden Sonntagsrock in der Scheunentür verschwinden. Hatte Jelena einen Moment ihren Schritt verhalten, zurückgehorcht, ob sie hinter sich Schritte hörte auf den Pflastersteinen? Alois ging schneller, folgte ihr ins Halbdunkel, stieg die Leiter zum Heuboden hoch. Jelena lag mehr als sie saß auf einem Strohhaufen. Sie roch nach Heublumen und der Kernseife vom sonntäglichen Bad.

Nachher, als er zum Mann und zum Todsünder gegen das Unkeuscheitsgebot geworden war, fragte sich Alois, ob der Stier auf der Kuh ähnlich empfände wie er. So heiß und dann so satt. Er traf von nun an die Jelena noch öfter im Heustadel. Die Magd schrieb weiter ihre unregelmäßigen Briefe ins Heimatdorf. Alois träumte von der schneidigen Uniform eines Einjährig-Freiwilligen und den Frauen in knisternden Seidenkleidern und dem Klavier im Salon, denen man beim Tee Komplimente und irgendwann im Beisein der gestrengen Eltern einen Heiratsantrag machte. »Und wenn die Jelena schwanger wird?«, fragte der Vater, als sein Loisl wieder einmal aus der Scheune kam, keine drei Minuten nach der Magd. »Bub, pass auf!« Alois' erhitzte Wangen wurden noch röter. Dass der Vater auch alles mitkriegte! »Aber geh«, antwortete er und ging weiter. Nein, die Jelena würde nicht schwanger werden. Das konnte sie einfach nicht. Jetzt, wo er die Matura hatte, Gesamtnote Gut, und die Uniform, dann die Universität und eine neue, große Welt auf ihn wartete.

Auf dem Balkan

Es gab erstaunlich viele Maulwurfshügel auf dieser Bergwiese oberhalb von Sarajewo, der Hauptstadt des jüngsten Kronlandes der glorreichen k. und k. Monarchie. »Eigentlich ist es hier viel zu trocken für die Viecher«, dachte der Einjährig-Freiwillige Alois Fiedler und erinnerte sich, wie man zu Hause die kleinen schwarzen Tiere mit der Schaufel totschlug, sobald sie ihre Schnauze zu weit aus den Erdhäufchen herausstreckten, die den Zorn der Bauern erregten Die frühe Nachmittagssonne brannte auf seine Mütze. Ein schwacher Wind raschelte in den Maisfeldern. Höchste Zeit für die Ernte, dachte er und blickte schläfrig dorthin, wo ein Leiterwagen mit einem selbst aus der Ferne dürr und struppig scheinenden Gaul den Horizont entlangrollte. Daheim im Böhmerwald war die Natur wohl noch nicht so weit. Dieses Jahr würde er die Ernte verpassen, das stand fest, sein Militärjahr endete erst im Oktober.

Das Manöver hier in Bosnien sollte ihm und den anderen Einjährig-Freiwilligen den letzten Schliff geben, damit sie würdige Offiziere der Armee sein würden, die auf so große Feldherren wie Prinz Eugen oder den Fürsten Schwarzenberg zurückblicken konnte. Bei genauerer Betrachtung lagen deren ruhmreiche Tage allerdings schon weit im Damals. Trotz des Heldenmutes in verschiedenen Schlachten der jüngeren Vergangenheit, den die Instrukteure der Offiziersanwärter in ihrem Unterricht besonders betonten, hatte die Armee 1859 bei Solferino und 1866 bei Königgrätz nicht nur die Schlacht, sondern dem fassungslosen Kaiser Franz Joseph auch die schönen Provinzen Lombardei und Venetien verloren. Darauf wiesen die Instrukteure hin, wenn auch nur kurz, und machten dafür welsche Tücke – Solferino 1859 – oder unritterliche Waffen wie das zu schnell feuernde Zündnadelgewehr der Preußen – Königsgrätz 1866 – verantwortlich. Die Annexion von Bosnien aber zeige der Welt, vor allem den Russen und ihren slawischen Brüdern, aber auch den Preußen, diesen Feinden von einst, die jetzt Freunde waren, dass noch immer zu rechnen sei mit dem Doppeladler. So sagten die Instrukteure.

»Die Preußen, unsere neuen Freunde, und dazu noch die Italiener als zweite Bundesgenossen, ausgerechnet die Italiener«, dachte Alois mit bitterer Ironie, zu der er nur in Ausnahmefällen fähig war. Geschichte hatte ihn schon auf dem Gymnasium mehr interessiert als alle anderen Fächer. »Und dieses neue Kronland, es ist ein Armenhaus.« Solche Gedanken konnten seine Moral nicht heben auf der Bergwiese über Sarajewo im heißen Sommer 1911. Außerdem hatte er gestern Abend zu viel Slibowitz getrunken im Kameradenkreis und dann zu heftig an Jelena mit allem Drum und Dran gedacht. Ach ja, Jelena und Slibowitz und ein armes Land mit Maisfeldern und muselmanischen Minaretten, von denen bärtige Männer mit Gewändern wie Nachthemden im Reich des allerchristlichsten Kaisers Franz Joseph seltsam unmelodische Hymnen an Allah sangen! Egal – im Herbst würde er Leutnant sein, Offizier, satisfaktionsfähig und ein Liebling der eleganten Frauen mit den weißen Handschuhen. Gedankenverloren stocherte er mit dem Säbel in dem Maulwurfshaufen vor seinen Stiefeln herum.

»Einjährig-Freiwilliger Fiedler, nehmen Sie Haltung an! Hören Sie sofort auf, mit dem Säbel im Dreck zu wühlen! Stillgestanden!« Jessas, der Major! Alois schreckte auf. Er schlug die Hacken zusammen und legte die Hand stramm an den Säbel. Major Braunberger hatte gerade seinen Schülern der Kriegskunst erklärt, wie ein österreichischer Offizier seine

Mannen gegen den Feind führt, nämlich mit gezückter Waffe und einem todesverachtenden »Hurra« unter dem steif gewichsten Schnurrbart, egal ob in Bosnien, Galizien oder der Hölle. Da musste er die Säbelspitze eines Offiziersanwärters in einem Maulwurfshügel als Missachtung, als Defätismus, ja als Beleidigung des Waffenruhms der Doppelmonarchie empfinden.

Irgendwie sah Alois das ein. Er hörte nun angestrengt, mit heroischer Säbelhaltung und allem Todesmut in den Augen, der ihm möglich war, Braunbergers weiteren Ausführungen zu. Im Inneren aber sah er seine Chancen schwinden, das gelbe Band mit der schwarzen Schnur an den Ärmelstulpen, das ihn als Einjährig-Freiwilligen auswies, im Herbst in den Leutnantsstern am Kragen umzuwandeln. »Intelligenzbörtel« nannte der Volksmund das gelbe Bändchen, da es Menschen mit höherer Schulbildung vorbehalten war. Dem Namen musste er jetzt Ehre machen, vielleicht war dann der Leutnant doch noch zu retten. Loisl nahm sich vor, am nächsten Tag bei den taktischen Aufgaben, die Braunberger seinen Schülern zum Manöverabschluss stellen würde, ganz bei der Sache zu sein und strikt militärisch zu denken.

»Einjährig-Freiwilliger Fiedler, angenommen, Sie würden diese Kompanie führen«, fragte Braunberger am Morgen darauf, »was würden Sie tun?« Der Major betonte stark das Wort »angenommen«, und Alois glaubte in der Stimme des Majors leise Tücke zu vernehmen. Heute stand man nicht auf einer Wiese mit Maulwurfshügeln, sondern am Abhang zu einem Flüsschen, über das eine Holzbrücke führte. Auf der gegenüberliegenden Anhöhe lag der imaginäre Feind in Deckung. Der Major hatte ihn dort mit einer großen Gebärde seines knochigen Zeigefingers platziert. Der Feind verfügte über ein Maschinengewehr, Karabiner und Handgranaten. Wahrscheinlich war er auch zahlenmäßig stark überlegen. »Also, Fiedler, Sie wollen mit Ihrer Einheit die Brücke passieren, sind gerade mitten drauf und da geraten Sie unter heftiges Feuer. Was befehlen Sie?«, fragte Braunberger noch einmal mit sehr sanfter Stimme. »Jetzt kommt die Rache für gestern«, dachte Alois. »doch heute kriegst du mich nicht.«

Er fixierte den Adamsapfel des Majors. Ein ausgeprägter Adamsapfel, auf dem einige nur halb abrasierte Barthaare standen. »Herr Major, wegen der großen Feuerkraft des Feindes und seiner überlegenen Position wäre angebracht: Runter von der Brücke. Unter ihr Deckung suchen und auf Verstärkung warten!« Der Adamsapfel vor seinen Augen hüpfte erwartungsfroh nach oben. In den Augen Braunbergers glomm stiller Triumph auf. Ein Feigling, natürlich ein Feigling, dieser Stocherer in Maulwurfshügeln! Gleich würde er ihn anbrüllen – oder sollte er ganz leise bleiben?: »Ein österreichischer Offizier lässt seine Leute nicht ins Wasser springen und sich verkriechen, nur weil es ein bisschen kracht! Ungenügend, Einjährig-Freiwilliger, zurücktreten!«

Doch bevor er dazu kam, fuhr Alois fort: »Da aber für einen wahren Soldaten Angriff die beste Verteidigung ist, würde ich befehlen: Ausschwärmen und hinauf den Berg. Attacke! Hoch lebe Österreich!« Der Adamsapfel rutschte nach unten weg. Der Triumph in den Augen erlosch. »Richtig«, sagte Braunberger missmutig, »aber halten Sie sich das nächste Mal nicht mit blödsinnigen Erwägungen auf. Wegtreten.« Im Herbst wurde Alois Fiedler Leutnant des Infanterie-Regiments Nr. 74 im nordböhmischen Reichenberg. Gesamtnote »befriedigend«: Der Vater lächelte, als ihm im Oktober 1911 sein Ältester in Uniform am Prachatitzer Bahnhof entgegenkam. »Fesch«, sagte er. Dann verschwand sein Lächeln. »Aber eine verlorene Sache. Und bald wird es blutiger Ernst.«

Alois zuckte die Achseln. »Vater, wenn der Krieg kommt, falls er kommt, dann wird er schnell vorbei sein. Und mich wird es schon nicht erwischen.« Dazu war das Leben einfach zu schön. Dazu lag der Marktplatz von Prachatitz zu friedlich und zeitlos da an diesem durchsonnten Oktobertag. Dazu freute er sich zu sehr auf das Studentenleben. Ja, Europa rüstete auf, und die Nationen belauerten einander. Hier die Russen, die Briten, die Franzosen, auf der anderen Seite die Deutschen in Nibelungentreue vereint mit dem wundersamen Gebilde der Doppelmonarchie aus Deutschen, Ungarn, Kroaten, Bosniern, Galiziern, Tschechen, Slowaken, Slowenen, Polen, Rumänen, Ruthenen und Dalmatiern. Alle waren überzeugt von einem wohl unvermeidlichen »Waffengang«. Doch keiner wusste so genau, warum und wofür man ihn eigentlich führen wollte.

Vielleicht würde es aber doch nicht kommen, das »reinigende Gewitter«, von dem die Honoratioren an ihren Stammtischen endlos redeten, die sich nur noch dunkel an den kleinen Krieg der Deutschen anno 1870 gegen die Franzosen oder der Österreicher gegen die Preußen vier Jahre zuvor erinnerten. Und wenn, dann als kurzer, heftiger Schlagabtausch. Ein kriegerisches Abenteuer, ein ritterliches Turnier kontinentalen Ausmaßes. Man trieb die Franzmänner und die Russen zu Paaren – falls man Österreicher oder Deutscher war –, und dann stand man in Paris und Petersburg. Die Russen, die Franzosen und die Engländer glaubten selbstverständlich umgekehrt ebenso an ihren Sieg im Eiltempo. In Anbetracht der Größe ihrer Armeen schien das Alois nicht ausgeschlossen. Doch die österreichische Sache war gerechter, da waren sich alle Experten, vom alten Kaiser in der Hofburg bis zum Prachatitzer Sparkassendirektor einig. Sollte man die Serben am Südrand der Monarchie ungestraft wühlen und hetzen lassen? Und was hatten die Russen auf dem Balkan zu suchen? Daher würde der Allmächtige seine schützende Hand über den Vielvölkerstaat und seine Nibelungenbrüder in Berlin halten, was die Überzahl der Feinde mehr als kompensieren musste.

Schade, dass ihn die Kavallerie nicht genommen hatte, obwohl er doch so gut reiten konnte! Hoch zu Ross in den Kampf wäre doch etwas anderes als auf den eigenen Beinen bei der Infanterie. Aber Bürgerliche oder gar Bauernsöhne wie ihn im Sattel ließ der Adel halt ungern zu. Käme der Krieg, würde natürlich der eine oder andere Kämpfer für die gerechte Sache den Heldentod auf dem Schlachtfeld erleiden oder vom Lazarettbett aus mit wächserner, ersterbender Hand einen letzten von Herzblut getränkten Brief an die ferne Geliebte schreiben. Er aber würde nicht sterben. Nein, nicht Alois Fiedler, der den, zugegeben, ziemlich platten Wahlspruch hatte: »Immer frisch und munter, ein Fiedler geht nicht unter!«

Dann fiel ihm das Rattern der Maschinengewehre ein und die Verheerungen, die diese unritterliche Waffe schon beim Übungsschießen gegen alles anrichtete, das man ihrem Geschosshagel in den Weg stellte. Dagegen anzustürmen mit gezücktem Säbel ... ihm wurde plötzlich kühl in der milden Oktobersonne. »Lass uns nicht vom Krieg reden, Vater«, sagte er, »wir haben tiefsten Frieden, und in drei Wochen bin ich in Wien.« Der Vater nickte. Sein Haar war in den letzten Jahren eisgrau geworden. Schweigend stiegen beide in den Einspänner. Auf der Fahrt nach Rohn murmelte der Vater so leise, dass ihn Loisl über dem Knirschen der Räder auf dem Kiesweg kaum vernehmen konnte: »Die Vernunft hat schon verloren. Skoda in Pilsen gießt so viele Geschütze wie noch nie. Ich habe Skoda-Aktien gekauft, mein Sohn.« Beide schwiegen bis zur Kurve vor der Rohner Mühle. Gleich würden die Mutter und die Geschwister sie vorfahren hören. »Warm ist es heute«, sagte der Vater und blinzelte in die Sonne, »die Jelena ist übrigens zurück ins Böhmische gegangen. Sie heiratet ihren Frantek oder wie er heißt.« »Ist sie in anderen Umständen?«, fragte Alois mit jäher Beklommenheit. Vor drei Monaten war er zum letzten Mal auf Urlaub in Rhon gewesen. »Nein«, sagte der Vater, »nicht, dass ich wüsste.« Er blinzelte gegen die Sonne. »Es könnte ein Gewitter kommen.« Alois fühlte Erleichterung und Wehmut. Jelena. Er freute sich aufs Studium in Wien.

In Wien war Alois Fiedler nur wenige Monate. Das Herz der Donaumonarchie, dessen schleichende Altersschwäche sensiblere Geister spürten, begeisterte den Jungen vom Land. Er fühlte den Hauch des Untergangs nicht. Was für eine Stadt, was für ein Leben! Die ratternden Elektrischen auf der Ringstraße. Die Automobile mit ihren Chauffeuren am Steuer und den eleganten Herrschaften auf den Rücksitzen. Die Damen mit den Wespentaillen und den durchgeknöpften Stiefeletten am Arm von Herren in Frack und Zylinder, die Spazierstöcke mit Silberknauf wirbeln ließen wie ein Tambourmajor seinen Stab. Die süßen Mädchen in den Confiserien, von denen jeder Blick ihm eine Verheißung schien. Und überall die Walzer von Strauß und Lehár.

Doch er sollte ja studieren. Forstwirtschaft. Das Fach hatte er sich selbst ausgesucht. Der Vater war dafür gewesen. Wald hatten die Fiedlers genug. Ein Fachmann konnte da nicht schaden. Alois aber wollte Förster werden, weil er für sein Leben gern auf die Jagd ging. Zur Matura hatte er sich keine Taschenuhr an der Silberkette gewünscht, wie bei begüterten Familien üblich, sondern ein Gewehr. Seither war er begeisterter Jäger. Als Forstmeister würde er von Berufs wegen draußen in der Natur sein und konnte so gleichsam mit der Arbeit seiner Leidenschaft frönen. Er sah sich selbst durch den grünen Forst schreiten, vorbei an ehrerbietig grüßenden Holzfällern, die Büchse auf dem Rücken, das Liedchen »Pirschen auf den Hirschen« halblaut auf den Lippen und immer einen wachsamen Blick in die Runde, ob da nicht im Gebüsch edles Wild raschelte – oder ein Wilderer, dem er das schnöde Handwerk schon legen würde.

Mit Wald und Wild aber hatte das erste Semester zu seiner Überraschung kaum zu tun. Mathematik. Mathematik: Wie schwer darf das Fuhrwerk A sein, um eine Holzbrücke B mit einer Balkenlänge C und einer Balkenelastizität D nicht zum Einsturz zu bringen? Mühsam biss sich Loisl durch. Abstrakte

Zahlen waren nie seine Stärke gewesen. Doch dann sollten die Herren Studenten ihre durchgerechnete Brücke technisch zeichnen. Zeichnen war noch schlimmer als Mathematik. Schon in der Schule. »Du kannst ja keinen geraden Strich ziehen«, hatte der Kunstlehrer in der Obersekunda gesagt, als Alois sich abmühte, wenigstens den Sockel des Kriegerdenkmals hinzukriegen, vom sterbenden Grenadier oben drauf gar nicht zu reden.

Und jetzt diese Brücke mit ihren Streben, Pfeilern, Querbalken. Loisl verwendete ein ganzes Wochenende daran, sie akkurat auf dem Zeichenkarton entstehen zu lassen. »Immer frisch und munter, ein Fiedler geht nicht unter«, stieß er ein ums andere Mal zwischen zusammengepressten Lippen hervor. Die fürsorgliche Witwe Holletschek, bei der ihm sein Vater ein Zimmer gemietet hatte, klopfte mehrmals leise an die Tür, fragte, ob der junge Herr denn gar nicht hinauswolle in den wunderschönen Sonntag, und brachte ihm nach seinem gequälten »Nein!« Kaiserschmarren. Der wurde kalt.

Spät am Abend war Alois fertig, und fast so wohlgefällig wie Gottvater am letzten Schöpfungstag betrachtete er sein Werk. Er hatte sich selbst übertroffen. So wie die Brücke da stand. Präzis. Und schwungvoll. Eines angehenden Forstingenieurs würdig. Müde, doch frohgemut fuhr er am nächsten Morgen mit der Straßenbahn zur Forstakademie am Stadtrand. Sein Werk trug er sauber zusammengerollt unter dem Arm. Am liebsten hätte er es für die anderen Fahrgästen entrollt, besonders für die junge Dame ihm gegenüber mit dem kleinen Schleier am Hut über großen, melancholischen Augen. Er betrat beschwingt die Akademie, die im aufgelassenen Augustinerkloster Mariabrunn untergebracht war, und ging ins Zimmer des Assistenten, der die Zeichnungen entgegennahm. Er kannte ihn aus der Studentenkneipe. »Karl«, sagte Alois, »da.« Mehr war einfach nicht zu sagen.

Karl entrollte das Papier, schaute drauf, schaute etwas länger drauf, hob dann den Blick – wo blieb das anerkennende Lächeln? – und sagte: »Fiedler, nimm's wieder mit, das kannst du nicht abgeben, mit dem da fällst du durch!« Mit dem da! Dieser Satz im Klostergewölbe von Mariabrunn bedeutete das Ende einer Forstmeisterlaufbahn. Alois nahm wortlos die Zeichnung, rollte sie zusammen, ging ohne Gruß hinaus, schloss die Tür sorgfältig und klemmte draußen im ehemaligen Kreuzgang die Papierrolle einer der seit der Säkularisierung des Gebäudes aufgabenlos herumhängenden Barockputten zwischen die neckischen Flügelchen. Er ging ohne Blick zurück nach Hause, aß den kalten Kaiserschmarren der Frau Holletschek auf, verabschiedete sich anschließend von der verstörten Witwe und nahm den nächsten Zug über Budweis nach Prachatitz.

Mensur

Der Paukboden roch. Wie immer eher säuerlich nach Bier als süßlich nach Blut. Alois war es flau im Magen. Nackte Angst war es nicht, was ihm im Bauch rumorte, eher bange Erwartung, Ungewissheit, was da kommen sollte. Ähnlich wie beim Zahnarzt, wenn der Bohrer schon über dem weit aufgerissenen Maul rattert. Er strengte sich an, seinen Augen den entschlossen-männlichen Ausdruck zu geben, den das ungeschriebene Gesetz der Burschenschaften befahl. Schwer lag der Schläger, dieser Säbel mit abgestumpfter Spitze, in seiner rechten Hand.

»Auf die Mensur!«, befahl der Unparteiische. Alois zückte seine Waffe. Sein Gegner — er war ihm zugelost worden — tat ebenso. Dessen Gesicht sah wie eingefroren aus. Mit dem dick gepolsterten Arm, dem schweren Lederschutz um Bauch und Beine, dem Brustpanzer und der Ledermanschette am Hals zum Schutz der Schlagader glich er einem schwerfälligen, flügellosen Insekt. Alois legte den linken Arm nach hinten auf den Rücken und hakte mit dem Daumen im Gürtel ein. Die erhobenen Klingen kreuzten sich aufblitzend im Licht, das durch die bunt verglasten Fenster des Pauksaals der Verbindung »Teutonia« fiel. Alois stemmte seine Bauernbeine mit den kräftigen Waden fest gegen den Dielenboden. Diesen Platz hatte er zu behaupten, bis alles vorbei war. Man focht keine Mensur mit Ausfallschritten, Wegducken, Belauern. Man stand wie angewurzelt und drosch aufeinander ein. Jeder Schritt, jedes Ausweichen vor der Gefahr war ein Zeichen von

Weichlichkeit. Bei der Mensur ging es nicht um Fechtkunst. Es ging darum, Mannhaftigkeit zu beweisen.

»Ich bin nicht feig, ich bin nicht feig«, versuchte Alois sich selbst zu überzeugen, »ich bin schneidig, schneidig, schneidig.« Doch ihm wäre lieber gewesen, jetzt irgendwo im Böhmerwald durchs Unterholz zu pirschen. Oder wenn er schon hier sein musste, wenigstens die Beine bewegen zu dürfen, mit einem Satz zur Seite den Gegner ins Leere laufen zu lassen, wie man es bei einer Prügelei auf dem Kirchweihfest gegen die wilden Schwinger der Burschen aus dem Nachbardorf tat. »Los«, rief der Schiedsrichter, und »Zeig's ihm, Fiedler!«, der Fuchsmajor, der Alois in die Welt der »Teutonen« eingeführt hatte und jetzt sein Sekundant bei der Mensur war.

Alois hatte keinen sonderlichen Spaß am Fechten. Er war nicht geschickt genug, es wirklich gut zu lernen. Außerdem hielt er das Argument, mit der blanken Waffe in der Hand könne ein wahrer Mann seine Ehre, seine Familie, sein Vaterland verteidigen, für Unsinn. Als Jäger und Soldat wusste er, dass eine Kugel schon längst tödlich war, bevor der gezückte Säbel überhaupt in Aktion treten konnte. Er fand es auch nicht erstrebenswert, ohne Not anderen Menschen klaffende Wunden beizubringen oder, noch schlimmer, sie selbst zugefügt zu bekommen. Doch jetzt musste er zuschlagen, nicht denken. Den Hieb seines Gegners – hieß er Karl oder Konrad? Hätte er doch besser zugehört bei der Vorstellung! – wehrte er ab, sein Gegenangriff blieb ebenfalls an der Klinge von Karl oder Konrad hängen. Klirr. klirr, klirr. Pause. »Kein Blutiger!«, meldeten beide Sekundanten.

»Zweiter Gang!«, befahl der Unparteiische. Alois schaute so stoisch wie möglich. Er suchte nach Angst im Gesicht seines Gegners und fand sie nicht. Er war sich inzwischen sicher, dass der Kerl Karl hieß. Karl hatte zwei schön modellierte, durch die Anstrengung leicht gerötete Ohren von beträchtlicher Größe. Sollte er nicht mit einer Finte das linke anvisieren, Karl zu einem Abwehrreflex verleiten und dann mit einem blitzschnellen Hieb die rechte wohlgeformte Muschel sauber vom Schädel trennen? Das wäre dann ein »Blutiger« par excellence und die Mensur für beide ehrenvoll beendet. Das Ohr konnte man wieder annähen. Klirr, klirr, klirr, klangen die Klingen. Karl war besser, als Alois gehofft hatte. Die Ohrenattacke verfing nicht. Karl war wahrscheinlich besser als er.

Karl war besser – vielleicht auch nur glücklicher? Beim vierten Gang, als die stoischen Mienen durch den schwerer werdenden Atem schon leicht verzerrt und die Klingen der Schläger bereits schartig waren, versuchte Alois erneut einen Hieb gegen Karls inzwischen dunkelrotes Ohr. Er fehlte. Und dann schlug es in seinem linken Kiefer ein. In Karls Blick mischten sich Entsetzen und Triumph. Alois spürte, wie sich die Klinge seines Gegenüber wieder von seiner Wange löste, sah sie für einen neuen Schlag nach oben und zurückfahren. Er fühlte süßliche Nässe und etwas Hartes in seinem Mund, an dem er sich beinahe verschluckt hätte. Ein Backenzahn. Die Wucht des Hiebs hatte ihn aus dem Kiefer gesprengt.

Alois spürte keinen Schmerz. Nur den lähmenden Einschlag, wie er einen Boxer beim K.o. niederstreckt. »Haltung«, sagte er sich, »nur Haltung bewahren.« Würde er jetzt aufschreien, zurückzucken, den Säbel fallen lassen und die Wunde verstört betasten, wäre alles umsonst gewesen. »Unehrenhafte Abfuhr!«, würde der Unparteiische mit kaum verborgener Verachtung entscheiden. Mensur ungültig. Alois versuchte ein Lächeln und hob seine Waffe zu einer Gegenattacke. Dieses Lächeln, so meinten schulterklopfend später seine Kommilitonen, sei sehr bravourös, wenn auch etwas bizarr gewesen, da die klaffende Wunde links vom Kinn fast wie ein zweiter Mund ausgesehen habe, aus dem die Zähne leicht deplatziert grinsten.

Er sah es rot auf den Brustpanzer heruntertropfen, sein Sekundant sprang auf, hielt seinen stumpfem Säbel wie eine

Schranke zwischen Karl und ihn und rief zum Schiedsrichter: »Melde einen Blutigen bei meinem Paukanten!« Beide Kämpfer ließen die Waffen sinken. Alois fingerte mit der Linken den losen Backenzahn aus seinem Mund, spürte jetzt langsam und stetig Schmerzen durch seine linke Gesichtshälfte kriechen. Tat so, als wäre nichts, nickte Karl anerkennend zu – erstklassiger Hieb, mein Bester! –, nahm nonchalant zur Kenntnis, wie der Paukarzt die Wunde mit einer sich schnell rot färbenden Kompresse abdeckte, und dachte bei sich: «Scheiße!« Und dann »Winnetou«. Er hatte als Gymnasiast Karl May gelesen und wusste daher, dass Indianer, besonders die vom Stamm der Apachen, auch die schlimmsten Schmerzen am Marterpfahl ohne Wimpernzucken hinnehmen.

»Abfuhr auf Schmiss«, erklärte der Arzt. Die Mensur war vorüber. Alois hatte es geschafft. Von heute an würde er das studentische Tapferkeitsmal tragen, ein Ehrenmal, das nur Ignoranten oder Feiglinge aus christlichen, nicht schlagenden Verbindungen als entstellende Narbe ohne Sinn denunzierten. Den Backenzahn würde er sich aufheben und als Glücksbringer bei sich tragen. Er sollte ihm erst im Krieg abhanden kommen: Bei einem Artillerieangriff der Italiener wurde seine an einem Latrinenpfosten aufgehängte Uniformjacke und mit ihr sein Zahn von einem Granatsplitter erwischt.

Jetzt hieß es nur noch, das Nähen der Wunde klaglos zu überstehen. Die antiseptische Tinktur brannte höllisch, der Arzt zog, rohe Routine im Blick, den klaffenden Spalt mit zwölf Stichen zusammen. Alois drängte den messerscharfen Schmerz mit aller Willenskraft beiseite, lächelte wie ein Indianer am Marterpfahl und musste sich anhören, wie seine Kameraden, bereits von drei, vier Halben besten Pilsners befeuert, ihre eigene Mensur-Bravour großartig ausmalten. Alois war stolz auf sich. Mit leicht schiefem Mund prostete er den Kommilitonen der »Teutonia« Prag zu. Der Cognac brannte wie ein reinigendes Feuer im malträtierten Gaumen.

Schon in Wien hatte er die Absicht gehabt, Verbindungsstudent zu werden, war aber wegen der Kürze seines akademischen Gastspiels nicht dazu gekommen. Dabei mochte er die Rituale der Burschenschaften nicht besonders. Die halbmilitärische Kleiderordnung, die markige Sprache, das schwarz-rotgoldene Band quer über der Brust als unübersehbarer Beweis der nationalen Gesinnung, das kam ihm wichtigtuerisch, aufdringlich vor. Und die Unmengen von Bier, die man an jedem Kneipabend auf Befehl in sich hineinschütten musste, hasste er. Wenn er nur daran dachte, kam der säuerliche Brodem aus Bier, Zigarrenrauch, Rülpsern und halb unterdrückten Furzen in ihm hoch, der neben zunehmend gelallten Studentenliedern und stumpfsinniger werdenden Gesprächen die unendlichen Abende im Verbindungshaus beherrschte.

Was er wollte, war die Mensur. Dabei sein, dazugehören. Deswegen war er in die »Teutonia« eingetreten. Viele Jahre später würde er diese freiwillige Selbstverstümmelung, die auf seiner linken Kinnbacke bis ans Lebensende als horizontale Narbe zu sehen war, nur noch für albern halten, für nicht weniger kindisch als die verordnete Sauferei. Doch im Spätherbst 1911... »Wer einen Schneid hat, der ist in einer schlagenden Verbindung«, hatte ihm eine junge Wienerin mit einem reizenden Sonnenschirm und einem noch reizenderen Mund auf einem Ausflugsdampfer nach St. Pölten schnippisch erklärt. »Andere Studenten schaue ich gar nicht an.« Kaum unterdrückte Geringschätzung im Blick, hatte sie auf Alois' glatte Jungmännerwangen gestarrt. Als Antwort erzählte Alois leicht errötend von den Heldentaten seiner Einjährig-Freiwilligen-Zeit, von den Manövern in Bosnien und seiner Ernennung zum Leutnant der Reserve, doch ohne große Wirkung.

»Leutnant kann ein jeder werden, dem sein Vater das Einjährige bezahlt«, meinte der reizende, an den Winkeln sich jetzt grausam kräuselnde Mund, »aber eine Mensur fechten, das traut sich nicht ein jeder.« Dann drehte die Dame sich mit einer kaum angedeuteten Neigung des Kopfes von ihm ab und wandte sich wieder ihrem Begleiter, einem Oberleutnant der Artillerie zu, der aus zwei Metern Entfernung die Annäherung und Abfuhr des Studentleins mit diesem unmöglichen böhmischen Dialekt beobachte hatte. Der Kerl verbeugte sich leicht und salutierte extrem nachlässig in Richtung Alois. Beide Gesten kamen Alois ausgesprochen höhnisch vor. Der Oberleutnant hatte ein Gesicht wie ein Maulesel. Aber in diesem Mauleselgesicht saß unter dem rechten Jochbein unübersehbar der Schmiss. Das adelte ihn und tat Alois weh.

Am liebsten hätte der junge Mann aus Rohn dem Oberleutnant einen Fußtritt gegeben: »So springt man bei uns daheim mit Mauleseln um!« Aber das konnte man bei einer Dorfrauferei machen, nicht gegenüber einem Offizier und schon gar nicht, wenn einem selbst noch die Weihen der Satisfaktionsgesellschaft fehlten. Zur Kaste der Duellfähigen gehörten der Adel, das Offizierkorps und die Burschenschaften. »Na wartet nur, ihr eingebildeten Pinkel, ich werd'es euch schon noch zeigen, ich, der Bauernbub aus dem Böhmerwald«, dachte Alois und beschloss in diesem Augenblick, einer Verbindung beizutreten, wo reichlich Blut floss.

Ein hübsches Frauenzimmer wie die hier, die sich jetzt auch noch von diesem Maulesel die Hand küssen ließ, sollte in Zukunft banges Herzklopfen überfallen, wenn Alois Fiedler mit einer triumphalen Mensurnarbe im Gesicht so einen wie diesen Maulesel durch eine gezielte Beleidigung zum Duell zwingen würde: »Mein Herr, warum fixieren sie mich so stupide und unverschämt?« Für den Moment aber blieb ihm nichts weiter, als kurz und kalt in Richtung der beiden zurückzunicken. Er drehte sich ab und beobachtete dann, auf die Reling gestützt, angestrengt die zahllosen Birken, an denen der Dampfer bis zur Ankunft in St. Pölten vorbeifuhr. Wenige Tage später ging seine Forstmeisterkarriere in die Brüche, und Alois verließ Wien.

»So, Jura – Rechtsverdreher«, sagte der Vater und zupfte einen letzten Sägespan aus dem Schnurrbart, »na ja.« Alois hatte nach dem jähen Abschied von Wien und den Forstmeisterträumen erst einmal tüchtig ausgeschlafen, am nächsten Tag einen starken Sechsender-Rehbock geschossen, was er als gutes Vorzeichen nahm, und einen Tag später beim Mittagessen den Vater mit seinen Juraplänen überrascht. Dori, sein Bruder, nickte beifällig. Studium bedeutete, dass der Loisl auf keinen Fall doch noch den Hof übernehmen würde. Die Mutter hielt beim Umrühren der Mehlsuppe für einen Moment inne. Sie lächelte in sich hinein: ihr Bub ein akademischer Herr!

Richter sei sein Ziel, meinte Alois, das habe Hand und Fuß und außerdem: Gerechtigkeit zu üben sei eine schöne Aufgabe. »Wie der König Salomon«, dachte in stillem Stolz die bibelfeste Mutter und ließ den Kochlöffel schneller im Suppentopf kreisen. »Für Jura musst du nicht nach Wien zurück«, meinte der Vater, »das kannst du in Prag studieren.« Alois nickte. Nach dem Fiasko seiner Brückenzeichnung zog es ihn eh nicht mehr an die schöne, blaue Donau. Außerdem stand in Prag zum Stolz aller Deutschen in Böhmen die älteste Universität des Regnum Teutonicum, wie er aus Gymnasiumszeiten wusste, 1348 durch König Karl IV. gegründet. Deren Jurafakultät hatte einen guten Ruf. Prag war nur vier Zugstunden von Prachatitz entfernt.

Im Frühjahr 1912 mietete er sich bei der Witwe Gosslauer in der Prager Altstadt ein Zimmer. Frau Gosslauer war nicht so dick wie die Wiener Witwe Holletschek, trug das Haar in einem Dutt und sprach Alois mit »Herr Leutnant« an. Anstelle des Kaiserschmarrens in Wien gab es jetzt am Sonntag als Ausdruck des Wohlwollens Powidldatschgerl, mit Pflaumenmus gefüllte Teigtaschen. Damenbesuch aufs eher düstere Zimmer lehnte Frau Gosslauer jedoch ebenso streng ab, wie es schon Frau Holletschek in Wien getan hatte. Alois schrieb sich an der

Universität ein und trat der Burschenschaft »Teutonia« bei. Sie lag günstig um die Ecke und hielt den Mensurgedanken hoch. Außerdem war sie bei Jurastudenten wegen ihrer vaterländischen Gesinnung sehr beliebt.

Alois wusste nicht so ganz genau, warum er gerade Jurist werden sollte. Er wusste nur, was er nicht werden wollte: Lehrer – auf keinen Fall, Naturwissenschaften – waren zu abstrakt, Medizin – nein, er wollte seine Patienten nicht an Schwindsucht oder Typhus sterben sehen, Ökonomie – da würde er dem Vater nie das Wasser reichen können, darüber war er sich im Klaren, auch nicht nach fünf Jahren Studium und mit einem Doktorhut. Für Jura, so schien ihm, brauchte es nur sein gutes Gedächtnis und genug gesunden Menschenverstand, um die Sprachverrenkungen der Paragrafen mit dem wahren Leben zu versöhnen. Das traute er sich zu. Außerdem hatte man als Jurist sein gutes Auskommen und eine geachtete Position in der Gesellschaft. Also – warum nicht Jurist? Es gab unangenehmere Berufe.

Alois dachte selten lange nach. Entscheidungen fällte er meist wie ein Blitzschachspieler, dem die Regeln ein Sekundenlimit setzen. Sinn muss der nächste Zug machen und schnell muss es gehen. Ihm fehlte alles Grüblerische. Warum sich in eine Idee verbeißen, einen verschlungenen Weg einschlagen, der möglicherweise so lang wie beschwerlich war und sich am Ende zu allem Unglück als Irrweg herausstellen konnte? Die Frage, was diese Welt in ihrem Innersten zusammenhält, berührte ihn nicht sonderlich.

»Viel Faustisches hast du wirklich nicht an dir.« In Momenten der Selbskritik machte sich Alois durchaus Gedanken, ob er denn trotz seiner guten Deutschnote und eines vom Religionslehrer in der Oberprima gelobten Referats über die immanente Logik der Heiligen Dreifaltigkeit ein denkfauler Mensch sei, entschloss sich schnell für ein wackliges Nein und tröstete sich mit dem Sokrates-Wort: »Ich weiß, dass ich nichts weiß.«

Manchmal war er so ehrlich, sich einzugestehen, dass diese klassische Generalabsolution eine recht fadenscheinige Ausrede für sein Leben wenig über den Tag hinaus war. »So bin ich halt«, dachte er dann und las ganz bewusst den Artikel im »Prager Tageblatt« nicht zu Ende, in dem ein junger Professor aus Ulm namens Albert Einstein vorgestellt wurde, der seit ein paar Monaten an der hiesigen Karls-Universität lehrte.

Diese »Leuchte der Wissenschaft«, so nannte ihn die Zeitung, schien zu behaupten – falls der offensichtlich verstörte Redakteur dies richtig wiedergab, woran man zweifeln konnte –, dass Raum und Zeit irgendwie gummiartig seien und schneller als Skoda-Granaten dahinflitzten. Oder so ähnlich. Verrücktes Zeug. Alois legte die Zeitung weg und dachte lieber an den Rehbock, der ihm am nächsten Wochenende nicht wieder entkommen sollte, und an Mizzi, die ihm ein Kommilitone vorgestellt hatte. Mizzi mit den Spitzenhandschuhen, einer zugegeben etwas zu großen Nase und einer Büste, die gegen die prallen Brüste von Jelena, an die er sich noch immer lebhaft erinnerte, eher bescheiden war – soweit man das unter der plissierten Bluse und dem Korsett zu ahnen vermochte. Mizzi spielte auf dem Flügel Schumanns »Träumerei« und rutschte jedes Mal mit einem »Aber, aber, Leutnant Fiedler«-Blick ein paar Zentimeter beiseite, wenn Alois ihr und ihrem Lavendelduft näherkommen wollte.

Familie Schwansee

»Tesoro«, wandte sich Justizobersekretär Schwansee an seine Frau, »bereitest du für Herrn Leutnant und mich einen Cappuccino?« Dann wandte er den kurzgeschorenen Kopf halb nach hinten: »Und du, Mizzi, hilf deiner Mutter!« Er sprach die beiden fremden Wörter, die Alois noch nie gehört hatte, sehr breit und übertrieben aus. So, als wolle er gleichzeitig Vertrautheit wie auch eine gewisse Geringschätzigkeit ihnen gegenüber ausdrücken. Er lachte leicht meckernd, schaute wohlgefällig zu, wie die beiden Frauen in der Küche verschwanden: »So nennt man in Triest den Kapuziner. Italienisch. Eine Sprache, die zum Überschwang neigt. So sind sie, die Italiener...«

Alois fragte: »Kapuziner heißt auf Italensch Tesoro?« Der Justizobersekretär lachte jetzt so meckernd, dass die goldene Uhrkette über seiner gewölbten Weste auf und ab schaukelte. »Aber nein, Herr Leutnant, Cappuccino ist dasselbe wie ein Kapuziner in Wien, und Tesoro bedeutet Schatz. Was im Fall meiner Frau Gemahlin wirklich zutrifft.« Dann schaute er Alois zwinkernd-verschwörerisch an: »Und ich hoffe, dass dies auch bei Mizzi einmal der Fall sein wird. Wie sagt man doch: Der Apfel fällt nicht weit vom Stamm!«

Alois zwinkerte höflich zurück. Aus der Küche drang das Gebuller von sprudelnd kochendem Wasser. Er schämte sich wegen seiner Unkenntnis, und gleichzeitig war es ihm unangenehm, von dem kurzgeschorenen Mann im Sessel gegenüber, der ihm als Schwiegervater drohte, mit »Herr Leutnant« angesprochen zu werden. Er war Leutnant der Reserve, also Schmalspurleutnant, die Uniform durfte er nur bei den alljährlichen Wehrübungen anziehen. Aktuell war er Student der Jurisprudenz und das nun schon im dritten Jahr. Er hatte sich fein gemacht mit Krawatte, einem blütenweißen Stehkragen und einem Gehrock neuesten, also ziemlich engen Zuschnitts. Das gute Stück saß nicht so recht an den Schultern. Zu seinem Leidwesen saß keine Jacke so richtig. Das lag daran, dass seine Schultern zwar kräftig, doch nicht breit und etwas abschüssig waren. Alois fühlte sich leicht unbehaglich im Salon der Familie Schwansee zu Königgrätz. Die Familie hatte ihn eingeladen, doch einmal seine Aufwartung zu machen, da man schon aus dem Mund des Fräulein Tochter so viel Löbliches und Interessantes über den Herrn Leutnant vernommen habe.

Er hatte lange überlegt, ob er der Einladung, die eine Vorladung war, Folge leisten sollte. Es war gefährlich. Einmal zu Hause bei Mizzis Eltern, würde es schwer sein, den Kopf wieder aus der Schlinge zu ziehen. Mizzi hatte sein Zögern, nachdem sie ihm die mit gestochener Justizobersekretär-Handschrift verfasste Einladung überreicht hatte, natürlich wahrgenommen. Beim Spaziergang Arm in Arm auf der Prager Karlsbrücke hatte sie dann ihren Arm zurückgezogen und, tiefe Verwundung im Blick, geseufzt: »Also, du meinst es nicht ernst mit mir.« Sie war einen Meter von ihm abgerückt. Der Lavendelduft wurde schwächer. Sie drehte sich weg und starrte den steinernen Sankt Nepomuk auf dem Brückengeländer an, der milde, doch unbewegt zurückstarrte. »Natürlich mein' ich es ernst«, gab Alois nach einer sekundenlangen Pause lahm zurück, »natürlich«. Sollte er jetzt Nein sagen? Wollte er Nein sagen? Er war sich nicht sicher. Er wusste nur, dass er Mizzi in gewisser Weise schon kompromittiert hatte. Zu viele Spaziergänge und nicht bei allen war eine Freundin zur Wahrung von Anstand und Sitte dabei gewesen. Außerdem: Nicht nach Königgrätz zu fahren bedeutete, keine »Träumerei« mehr auf dem Klavier, kein Lavendelduft und bei der Promenade keine weiß behandschuhten zärtlichen Finger auf dem Unterarm. »Ich nehme diese liebenswürdige Einladung mit großer Freude an«, sagte er gegen Mizzis noch immer abweisenden Rücken. Das Mädchen ließ den Brückenheiligen stehen, machte kehrt und strahlte Alois an. Ein bisschen zu kokett, dachte er, und wenn die Nase doch ein wenig kleiner wäre! Sie drückte einen flüchtigen Kuss auf den Schmiss an seiner linken Wange. »Mein Guter. Papa und Mama werden sich freuen.«

So saß er nun auf dem hart gepolsterten kurzen Sofa der Schwansees, das in bürgerlichen Kreisen Chaiselongue hieß, und hörte sich mit höflich verschränkten Fingern an, was der Justizobersekretär über den Fortgang der Welt und den Zustand der österreichischen Rechtspflege zu sagen hatte. Für beides sah sich Schwansee als Fachmann. Schließlich hatte er fünfzehn Jahre im Justizpalast von Triest gesessen, dort Urteile archiviert, Vorladungen ausgestellt, Quittungen für Zeugenentschädigungsgeld abgezeichnet und so dem Kaiser Franz Joseph in dieser schwierigen, weil von italienischen Seperatismusgedanken unterwanderten Provinz treu gedient.

Er hatte leidlich Italienisch gelernt, aber sein Misstrauen gegen die »Katzelmacher«, wie er die italienischen Untertanen in vertrautem Kreise zu nennen pflegte, nie abgelegt. »Herr Leutnant«, sagte er zu Alois, »die sind nicht mit dem Herzen dabei. Sobald sie können, schließen sie sich dem Königreich Italien an.« Alois hielt das Kronland um Triest auch nicht gerade für eine Stütze der Doppelmonarchie. Doch immerhin sei Italien heute ein Verbündeter des Habsburgerreichs und daher eine Loslösung oder gar Annektierung des letzten italienischsprachigen österreichischen Gebiets unwahrscheinlich, wandte er ein. »Erst war es die Lombardei, dann war es Venetien, ich frage Sie, Herr Leutnant, wann wird es Triest sein?«, sagte Schwansee mit gravitätischer Besorgnis, »nein, unser guter Kaiser ist zu alt für das italienische Ränkespiel. Ich persönlich traue den Katzelmachern nicht.«

Schwansee litt am verblassenden Glanz des Doppeladlers. Zu allem Unglück hatte ihn das Schicksal nun auch noch von Triest ausgerechnet ans Landgericht nach Königgrätz verschlagen, diesem Symbol des Habsburger Abstiegs und mitten in einem Kronland gelegen, dessen Menschen mindestens so aufsässig und unzuverlässig waren wie des Kaisers wenige verbliebene italienische Untertanen. Davon war Schwansee überzeugt, auch und gerade weil seine Frau, eine geborene Komorek, Tschechin war. »Wie soll das denn enden mit den Tschechen hier, die wollen doch auch weg von Österreich. Meinen Sie, die kämpfen für unsere k. und k. Monarchie, wenn es ernst wird?«

Das wisse er auch nicht, sagte Alois wahrheitsgemäß. Er kenne solche und solche Böhmen. »Die einen würden am liebsten sofort eine tschechische Republik ausrufen, doch es gibt auch welche, die sich für den Kaiser würden totschießen lassen.« Die beiden Frauen kamen gerade aus der Küche und stellten vor die Herren zwei Tassen hin, die wie einen Alpengipfel im Winter eine weiße Haube überragte. »Sieht fast genau so aus wie der Kapuziner in einem Wiener Kaffeehaus«, dachte Alois flüchtig, »drum also Kapputschino.« Dann verweilte er etwas länger bei dem unangenehmen Gedanken, als deutschstämmiger Leutnant eine überwiegend tschechische Kompanie befehligen zu müssen. Würden sie im Falle eines Krieges seinem »Sprungauf, marsch, marsch!« hinaus ins feindliche Feuer folgen? »Ach geh', hör auf, an den Krieg zu denken«, schalt er sich, »Frieden ist, und Frieden wird es bleiben trotz allem Säbelrasseln.« Die beiden Damen nahmen mit am Tisch Platz, Frau Schwansee, Ende Vierzig und schon ein bisschen füllig, Mizzi sehr gerade mit sittsam geschlossenen Beinen. Aus dem fast bodenlangen Rock schauten ihre schönen, seidenbestrumpften Fesseln hervor. Die weißen Handschuhe hatte sie hier im Hause abgelegt. Ihr Blick war irgendwo zwischen schelmisch und erwartungsvoll. »Nein«, dachte Alois, »ich werde mich heute nicht erklären. Ich werde mich nie erklären.«

»Ihr Studium geht gut, Herr Leutnant, wie ich von unserer Tochter höre.« Schwansee nippte an seinem Kaffee, der Gipfel des weißen Häubchens blieb an seiner Nasenspitze hängen und tupfte in das gemessene Obersekretärsgesicht einen Anflug von Clown. »Ein Jahr werd ich wohl noch brauchen«, sagte Alois, »doch 1915 mach' ich auf alle Fälle Staatsexamen.« »Und Richter wollen Sie werden? Das ist schön, der Staat braucht tüchtige Richter«, sagte Schwansee, der sich auf einen alarmierenden Blick seiner Frau hin des Milchschaums auf der Nasenspitze entledigt hatte. Insgeheim hielt er sich allen Richtern überlegen. Ohne seine akkurate Arbeit im Vorzimmer würden sich diese Paragrafenkünstler doch längst im Gestrüpp der anstehenden Fälle verheddert haben. Aber ein Schwiegersohn als Richter, später Gerichtsrat oder gar Gerichtspräsident, das war schon etwas. Noch dazu, wenn er aus begütertem Haus kam, wie es bei Mizzis Verehrer der Fall zu sein schien.

»Die Geschäfte des Herrn Vater laufen zufriedenstellend, Herr Leutnant?«, fragte Schwansee. »Soweit ich weiß, mehr als das, Herr Schwansee«, antwortete Alois. »Die Säge am Bahnhof macht wohl richtig guten Gewinn, die Leute bauen wie verrückt, als müsse jedes Haus noch in diesem Jahr fertig werden.« Jedenfalls schickt Vater mir jeden Monat ohne Klagen und Murren dreihundert Kronen, dachte er, behielt dies jedoch für sich.

Schwansee rieb sich die Hände – innerlich, denn eine solche Bewegung hielt er eines Justizbeamten nicht für würdig, das war etwas für jüdische Geldverleiher. Er wusste von Mizzi, dass der Vater von Alois zwar Unternehmer, doch eigentlich Bauer war. Wahrscheinlich schnäuzte er sich in die bloße

Hand. Aber der Mann hatte es ja zu etwas gebracht. Da konnte man bei einem potenziellen Schwiegersohn schon über ein gewisses Defizit an Erziehung und Herkunft hinwegsehen. Ein Richter in spe und obendrauf ein schönes Erbe. Man konnte zufrieden sein. »Mizzi, spiel' doch was für Herrn Alois«, forderte er seine Tochter auf. Auch seine Frau nickte Mizzi aufmunternd zu. »Sie gestatten mir doch, dass ich Sie so nenne, Herr Leutnant?«, fragte Schwansee gespielt unterwürfig. Alois gestattete. Über Mizzis Gesicht wischte ein Lächeln. Sie schritt zum bereits aufgeklappten Klavier in der Ecke, setzte sich auf den Schemel und schloss die Augen. Die schnöde Welt versank in weihevoller Stille.

Mizzi spielte ziemlich gut, so schien es wenigstens Alois. Zumindest griff sie nie hörbar daneben. Ihre Haltung am Klavier war entrückt. Entrückt in körperlose, durchgeistigte Sphären, »erfüllt vom ewigen Atem des Schönen«, wie sie ihm einmal mit großen, feuchten Augen erklärt hatte. »Schopäng«, sagte Schwansee und klatschte begeistert, als Mizzi die Chopin-Etüde mit einem letzten Aufbäumen ihres Oberkörpers und ihrer Seele beendet hatte. »Mizzi ist so talentiert, nicht wahr?« Mutter Schwansee schaute Alois bedeutungsvoll an. »Sie wird ihrem Gemahl einmal die Erbauung geben können, derer ein Mann nach einem Tag draußen im feindlichen Leben dringend bedarf.« Für eine geborene Tschechin, die Deutsch sonst mit kleinen Fehlern sprach, war das ein schwieriger Satz, wie lange geübt.

Alois klatschte, nickte und sagte: »Famos!« Er verstand nicht viel von Klavierspielen und dieser klassischen Musik, die man zu begehen hatte wie einen Gottesdienst. Außerdem war er leicht schwerhörig, besonders auf dem linken Ohr. Schon im Gymnasium hatte der Lehrer Mitschüler, die Alois bei einer Klassenaufgabe etwas zuflüstern wollten, ironisch zurechtgewiesen: »Spart euch die Mühe, der Fiedler hört es eh nicht.« Ja, er wusste aus seiner Schulzeit, dass die »Kaiserhymne«, die unsterblich schien wie der Kaiser selbst und bei jedem offiziellen Anlass gefiedelt, geblasen, getrommelt und gepfiffen wurde, auch der zweite Satz aus einem Streichquartett von Joseph Haydn war, musste aber Mizzi gegenüber einmal leicht errötend zugeben, die drei übrigen Sätze noch nie gehört zu haben. Was ihm gefiel, waren Walzer, Polkas, Märsche. »Musik, die in die Beine geht«, wie er Mizzi erklärt hatte, die ihn daraufhin stirnrunzelnd und mit kaum verhohlener Geringschätzung angesehen hatte.

Mizzi schwärmte für Wagner, nannte ihn einen Titan und seine Opern »die Erfüllung deutsch-germanischen Wesens«. Alois hatte noch nie eine Wagner-Aufführung gesehen. Was Mizzi ihm manchmal mit ihrer klaren, doch dünnen Stimme etwa aus dem »Ring der Nibelungen« ergriffen vorsang, klang für ihn fern aller Melodie, und die auch vom Meister gedichteten Texte – falls Mizzi sie richtig wiedergab – fand er ziemlich gestelzt. Einmal hatte er im Haus eines Kommilitonen eine Aufnahme der »Tannhäuser«-Ouvertüre auf einem der neuartigen Grammofone gehört. Es mochte an der mechanischen, leicht scheppernden Wiedergabe gelegen haben, dass Alois das Stück ziemlich blechern im Ohr klang. Wagner würde im Falle einer Ehe Mizzi ganz allein gehören, dessen war er sich sicher.

Jetzt hub Mizzi im heimischen Wohnzimmer zu ihrem Bravourstück an, der »Träumerei« von Schumann. Dieses kleine Werk gefiel auch Alois, er empfand es wie ein ungesungenes Lied. In der »Träumerei«, sagte Mizzi, spiegele sich ihre Seele wider. Alois hatte Mizzi über die »Träumerei« kennengelernt. Sein Kommilitone Herbert aus Komotau hatte ihn im Februar zu einem Konzert der Höheren Töchterschule Prag mitgenommen, die seine Schwester besuchte. »Vielleicht gefällt dir ja die junge Dame«, lächelte Herbert leicht anzüglich. Die junge Dame namens Hilde war nett, fiedelte munter ein Stückchen auf der Geige herunter und glich mit ihren rosigen Wangen und dem blonden Zopf den Mädchen, die Alois in den Semesterferien zu Hause auf dem Tanzboden bei Polka und Zwiefachem traf.

Dann trat laut Programmzettel Fräulein Marianne Schwansee auf, setzte sich nach einem Knicks ans Klavier, verkündete, sie werde jetzt Schumanns »Träumerei« spielen, was beim Auditorium aus stolzen Eltern, gelangweilten kleineren Geschwistern und beutesuchenden Studenten oder Offizieren zu beifälligem Murmeln führte, und ging schon mit den ersten Noten in ihrem Spiel auf. Alois, der Pferde, Frauen und Rechtsprobleme gleichermaßen bäuerlich-nüchtern zu taxieren pflegte, fand die Nase der Klavierspielerin zu lang und ihren Mund ziemlich schmal. Doch die Selbstvergessenheit des Fräulein Schwansee und die gefühlvolle Art, mit der sie die Tasten mehr streichelte als anschlug, faszinierten Alois nicht weniger als ihr blasser Teint und das schwarze Chiffonkleid mit der blutroten Kunstrose aus Seide am Dekolleté. Nase hin, Nase her, Fräulein Schwansee war für ihn die Verkörperung einer Welt, auf die er, der Reserveleutnant und Jurastudent, sich nun ein Anrecht erworben hatte. Er liebte seinen Vater im abgetragenen Überzieher, seine Mutter am Herd in der niedrigen, rußigen Stube, seine Geschwister mit ihren Holzschuhen. Er liebte die Jagd in den Wäldern ohne Weg und Steg, die durchschwitzten, durchtanzten Nächte auf den Dorffesten rund um Prachatitz. Doch er wollte für sein Leben mehr als Buttermilchsuppe, rülpsende Fuhrknechte und gelegentliche Abenteuer im Heu mit liebeshungrigen Mägden.

»Kennt deine Schwester das Mädchen?«, fragte er flüsternd Herbert. »Natürlich, das ist die Mizzi, eine ihrer besten Freundinnen«, gab Herbert zurück – ob des deutlichen Interesses von Alois an Fräulein Schwansee statt an der eigenen Schwester leicht missmutig. »Ihr Vater ist Justizsekretär in Königgrätz, glaub ich, und sie ist ein bisschen überkandidelt, meint meine Schwester.« Alois überhörte den geringschätzigen Ton. »Kannst du sie mir nach dem Konzert vorstellen?« Herbert nickte widerwillig. So lernte Alois Mizzi Schwansee kennen.

Hingetupft von Mizzi schwebten die letzten Töne der »Träumerei« durch das Schwansee'sche Wohnzimmer, so zart, so schwerelos, dass selbst Alois das Ticken der Standuhr auf der Eichenkredenz laut und ordinär vorkam. Mizzi erwachte wie aus einer Trance. Der Vater applaudierte, die Mutter schaute erst zur Tochter, dann zu Alois. Der sagte: »Wunderbar«. Und das meinte er auch in diesem Moment.

Mizzi, das war der Eintritt in die Bürgerwelt, eine höhere, bessere Welt, in der die Töchter des Hauses Klavier spielten, »Werthers Leiden« oder Marlitts »Die Frau mit den Karfunkelsteinen« lasen und eigenhändig für die Poesiealben ihrer Freundinnen Verse verfassten. Wo die Herren silberne Uhrketten über stolz zur Schau gestellten Wohlstandsbäuchen trugen und an der Wiener Börse investierten. Wo in den Wohnzimmern orientalische Teppiche lagen, auf Kaminsimsen und Konsolen kleine Kopien griechischer Statuen oder bronzene Beethoven-Büsten standen, dahinter an der Wand das Porträt des Kaisers in seinen besten Jahren und eine sauber gerahmte Urkunde, mit der dem Herrn des Hauses auf welchem Feld auch immer für seine treuen Dienste vom Bezirkshauptmann stellvertretend für den Kaiser gedankt wurde. Diese fremde Welt zog Alois an. Ob er Mizzi liebte? Er wusste es nicht. Er mochte sie. Vielleicht würde er sie ja auch lieben lernen. Doch heute – hic et nunc, wie der Lateiner sagen würde – wollte er sich nicht erklären.

»Es ist schon spät, Herr Schwansee«, sagte Alois, »um sechs Uhr fährt der Zug nach Prag. Ihre und Ihrer Gattin Erlaubnis vorausgesetzt, möchte ich mich verabschieden. Mein morgiger Tag beginnt früh. Zivilrecht-Repetitorium, vertrackte Materie, wie Sie ja wissen.« »Verstehe, verstehe«, antwortete

Schwansee, geschmeichelt, dass dieser mögliche Schwiegersohn seine juristische Kompetenz anerkannte, doch auch leise enttäuscht, dass Alois, ohne konkretere Absichten zum Ausdruck gebracht zu haben, wieder von dannen zog. »Sie beehren uns aber wieder, wir bestehen darauf.« Frau Schwansee betonte das »Wir« mit einem schelmischen Blick auf Mizzi. »Selbstverständlich, gnädige Frau.« Alois schaffte einen passablen Handkuss. Mizzi begleitete ihn allein zur Tür. Ihr Vater war nach einem kräftigen Händeschütteln »Auf Wiedersehen, Herr Alois!« gönnerhaft im Wohnzimmer zurückgeblieben.

Mizzi drückte Alois die Hand. »In einer Woche sind die Ferien zu Ende. Dann bin ich auch wieder in Prag.« Mizzi wohnte in Prag bei einer weitläufigen Tante, die Alois jedes Mal, wenn er »Fräulein Mizzi« seine Aufwartung machte, mit höchstem Misstrauen ansah. Sie ahnte wohl, dass es nicht immer ein Treffen mit Freundin Hilde war, wenn Mizzi allein das Haus verließ. »Ich freue mich«, sagte Alois. Er zog Mizzi an sich. Sie ließ es für eine Sekunde zu. Noch auf dem Weg zum Bahnhof glaubte Alois den Lavendelduft zu riechen. Er schüttelte unwillig den Kopf. Kaum hatte der Expresszug nach Prag den Bahnhof verlassen, war Leutnant Fiedler eingeschlafen.

Das Duell

Mit steifen Beinen stieg Alois aus dem Schnellzug von Königgrätz und sah in der geschäftigen, prachtvollen Halle des Prager Hauptbahnhofs Wenzel vor sich stehen. Es war nicht mehr der Wenzel, den er vom Gymnasium kannte, der dickliche Junge mit dem stets entschuldigenden Blick, unablässig auf der Hut, dem Spott der Klassenkameraden über sein tschechisch gefärbtes Deutsch keinen Anlass zu bieten.

Wenzel war breiter geworden und straffer. Seine Augen schauten herausfordernd in das Menschengetümmel zwischen den Jugendstilfriesen des Saals. Er trug das rote Hemd, die Khakihosen und das Käppi des Sokolbundes. Sokol, der »Falkenbund«, war eine tschechische Turnervereinigung und wie die deutschen Turner zugleich ein Vorkämpfer des Nationalen: Ginge es nach dem Sokol, würde das ehrwürdige Königreich Böhmen nicht mehr weiter unter der Fuchtel der Habsburger und unter deutscher Bevormundung stehen.

»Hallo, Wenzel, was machst du denn hier?«, fragte Alois. Wenzel schaute überrascht. Für einen Moment verschwand die Herausforderung aus seinem Blick. »Fiedlär«, rief er, »wie gäht es dir, altes Haus?« »Danke, es geht so, das Examen droht, da heißt es büffeln, wie du weißt.« Wenzel nickte verständnisvoll. Er studierte Tiermedizin. Alois hatte ihn in seinen drei Prager Jahren nur einmal zufällig auf der Straße getroffen. Wenzel lebte in einer anderen Welt – dem tschechischen Prag. Alois hingegen gehörte zum deutschen Prag. Die Regierung in Wien hatte 1882 die Karls-Universität aufgespalten in eine deutschsprachige und eine tschechischsprachige Hochschule. Und diese beiden Institutionen waren nicht etwa zwei Äste, in die sich der eine Stamm der altehrwürdigen Alma Mater gabelte, sondern hatten sich nach der Trennung sofort in zwei Hochburgen des Nationalismus verwandelt.

»Bist' jetzt auch beim Sokol?«, fragte Alois mit einem schnellen Blick auf das rote Hemd, »willst weg von Österreich? Da wird sich unser alter Kaiser aber nicht freuen.« Er versuchte, gutmütigen Spott in seine Worte zu legen, doch eine gewisse Schärfe konnte er nicht unterdrücken. Wenzels Blick wurde wieder herausfordernd. »Herrgott Fiedlär, was seid ihr Deitschen arrogant. Selbstgerecht. Ja das seid ihr.« Wenzels Stimme wurde hitziger: »Die Deutschen im Westen die Herren, die Ungarn im Osten. So tät sie euch passen, die wunderbare k. und k. Monarchie. Und wir: die Knechte. Slawen – Sklaven, gell? Wir Tschechen, Polen, Kroaten, Bosnier, Slowaken...« Er holte Luft. »Und Slowenen...« ergänzte Alois ironisch, »Slowenen nicht vergessen!« Wenzel klang wütend und lauter. Ein paar Passanten drehten die Köpfe oder blieben einen Augenblick stehen. »Hör auf!«, zischte Wenzel. »Du bist doch nicht zu blöd, um zu kapieren, dass wir ein Recht haben auf Gleichbehandlung. Und wenn wir die nicht in dieser Monarchie, in dieser Mumie von Reich mit einer Mumie von Kaiser an der Spitze kriegen, dann brauchen wir eben einen eigenen tschechischen Staat.«

Erst seit er in Prag studierte, hatte Alois richtig miterlebt, wie heftig der Nationalitätenstreit die Donaumonarchie erschütterte. Natürlich war ihm schon vorher der endlose erbitterte Kampf der Tschechen um die Aufwertung ihrer Sprache und ihres Status geläufig gewesen. Er kannte aus Erzählungen seines Vaters die verrückten Szenen, die sich im Wiener Reichsrat abgespielt hatten, als in den 90er-Jahren der unselig agierende Ministerpräsident Graf Badeni zur besseren Bindung der Tschechen an Habsburg Tschechisch als zweite Amtssprache auch in den deutschsprachigen Gebieten Böhmens und Mährens einführen wollte.

Beide Seiten, mit Badenis halbherzigem Plan gleichermaßen unzufrieden, hatten damals Obstruktionspolitik der übelsten Art geübt: stundenlange Fensterreden, ohrenbetäubendes Klappern mit den Pultdeckeln ihrer Plätze, Zerfetzen der Sitzpolster. Badeni zog seinen Reformvorschlag zurück. In der Folge boykottierten tschechische und deutsche Abgeordnete abwechselnd den Reichsrat in Wien. Der Kaiser und das Kabinett regierten mittels Notverordnungen, worüber Franz Joseph nicht unglücklich war. Tschechisch blieb in Böhmen Sprache zweiter Wahl, und Tschechen fühlten sich weiter als Bürger zweiter Klasse. Umgekehrt fürchteten die drei Millionen Deutschen, vor allem in den Randgebieten Böhmens zu Hause, auch das kleinste Zugeständnis an die Tschechen. »Gibst du ihnen erst einmal den kleinen Finger, dann nehmen sie die ganze Hand«, lautete die verbreitete Begründung.

»Prag ist ein Dampfkessel unter Überdruck«, dachte Alois, als Wenzel unter den Jugenstilarkaden des Hauptbahnhofs weiter wild für die tschechische Gleichberechtigung gestikulierte, »jederzeit kann er explodieren, und dann fliegen uns allen die Fetzen um die Ohren.«

Im Prachatitz seiner Schuljahre hatte er diese Spannungen nie sonderlich gespürt. Die Stadt, nur ein paar Kilometer von der Sprachgrenze entfernt, war weit überwiegend deutsch. Doch Husinec, die Geburtsstadt des tschechischen Nationalhelden Jan Hus, lag nicht einmal zehn Kilometer entfernt. Tschechische Bauern aus den umliegenden Dörfern boten ihr Obst und Gemüse auf dem Wochenmarkt an, tschechische Musikanten spielten bei Hochzeiten und Kindstaufen zum Tanz auf, tschechische Zimmerleute kauften Holz bei Vater. Oder Jelena, ach ja, Jelena, daran wollte er sich jetzt gar nicht erinnern. Und du, Wenzel, dachte er, ist es dir denn schlecht ergangen auf unserem Gymnasium?

Alois fühlte leichte Entrüstung in sich aufsteigen angesichts der Tiraden seines rot behemdeten Schulfreunds. Allerdings, das musste er sich eingestehen, man setzte als Deutscher schon voraus, dass die tschechischen Nachbarn Deutsch konnten. Denn auf die Idee, die Sprache der anderen zu lernen, wäre keiner in Prachatitz gekommen, er selbst ja auch nicht. Immerhin war Deutsch die offizielle Amtssprache für ganz Böhmen, die tschechischen Gebiete inbegriffen. Auch Jelena hatte auf Deutsch geflüstert, wenn sie im Heu lagen. Nur ganz zum Schluss hörte sie sich jedes Mal eher tschechisch an, wenn er seinen liebesheißen schwerhörigen Ohren trauen konnte.

Prag war anders. Hier waren die Deutschen nicht Nachbarn der Tschechen wie in Prachatitz, möglicherweise ungeliebte, aber doch Nachbarn. In Prag waren die Deutschen für die Tschechen der Pfahl im Fleisch. Die Deutschen stellten gerade einmal zehn Prozent der Einwohner. Doch diese kleine Minderheit bewohnte und beherrschte die ehrwürdige Altstadt, dirigierte das Wirtschaftsleben, bestimmte die Kultur. Die Tschechen lebten in den Vorstädten, die sich wuchernd um das alte Prag ausweiteten, und sahen mit wachsendem Ingrimm zu, wie sich die »Nemci«, diese germanischen Herrenmenschen, in ihrem Deutschtum wie in einem Fort verschanzten. Die Zitadelle dieser völkischen Festung war die deutsche Karls-Universität mit ihren Burschenschaften.

Die »Teutonia«, bei der sich Alois seinen Schmiss – er war jetzt nur noch eine saubere, fünf Zentimeter lange Narbe – geholt hatte, gehörte natürlich auch in dieses deutsche Feldlager. Schon der Name war Programm. Das Band diagonal über der Brust in den Farben Schwarz-Rot-Gold war es; Alois trug es mit leichtem Unbehagen, es schien ihm lächerlich, Operette. Und Lieder wie »Wir schielen nicht, wir schauen, wir schauen unverwandt, wir schauen voll Vertrauen ins deutsche Vaterland«, von paradierenden Studenten auf der Straße gesungen, mussten die Tschechen reizen, das konnte Alois verstehen. Er marschierte ungern mit, aber er tat es. Ohne Farbe zu bekennen war man kein echter Burschenschafter. Das aber wollte er schon sein – schneidig wollte er sein.

Die Tschechen schlugen zurück. Vornedran die Studenten der tschechischen Karls-Universität. Und der Sokol-Bund. Es gab immer wieder Prügeleien. Steine und heftige Beleidigungen flogen hin und her. Wenn die deutschen Studenten aus voller Brust »unverwandt ins deutsche Vaterland schauten«, wünschten ihnen die Tschechen genau so laut »hrom a peklo«, Blitz und Hölle, an den Hals.

Alois wollte keine Feindschaft mit Tschechen, schon gar nicht mit Wenzel, von dem er in der Unterprima so oft die griechischen Verbformen abgeschrieben hatte. Auch wenn Wenzel das Hemd des Sokol trug und jetzt im Gesicht vor Empörung und Eifer fast so rot war wie sein Hemd. »Komm, Wenzel, lassen wir die Politik Politik sein«, sagte er, »gehen wir ins Bahnhofsbeisel auf ein Bier. Nur eins noch: Ewig lebt der Kaiser nimmer, auch wenn es so aussieht. Der Kronprinz, der Franz Ferdinand, will dann ja aus der Doppelmonarchie eine Dreier-Lösung machen, mit Slawen als gleichberechtigter dritter Kraft. Dann habt ihr doch, was ihr wollt.« »Geh weiter, da wird doch nie was draus, Alois, bei dem Gewurstel, das diese ehrwürdige Monarchie nur noch ist; außerdem meint er damit die Kroaten und die Slowenen, aber nicht uns Tschechen«, antwortete Wenzel, dessen Gesicht langsam wieder Normalfarbe annahm. »Aber du hast recht, trinken wir ein schönes frisches Budweiser.« Er bemühte sich deutlich, die Mensurnarbe an der Wange von Alois zu übersehen.

Sie setzten sich an einen Tisch direkt unter eine halb entblößte Marmordame und prosteten einander zu. Drei Tische weiter in dem recht leeren Raum saß ein sehr großer, sehr betrunkener Student. Er hatte sein Käppi auf den Tisch gelegt und bestellte mit lallender Stimme: »Ober, noch ein Bier!« Am Band mit den Verbindungsfarben über der breiten Brust erkannte Alois, dass es ein Mitglied der Burschenschaft »Arminia« war. Der Mann starrte die steinerne Dame hinter ihnen höhnisch an und murmelte zornig vor sich hin. Nahm er Anstoß an der nackten Brust der Jugendstilskulptur? Alois zuckte leicht mit den Achseln und wollte gerade wegschauen. In diesem Augenblick merkte er: Es war gar nicht die Göttin, die der Betrunkene so höhnisch anstarrte. Der Mann hatte ihn und Wenzel im Auge.

Alois starrte zurück. Auch Wenzel drehte jetzt seinen Kopf in Richtung des Studenten. Er leckte sich nervös die Oberlippe. »Der Kerl will was von uns«, meinte er halblaut zu Alois. »Tschechensau!« sagte der Betrunkene plötzlich, so laut, so überdeutlich, dass es durch den Saal dröhnte. «Rote Tschechensau!« Wenzel fuhr hoch. Alois drückte ihn zurück auf seinen Stuhl. »Lass', Wenzel«, sagte er, stand auf und ging auf den Mann zu. Auch der erhob sich halb, stützte sich mit beiden Händen an der Tischplatte ab und erwartete Alois mit einem schiefen Lächeln, in dem lauernde Vorfreude auf das Unvermeidliche mitschwang.

»Mein Herr, wieso beleidigen Sie meinen Freund?« Der Betrunkene hatte sich jetzt ganz aufgerichtet, schwankte nur wenig. Er war wirklich sehr groß. »Ich nenne diese Sokol-Bürschchen so, wie ich will, und davon hält mich niemand ab. So ein dummer Junge wie du schon gar nicht«, antwortete er. »Du bist mir ein schöner Deutscher. Setzt sich mit einem von diesen Rothemden an einen Tisch und trinkt ein Bier mit ihm. Verräter!« Alois wurde es plötzlich ganz kalt. Er wusste, es gab jetzt kein Zurück mehr. Hinter sich hörte er Wenzel aufspringen und wütend »Deitschensau! Deitschensau!« rufen.

Alois drehte sich um und riss den anstürmenden Schulfreund, der sich auf den Beleidiger stürzen wollte, mit aller Kraft zurück. »Wenzel, hör auf! Das ist meine Sache! Mit dir, einem Tschechen, wird sich der saubere Herr Student nicht schlagen! Ich, ich muss jetzt Satisfaktion fordern!« Mein Gott, warum musste dieser Mistkerl ausgerechnet hier im Bahnhofsrestaurant sitzen, wenn ihm nach Jahren der Wenzel zufällig über den Weg lief! Jetzt konnte er, der deutsch-nationale Burschenschaftler, sich wegen eines tschechischen Freunds im Sokol-Hemd duellieren. »Leutnant der Reserve Fiedler. Kommilitone der Burschenschaft ›Teutonia‹. Ich fordere von Ihnen Satisfaktion für diese unerhörte Beleidigung!«, sagte er langsam und überbetont. Beinahe hätte er trotz seines zivilen Anzugs die Hacken zusammengeschlagen.

Der große Mensch ihm gegenüber lächelte triumphierend: »Sehr schön, Leutnant der Reserve, wie war der Name?« Er rülpste. Dann nahm er mit der bemühten Korrektheit des Betrunkenen Haltung an: »Satisfaktion gewährt. Gestatten: Walter Hofweger. Fechtmeister der ›Arminia‹. Sie werden von mir hören.« Alois Beine wurden schwach. »Säbel!«, stieß er hervor, »und Fiedler heiße ich, Alois Fiedler.« Als Beleidigter hatte er das Recht, die Waffe zu wählen. Er nahm alle Kraft zusammen, um sich zackig umzudrehen, zog den wütenden Wenzel mit sich – »Fiedlär, ich schlag' dem Kerl die Zähne ein!« –, zahlte die Zeche, trank sein Bier nicht aus und bedauerte auf der Toilette, auf die ihn die Erregung trieb, aus ganzem schweren Herzen, dass er ein so erbärmlicher Fechter war.

Am nächsten Morgen erwachte er düster, obwohl eine strahlende Maisonne schien. Alois schaute auf dem Weg zur Universität im Verbindungshaus der »Teutonia« vorbei. Auf dem Paukboden übte Johannes, der Fechtmeister, den alle nur Schani nannten, mit ein paar Jungfüchsen einfache Paraden. »Viel besser als die bin ich auch nicht«, dachte Alois, »immer noch nicht.« Schani korrigierte den plumpen Ausfallschritt eines der Anfänger, schaute dann verdutzt Alois an: »Morgen Loisl, was treibt dich denn so früh her? Erzähl mir bloß nicht, dass du endlich richtig fechten lernen willst.« »Sag, Schani, kennst du einen Walter Hofweger von den ›Arminen‹?« »Den

Fechtmeister?, fragte Schani zurück. Alois wurde wieder flau. »Ja, den«, meinte er mit flacher Stimme, »ich muss mich mit ihm duellieren.«

Schani schwieg ein paar Sekunden. Er räusperte sich. »Fiedler, ich könnte dir jetzt sagen, du solltest noch fleißig üben, um einigermaßen mithalten zu können. Aber das tue ich nicht, denn es wäre zwecklos. Auch wenn du ein bisschen besser fechten würdest, bleibt er dir turmhoch überlegen. Der Hofweger ist exzellent mit dem Säbel. Außerdem ist er charakterlich ein Aas.« Alois brauste es in den Ohren. Er schaute Schani hilflos an. »Lass dir so schnell wie möglich einen blutigen Hieb verpassen«, sagte Schani, »je eher, je besser. Desto weniger musst du leiden.«

Pistole, warum habe ich nicht Pistole gesagt, fuhr es Alois durch den Kopf. Kurz und schmerzlos. Einmal Piff, einmal Paff und einer fällt um. Oder keiner trifft den anderen, beide schütteln sich die Hände und gehen mit frisch aufpolierter Ehre ihres Weges. Aber nein, wegen einer Beleidigung im Suff unter Männern duellierte man sich nicht auf Leben und Tod. Um sich zu schießen, dafür musste man schon als gehörnter Ehemann an den Pranger gestellt werden oder als abgefeimter Betrüger. Für das Duell, das ihn erwartete, reichte Kampfunfähigkeit aus. Wie bei der Mensur war für Satisfaktionen dieser Art die Säbelspitze abgestumpft. Zustechen, tödlich durchbohren war unmöglich. Man focht, bis eine Seite so viel Blut verloren hatte, dass sie aufgeben musste. Welche es in seinem Fall sein würde, darüber hatte Alois keine Zweifel. Er würde Schanis Rat befolgen.

Eigentlich ist es ein schöner, kühler Maientag, dachte Alois, als eine Woche später die Kutsche kurz nach Sonnenaufgang durch die noch menschenleeren Prager Vorstädte rollte, und eigentlich ist dieses Duell auch nicht viel anders als eine Mensur. Er tastete nach seiner Narbe am linken Kiefer. Schani saß ihm gegenüber. Schani hatte das Amt des Sekundanten übernommen, und er war besorgt. » Wie gesagt, mach' schnell, Loisl, reiz' den Hofweger nicht, der Kerl ist fies.« »Einfach den Kopf hinhalten kann ich ja nun auch wieder nicht«, antwortete Alois, »das wäre ehrlos.«

Es war schon so eine Sache mit der Ehre. Da schlugen sich erwachsene Männer mit Säbeln wie zu Zeiten der drei Musketiere oder beschossen sich mit Pistolen aus dem Museum, um ihre Ehre zu verteidigen. In einer Zeit, in der Automobile über Land knatterten, Flugapparate und Zeppeline den Himmel der Erde näher rückten, Telefone klingelten und Maschinengewehre vorführten, wie man Menschen effizient in Scharen niedermähen konnte. Wo es diesen Professor Einstein gab, der Prag allerdings inzwischen den Rücken gekehrt und nach Zürich umgesiedelt war, der behauptete, eigentlich sei alles wacklig im Universum – und dann trifft man sich als satisfaktionsfähiger Mensch mit einem ebensolchen frühmorgens auf einer Waldwiese und tut so, als wäre die Welt stehen geblieben. Aber so war es halt. Und er war als Leutnant und Burschenschaftler doppelt zur Satisfaktion aufgerufen.

Duelle waren offiziell zwar längst unter Strafe gestellt in der Donaumonarchie, ebenso wie bei den militaristischen Preußen oder den ehrverliebten Franzosen. Doch wer habe sie gebannt, höhnten die Offiziere in ihren Kasinos und die Korpsstudenten auf ihren Kneipabenden: das bürgerliche Pack in den Parlamenten, das selbst mit wenigen Ausnahmen nicht satisfaktionsfähig war und entweder keine Ehre im Leib oder keine Ahnung hatte. Und deswegen tue der Kaiser recht daran, Offiziere, die ein Duell verweigerten, als hoffnungslose Feiglinge unehrenhaft aus dem Dienst zu entlassen, Bürgerliches Gesetzbuch hin oder her.

Die Richter, die fast alle selbst einen Schmiss im Gesicht trugen, verurteilten Duellanten außerdem meist zu milden Strafen: Ehre, wem Ehre gebührt. Für das Gesetz waren Tod oder Verwundung bei einem Duell nicht Totschlag oder schwere Körperverletzung wie sonst. Die Freiheitsstrafen, wenn denn überhaupt eine verhängt wurde, bedeuteten nicht das Gefängnis der normalen Kriminellen, sondern Festungshaft. Der Verurteilte wohnte so kommod wie die Besatzung der Festung und aß an der Offizierstafel mit – als Mann von Charakter und edler Gesinnung anerkannt, ja bewundert.

Als Alois aus der Kutsche stieg und dem Fahrer Bescheid gab, nicht zu warten, fröstelte ihn. »Die Eisheiligen«, dachte er. Manchmal gab es zu Hause im Böhmerwald an kalten Maitagen wie diesem noch Schneeschauer; Vater fürchtete dann um die Getreideernte. Nach dem Zusammenstoß mit dem betrunkenen Fechtmeister hatte Alois ihm geschrieben, kein Wort vom Duell, nur dass die Zeit vor dem Examen nicht immer einfach sei.

Vater hätte nur den Kopf geschüttelt und wohl irgendetwas gesagt wie: »Da zieht ein Weltkrieg auf, und die Herren Studenten haben nichts besseres zu tun, als sich schon vorher die Köpfe blutig zu schlagen.« Insgeheim hätte er sich Sorgen um seinen Ältesten gemacht. Mutter hätte eine Kerze angezündet und um die Fürbitte der Heiligen Jungfrau gebetet, ihren Alois doch unversehrt das Duell überstehen zu lassen.

Tau bedeckt die Waldwiese. Eine Gruppe von vier Menschen erwartete ihn und Schani. Hofweger sah im schrägen Licht der Morgensonne noch kompakter aus als an jenem Abend im Bahnhofscafé. Er schien nüchtern, hatte einen boshaften Glanz in seinen Augen und begrüßte Alois mit überschwänglicher Munterkeit: »Einen wunderschönen guten Morgen, Herr Leutnant, Sie haben doch sicher bestens geschlafen.« Sein Sekundant, ein kleiner, wieseliger Mann, dessen Säbel in der Scheide fast auf dem Boden schleifte, lachte. Der Duellarzt mit einem Spitzbauch und müden Augen lächelte dünn und mitleidig, als Alois ihm die Hand schüttelte. Der Unparteiische, ein älteres Semester der »Arminia«, sparte sich das Lächeln. Seine Hand war kalt wie eine frisch gefangene Forelle aus dem Mühlbach in Rohn. Grabeskälte, dachte Alois, kämpfte die aufsteigende Panik nieder und hörte nur die Hälfte der Erklärungen über die Duellregeln. Schani nickte Alois noch einmal beschwörend zu. Alois nickte zurück. Ja, Schani, ich habe deinen Rat schon nicht vergessen.

Hofweger grinste sardonisch: »Auf die Ehre, Herr Leutnant Fiedler!« Der erste Hieb fiel. Ein durchsichtiger Angriff. Alois parierte ihn. Auch den nächsten, wieder eine recht einfache Attacke. So ging es weiter. Einfach. Zu einfach. Dann ließ Hofweger Alois zum Zug kommen. Ohne jede Mühe wehrte der Fechtmeister, ein gönnerhaftes Lächeln im Gesicht, Alois' Bemühungen ab. »Er will nur sehen, was ich kann«, dachte Alois, »und nun weiß er, dass das nicht viel ist.« Schani schaute ihn flehend an. Los, Fiedler, jetzt gib dir schon eine Blöße! Alois hieb wild ins Leere, verlor fast das Gleichgewicht, sein Kopf war ungedeckt. Jetzt hatte Hofweger freie Bahn, jetzt musste er ihn voll erwischen.

Hofweger dachte nicht daran. Er schüttelte leicht den Kopf. Sein boshaftes Lächeln verstärkte sich. Nein, du Wurm, so billig kommst du mir nicht davon! Seine Klinge zuckte nach vorne, viel zu schnell für Alois. Der Kopf war nicht das Ziel. Hofweger schlug auf Gürtelhöhe. Und er schlug mit der flachen Klinge. Wie eine Peitsche bog sich der elastische Stahl klatschend um Alois' Hüfte und Rücken. Alois stöhnte auf. Hofweger hatte genau die Fingernägel seiner linken Hand getroffen, die Alois den Regeln gemäß mit dem Daumen in den Gürtel hinter dem Rücken eingehakt hatte. Die Hand auf dem Rücken war klamm von der Morgenkälte.

Hofweger spielte mit den bescheidenen Fechtkünsten seines Gegners und wieder landete sein Schlag auf Alois' kalter Hand. Der Schmerz in den Fingernägeln war beißend. Alois standen Tränen in den Augen. Noch einmal und noch einmal trafen Hofwegers Hiebe wie Peitschenschläge die Fingernägel. Der Schmerz wurde fast unerträglich, doch blutunterlaufene

Fingernägel bedeuteten kein ehrenvolles Ende für ein Duell. Durch seine tränenden Augen sah Alois das höhnisch triumphierende Gesicht Hofwegers verschwommen zu einer grotesken Maske. Wieder traf ein Schlag seine Hand, und der Schmerz schoss jetzt durch seinen ganzen Körper. Alois wäre am liebsten davongelaufen, hätte am liebsten geheult. Er wollte nur noch eines, das Ende dieser Pein.

Sein Großhirn verlor die Kontrolle, der Instinkt übernahm. Gegen alle Regeln der Fechtkunst schwang Alois den Säbel hoch über den Kopf, holte zu einem Hieb aus, als wolle er Hofweger in zwei Hälften spalten, machte einen Satz nach vorn und brüllte: »Du Hund, ich bring dich um!« Er sah nicht das Entsetzen im Blick seines Sekundanten über diesen wilden Angriff, der ihn jeder Verteidigung entblößte. Er sah nicht das ungläubige Staunen Hofwegers angesichts dieser Anfängerattacke. Der Fechtmeister fand es unter seiner Würde, sie mit der Klinge zu parieren. Er wich mit einem kleinen Sprung nach hinten aus, drehte den Kopf leicht zur Seite, wollte den Hieb an sich vorbeisausen lassen. Doch Alois' ausgestreckter Säbel reichte weiter, als Hofweger geschätzt hatte. Die Klinge zischte nicht ins Leere, sondern in seine zur Seite gewandte Nase. Der Getroffene unterdrückte einen Schmerzensschrei nur halb, dann schoss das Blut aus der fast abgetrennten Nasenspitze wie aus einer Quelle. Fassungslos starrte Hofweger auf das Gras zu seinen Füßen, wo sich der Tau rot färbte. Der wieselige Sekundant sprang mit erhobenem Säbel vor Hofweger, um ihn gegen weitere Attacken zu schützen. Das war nicht nötig. Alois hatte den Säbel sinken lassen und starrte ungläubig auf den blutenden Fechtmeister, auf Schani, der noch ungläubiger den Kopf schüttelte, und auf den Unparteiischen, der mit schlecht verborgenem Bedauern das Duell für beendet erklärte.

Der Arzt drückte Hofweger eine Mullbinde auf die Nase. Mit seiner linken Hand hielt der besiegte Fechtmeister die

Mullbinde gegen sein Gesicht gepresst, mit der rechten gratulierte er Alois wortlos. »David schlägt Goliath«, dachte Alois voller Überschwang. Doch dann schwemmte der bohrende Schmerz in seinen blau angelaufenen Fingernägeln den inneren Jubel schnell wieder weg.

Im Verbindungshaus der »Teutonia« herrschte zuerst Unglauben über Alois' Überraschungssieg. Schani bestätigte ihn, nicht ohne seine Schilderung über den Holzhackerangriff von Alois mit »mehr Glück als Verstand« und »ein blindes Huhn findet auch mal ein Korn« zu garnieren. Alois traf Hofweger ein paar Tage später zufällig auf der Straße. Der Fechtmeister grüßte nur knapp, Alois etwas ausladender. »Die Nasenspitze sitzt jetzt ein bisschen schief«, erzählte er Schani später, »doch insgesamt haben das die Ärzte wieder gut hinbekommen.« Und er betrachtete nachdenklich nickend die Fingernägel an seiner Linken, die sich inzwischen schwarz verfärbt hatten.

Sarajewo

Mizzi spielt auf dem leicht verstimmten Klavier in der guten Stube ihrer Tante. Sie saß weniger entrückt auf dem Drehschemel als sonst. Tante Franziska, die keine echte Tante war, sondern die Tochter eines Großonkels der Schwansees, hatte auf dem Sofa Platz genommen. Sie bestickte ein leinenes Sacktuch mit einem patriotischen Doppeladler und schaute kaum von ihrer Arbeit auf. Alois hatte die Beine ausgestreckt, so war es bequemer auf seinem Sessel. Seit Vater Schwansee der Prager Tante signalisiert hatte, dass dieser Bauernsohn aus dem Böhmerwald anscheinend ernsthafte Absichten und außerdem ein beträchtliches Vermögen zu erwarten hatte, war er bei ihr wohlgelitten. Sie ging jetzt manchmal sogar für Minuten aus dem Zimmer, nicht ohne vor dem Wiedereintritt kurz an der angelehnten Tür zu lauschen. Knisterte da Seide, hörte man Seufzer, wurden Liebesschwüre geflüstert? Sie verzog enttäuscht das Gesicht, wenn nichts zu vernehmen war als lautere Klaviertöne. Dann stickte sie weiter.

Mit den Schlussakkorden erstarben Mizzis elfenbeinfarbene Hände auf den Tasten wie die letzten Flügelschläge zweier erschöpfter Falter. »War das Wagner?«, fragte sich Alois mäßig interessiert, »oder Mendelssohn?« Er hatte ein wenig zuhören gelernt. Mizzi drehte sich halb um, als hätte sie seine Gedanken erraten, und sah Alois in die Augen. »Der Brautchor aus ›Lohengrin‹«, sagte sie lächelnd und summte mehr als sie sang: »Treulich geführt, ziehet dahin, wo euch der Segen der Liebe bewahr, siegreicher Mut, Minnegewinn, eint euch in

Treue zum seligsten Paar.« Sie seufzte: »Ach, Alois! Liebster.« Also doch Wagner, dachte Alois. Was für ein alberner Text! Er wusste: Mizzi hatte dieses Stück nicht zufällig gewählt. Brautchor. Er würde sich entscheiden müssen. Bald. Liebster, so geseufzt, das bedeutete mehr als einen Wunsch. Es war ein sanftes Ultimatum. An ihren Lohengrin, dessen siegreichen Mut beim Duell mit Hofweger sie so romantisch fand. Erst noch das Manöver, dieses Mal wieder in Bosnien, als Denkpause abwarten, sagte er sich, dann verlobe ich mich. Offiziere der Reserve hatten regelmäßig an Wehrübungen teilzunehmen. Oder ich verlobe mich doch nicht, und ich studiere woanders, vielleicht wieder in Wien. Mizzi würde es überleben. Schumanns »Träumerei« unter Tränen würde ihr helfen. Und Wagner, der natürlich auch.

Drei Wochen später war er zurück in den Hügeln um Sarajewo. Seine Soldaten lagen im dürftigen Schatten von ein paar verkrüppelten Steineichen und schwitzten. Das große Sommermanöver des XV. und XVI. Korps war zu Ende, die k. und k. Truppen hatten, wie vorgesehen, einen glänzenden Sieg gegen andere k. und k. Truppen errungen, die den bösen Feind mimen mussten und kaum verhüllt dem serbischen Nachbarn nachempfunden waren. Alois' Regiment, die 74er, war bei den Siegern gewesen, Manöverglück gehabt. Der Kronprinz als oberster Heerführer hatte nach viel Lob für seine tapferen Truppen schon gestern das Feldlager verlassen und wurde zur Stunde unten in Sarajewo zusammen mit seiner schönen, doch nicht ganz standesgemäßen Gemahlin Sophie im Rathaus von den Honoratioren Bosniens empfangen.

Warum musste es ausgerechnet das karstige Bosnien sein, wohin es ihn nun schon zum zweiten Mal verschlug, fragte sich Alois. Warum ließ der Generalstab nicht in freundlicheren Landstrichen wie Südtirol oder dem Riesengebirge Österreichs Wehrtüchtigkeit üben? Er konnte sich die Antwort selbst geben: Habsburg ließ hier an der Grenze seine Muskeln spielen, wollte den Serben zeigen, dass ihre Ideen eines großslawischen Staats gefährliche Tagträume seien und Slowenien, Kroatien und Bosnien unverzichtbare Reichsteile der Donaumonarchie.

Er hatte Durst. Das Wasser in der Feldflasche war lauwarm. Er hatte Hunger. Missmutig betrachtete er den goldgelben Brotlaib, den er beim Hermarsch einer Bauersfrau abgekauft hatte. Er sah zum Anbeißen knusprig aus. Doch schon nach dem ersten Bissen hatte er ihn beiseitegelegt. Er war aus Maismehl gebacken und schmeckte für einen an Roggenbrot gewöhnten Gaumen schrecklich. Die Feldküche war irgendwo hängen geblieben. Motorpanne. Das kommt davon, wenn man die Pferde abschafft, dachte er, und sich zu sehr auf die moderne Technik verlässt. Auch ihn faszinierten die Benzinkutschen. Aber Pferde liebte er.

»Gut, dass es morgen nach Hause geht«, sagte Leutnant Fritz, der Chef der Dritten Kompanie, der zu ihm herübergeschlendert war, »wenn der Oberst vom Empfang im Rathaus zurück ist, packen wir zusammen. Bosnien kann mich gern haben.« Alois wischte sich den Schweiß von der Stirn. »Weißt du, Fritz, dass heute der Jahrestag der Schlacht auf dem Amselfeld ist?« Er hatte es am Vortag im »Prager Tagblatt« gelesen, das dank der Eisenbahn mit nur zwei Tagen Verspätung in Sarajewo erhältlich war. »Interessant«, antwortete der Leutnant, um irgendetwas zu sagen. »28. Juni 1389, das serbische Heer wird von den Türken vernichtet, seitdem ist dieser Trauertag für die Serben der Nationalfeiertag«, dozierte Alois. »So sind sie, die Serben«, grinste Fritz, »machen eine Niederlage zum Nationalfeiertag. Da könnten wir doch auch gleich für uns den 3. Juli nehmen. Königgrätz.« Er schüttelte spöttisch verwundert den Kopf.

Königgrätz. Alois fiel der Besuch bei den Schwansees und Mizzi ein. Jetzt war das Manöver vorbei, und er war sich noch immer unsicher wegen der Verlobung. Auf der Fahrt mit dem

Militärtransport nach Hause, dachte er, vielleicht kam ihm inmitten schnarchender Soldaten die Erleuchtung. Er wischte den Gedanken beiseite. «Den Serben wird das nicht so richtig gefallen», redete er weiter, mehr zu sich selbst als zu Fritz, »wenn der Erzherzog gerade an diesem Tag hier groß auftritt.« Fritz lachte auf: »Na und, lass sie doch mit den Zähnen knirschen. Wenn sie zu frech werden, geben wir ihnen eins aufs Haupt. Sind eh schon längst fällig. Wenn es nach dem Hötzendorf ginge, gäbe es das Königreich Serbien sowieso nicht mehr.«

Graf Conrad von Hötzendorf plädierte als Generalstabschef der Streitkräfte in einer Denkschrift nach der anderen für einen Präventivkrieg gegen Serbien, um der panslawistischen Bewegung den Todesstoß zu versetzen. Bisher hatten seine Pläne beim Kaiser kein Gehör gefunden. Fritz bewunderte den Hurra-General zutiefst. Alois gefiel er schon auch: ein Mann voll Energie und Entschlusskraft, wenigstens einer in dieser schläfrigen k. und k. Welt. Ungestüm war der Mann allerdings, Vater nannte den Draufgänger einen Hasardeur. »Wenn wir Serbien angreifen, mischen sich die Russen ein, um den slawischen Brüdern zur Seite zu stehen. Was dann passiert, ist unabsehbar in einer Welt, die nur auf den Krieg wartet.« Doch Vater war alt.

Ein Automobil rumpelte die Straße aus der Stadt hoch. Es zog eine Staubfahne hinter sich her. »Der Oberst«, sagte Fritz. Der Wagen kam auf der Wiese unter ihnen zum Stehen. Ein Mann sprang heraus. Es war nicht der Oberst, sondern ein dicker Zivilist. Er ruderte wild mit den Händen. »Attentat, Attentat!«, schrie er, »der Kronprinz ist tot, die Herzogin Sophie wohl ebenfalls. Eine Bombe auf ihr Auto, und geschossen wurde auch. Die Serben, die Serben.« Der Mann hustete wegen des aufgewirbelten Straßenstaubs. Und er schluchzte.

Ein Major war herbeigeeilt. »Alarm auslösen!«, befahl er. »Truppe in Bereitschaft.« Alle Soldaten ringsum waren aufgesprungen. Die Kompanien formierten sich. Alois beförderte das goldgelbe Maisbrot mit einem Fußtritt in die Büsche, rückte seinen Offizierssäbel zurecht. Vergeblich brüllte der eine oder andere Korporal nach alter Gewohnheit: »Ruhe im Glied!« Die angetretenen Soldaten hörten nicht auf die gebellten Befehle. Sie redeten aufgeregt halblaut mit ihren Nachbarn. Alle wollten wissen, was genau geschehen war. Doch mehr als seine gestammelte Botschaft konnte der dicke Zivilist nicht beitragen, bevor er sich wieder in sein Automobil zwängte und zu Tal ratterte

Da haben wir es, dachte Alois, der Jahrestag! Hatten die Serben es doch tatsächlich gewagt, die Monarchie herauszufordern! Was jetzt? Würde die Armee noch heute losmarschieren Richtung Belgrad? Hötzendorf voraus mit gezücktem Säbel? Armer Kronprinz. Und seine Frau schien ja auch tot zu sein. Ausgerechnet Sophie, Franz Ferdinands große Liebe, aus altem, aber niederem tschechischen Adel – was nach der Habsburger Erbfolge bedeutete, dass die Söhne des Paars nie Kaiser werden konnten! Franz Ferdinand hatte die Staatsräson der Liebe geopfert, Respekt. Eine Tschechin, eine Slawin, niedergeschossen von den Serben, den slawischen Brüdern. Verrückte Welt.

Was würde der greise Herr in der Hofburg zu dem Attentat sagen? Der Pedant auf dem Thron, dessen ältester Sohn Rudolf sich vor 25 Jahren im Schloss Mayerling selbst umgebracht hatte oder umgebracht worden war, genau wusste das niemand. Und jetzt der Neffe, der Nachfolger. Der Kaiser konnte einem leid tun, menschlich gesehen. Aber möglicherweise war er ja kein Mensch mehr, sondern nur noch ein absonderliches Lebewesen, aus Fleisch und Blut zwar, aber von der Starre und Trägheit eines Kaltblüters, dieser Tiere, die sich bei Nordwind kaum bewegen können, ein Reptil mit weißem Backenbart. Wahrscheinlich wird er gar nichts sagen, bestenfalls einen hölzernen Satz von sich geben wie »Uns hat ein großer Schmerz getroffen!« Und dann wird er weiterregieren in alle Ewigkeit. Amen.

Warum auch sollte Franz Joseph nicht hundert werden oder noch älter? Vielleicht war er ja unsterblich, dachte Alois mit kurzer, bitterer Ironie. Und mit ihm die Doppelmonarchie, diese unmögliche Konstruktion, so moribund wie ewig. Alois wünschte sich in diesem Augenblick inbrünstig, dass die Welt so weitergehen möge wie bisher. Dass in der Hofburg dieser alte, bärtige Mann bis zum Jüngsten Gericht throne als penibler Gottvater. Dass Vaters Säge kreische, Mizzis Rüschenbluse raschle und der Reserveleutnant Fiedler leben könne, wie es ihm gefiel. Doch der Verstand sagte ihm, dass der Tod Franz Ferdinands wie ein Meteorit ins labile Gleichgewicht der Mächte einschlagen werde. Und der Kaiser war sterblich, auch wenn man das schon fast vergessen hatte. Die Welt wird aus den Fugen geraten, Vater hatte recht. Alois schaute nach oben. Der bosnische Himmel strahlte so unschuldig blau wie in den Stunden zuvor. Ein Habicht kreiste ohne Flügelschlag über den Soldaten, als wäre nichts geschehen.

Den Reserveleutnant Fiedler packten Zorn und Wehmut. Die verdammten Serben mussten bestraft werden, das war sich Österreichs Ehre schuldig. Aber dann? Sie werden ihre russischen Brüder um Hilfe bitten. Die preußischen Pickelhauben werden uns daraufhin zur Seite springen, denn der russische Bär musste ja gezähmt werden. Und sobald die Deutschen sich einmischen, marschieren die Franzosen mit den Russen und vielleicht sogar die Engländer, denn England fürchtet wie Frankreich ein Deutschland, das zu mächtig ist. Und der Krieg, den jeder wollte und den keiner wollte, war da.

Aber nein, redete er sich dann selbst gut zu, die Vernunft wird siegen, der Frieden wird siegen. Und wenn sie das nicht tun, dann müssen eben die österreichischen Waffen siegen. Unsere Welt darf nicht untergehen, denn sie ist meine Welt, und sollten wir ihr Ende allein nicht verhindern können, dann wird das Deutsche Reich mit seiner schreckenerregenden Militärmaschinerie schon dafür sorgen. Oder die Vorsehung. Für einen Moment sah er deutlich seinen Vater vor sich, den kleinen Mann mit den hellen Augen, der traurig den Kopf schüttelte. »Bub«, würde er sagen, »das ist eine verlorene Sache. Bleib nur am Leben.« Alois wollte ihm antworten: »Willst du es besser wissen als unser schneidiger Conrad von Hötzendorf?« Vater würde betrübt, aber bestimmt nicken, und Alois konnte sich des unguten Gefühls nicht erwehren, der Alte könnte sogar recht haben.

Noch immer kreiste schwerelos der Habicht über den angetretenen Kompanien. Ein Versuch, per Feldtelefon verlässliche Informationen einzuholen, war gescheitert. Zu den Militärs im Gefolge des Kronprinzen unten in der Stadt gab es keine fernmündliche Verbindung. Das aufgeregte Gemurmel war abgeflaut, die Soldaten warteten durstig in erschöpfter, angespannter Stille. Die Sonne stand schon tief.

Im nächsten Wagen, der im beginnenden Abendrot den Hang hochkroch, saß dann der Oberst. Er kletterte langsam aus dem Automobil. Die Ordensspangen auf seiner Paradeuniform glänzten. Oberst von Schmieder sah die erwartungsvollen Blicke der angetretenen Soldaten, machte eine abwehrende Handbewegung und rief mit lauter, doch müder Stimme: »Offiziere zu mir!« Mit trockener Kehle ging Alois auf den Oberst zu. Als alle Kompanieführer versammelt waren, legte von Schmieder etwas mehr Pathos in die Stimme: »Feige Mordbuben haben Seine Exzellenz, den Thronfolger, und seine Gemahlin gemeuchelt. Unser Herrscherpaar ist auf dem Weg ins Militärhospital verschieden. Die Täter wurden festgenommen und werden ihrer gerechten Strafe zugeführt werden. Lang lebe Österreich. Lang lebe Kaiser Franz Joseph.«

Alois hätte, so sagte er sich später, mehr Bestürzung fühlen müssen, als er empfand. Er war angesichts des Hochrufs auf den Kaiser vielmehr nahe daran zu lachen. Merkwürdige Ironie, dachte er, da musste man jetzt einem uralten Mann noch ein langes Leben wünschen, weil er plötzlich ohne Nachfolger dastand. »Was ist genau passiert, Herr Oberst?«, fragte Leutnant Fritz, »stecken die Serben dahinter?« »Letzteres ist nicht mit Sicherheit zu sagen«, antwortete von Schmieder, »obwohl viel dafür spricht, wir wissen ja, wie die Serben zu den Plänen des Thronfolgers stehen, die Slawen als dritte Nation in die Monarchie für immer einzubetten. Und wie es ablief?«

Er räusperte sich und schluckte schwer. »Soweit ich im Hospital aus erster Hand erfuhr, war das kaiserliche Paar im offenen Wagen, eskortiert von vier weiteren Automobilen, auf dem Weg vom Stadtrand zum offiziellen Besuch im Rathaus. In einer Kurve schleuderte ein verkommenes jugendliches Subjekt eine Bombe gegen den Wagen von Franz Ferdinand. Kaiserliche Hohheit wehrte das Objekt mit dem Arm ab. Die Bombe fiel auf das zurückgeklappte Verdeck des Autos und von dort auf die Straße direkt vor dem nächsten Fahrzeug. Sie explodierte und verletzte den Oberstleutnant Merizzi, der diesen Wagen steuerte, schwer am Hals. Franz Ferdinand und seine Gattin blieben unversehrt.«

»Aber sie sind tot? Oder doch nicht?« Hoffnung schwang in der Stimme des Zwischenrufers mit. Von Schmieder machte eine abwehrende Handbewegung. »Das ist – leider – nicht das Ende der Geschichte. Unser tapferer Thronfolger setzte die Fahrt fort, als wäre nichts geschehen. Im Rathaus machte er allerdings seiner verständlichen Empörung Luft. ›Herr Bürgermeister, da kommt man nach Sarajewo, um einen Besuch zu machen, und wird mit Bomben beworfen. Das ist empörend! So, und jetzt können Sie mit Ihrer Begrüßungsrede für mich anfangen.‹«

Die Offiziere lachten ein schmerzliches Lachen von der Art, wie es auch beim Leichenschmaus in fortgeschrittener Stunde vorkommt, wenn jemand einen halb angebrachten Witz erzählt. Von Schmieder machte eine kleine Pause und fuhr dann fort: »Nach dem Festakt beabsichtigte das hohe Paar, den verwundeten Oberstleutnant Merizzi im Hospital zu besuchen. Auf dem Weg dorthin musste ihr Wagen an der Lateinerbrücke halten. Ein böses Schicksal wollte, dass genau da ein zweiter Attentäter stand, ein gewisser Princip, ein Gymnasiast. Er sprang aus der zahlreiche Hochrufe ausstoßenden Menge hervor und gab aus nächster Nähe zwei Revolverschüsse ab. Eine Kugel traf Erzherzogin Sophie in den Unterleib, die andere durchschlug die Halsschlagader des Thronfolgers, der sich schützend vor seine Gemahlin werfen wollte. Das Automobil fuhr in Höchstgeschwindigkeit zum Hospital. Die Erzherzogin war schon bei der Ankunft tot. Franz Ferdinand verblutete wenige Minuten später. ›Sopherl, Sopherl stirb nicht. Bleib am Leben für unsere Kinder!‹ Das sollen seine letzten Worte gewesen sein.« Von Schmieder bemühte sich sichtlich um Contenance.

»Princip, Princip, wenn das kein typischer Serbenname ist!«, rief Leutnant Fritz, »bluten sollen sie für dieses Verbrechen, die Serben, bluten!« Empörtes, zustimmendes Nicken ringsum. »Noch ist nicht sicher, ob die Regierung in Belgrad die Hand im Spiel hatte«, sagte der Oberst, »aber die Attentäter sind zweifelsfrei Serben. Weiteren Verschwörern, wenn man diese ehrlosen Lumpen so nennen will, ist die Polizei auf der Spur. Diesen Princip wollten übrigens die Umstehenden lynchen, was hoffen lässt, dass die Bevölkerung des Kronlandes Bosnien treu zum Kaiser steht. Beide Attentäter, so vertraute mir ein Arzt im Hospital noch an, hätten versucht, sich mit Zyankali das Leben zu nehmen. Doch das Gift scheint zu alt gewesen zu sein, und sie erbrachen sich nur.« »Verrecken hätten sie daran sollen, die Lumpen. Aufhängen soll man sie!«, kam als Antwort aus der Runde.

Oberst Schmieder bat um Ruhe und schaute bedeutungsvoll die versammelten Offiziere an. »Zyankali und Sprengstoff, meine Herren, Zyankali und Sprengstoff, das bekommen

Gymnasiasten nicht auf dem Schulhof. Da muss man mächtige Freunde haben. Verbindungen haben zu dunklen, ausländischen Kräften. Doch ziehen Sie daraus selbst ihre Schlüsse!«
»Auf nach Belgrad!«, rief Fritz. »Und nach Petersburg«, schrie ein anderer Offizier noch schriller, »denn die Serben tun doch nichts, ohne dass die Russen es wissen.«

»Serbien muss sterbien!«, brüllte Fritz, und die übrigen, außer dem tschechischstämmigen Hauptmann Novak, den man als verkappten Panslawisten in Verdacht hatte, fielen begeistert in den Ruf ein. »Gleich ziehen sie alle den Säbel«, dachte Alois. Dann erst merkte er, dass auch er die Klinge schon halb aus der Scheide hatte und aus voller Kehle »Serbien muss sterbien!« rief. Ja, Ordnung musste gemacht werden auf dem Balkan. Und vorher musste Ordnung gemacht werden in seinem Leben. »Ich werde Mizzi heiraten«, befahl er sich.

Zu den Fahnen

Um fünf Uhr klingelte der Wecker. Alois wollte den Krieg nicht verpassen. Er wusch sich im Zwielicht des frühen Augustmorgens wie gewohnt mit kaltem Wasser aus der Emailschüssel, striegelte sein welliges Haar so glatt es ging, rasierte sich sorgfältig, stutzte sein schmales Oberlippenbärtchen und sang dabei halblaut vor sich hin: »Fromm und bieder, wahr und offen, lasst für Recht und Pflicht uns stehn; lasst, wenn's gilt, mit frohem Hoffen, mutvoll in den Kampf uns gehn! Eingedenk der Lorbeerreiser, die das Heer so oft sich wand: Gut und Blut für unsern Kaiser, Gut und Blut fürs Vaterland!«

Alois war nicht bewusst, dass er vor sich hin sang. Gestern hatte er das Lied so oft gehört, es kam jetzt ohne jedes Dazutun über ihn. Die zweite Strophe der Kaiserhymne, überall wurde sie angestimmt, seit der Oberste Kriegsherr vor ein paar Tagen offiziell den Krieg gegen Serbien mit gravitätischem Pathos erklärt hatte: »Die Umtriebe eines hasserfüllten Gegners zwingen mich, zur Wahrung der Ehre meiner Monarchie, zum Schutze ihres Ansehens und ihrer Machtstellung, zur Sicherung ihres Besitzstandes nach langen Jahren des Friedens zum Schwert zu greifen.«

Auf dem Stadtplatz von Prachatitz sangen die aufgewühlten Bürger die Hymne, das druckfrische Extrablatt »Mobilmachung angeordnet« noch in der Hand, und die tschechischen Gemüsehändler hinter ihren Marktständen sangen mit, die meisten in der tschechischen Version. Würdige Herren lasen voll jugendlicher Begeisterung den Umstehenden

den Leitartikel aus dem »Prager Tagblatt« vor: »Das Wort ›Krieg!‹ durchbraust wie eine ungeheure Melodie alle Länder unseres Reiches, es vereinigt alle Völker, alle Stämme unseres vielgestaltigen Vaterlandes und hebt die starken Arme hoch, denen nun die höchste Pflicht des Bürgers anheim gegeben ist: zu den Waffen zu greifen.« Passanten brachen unvermittelt in Hochrufe auf Franz Joseph aus, Hochrufe auch auf den deutschen Kaiser Wilhelm II., der Österreich schon seiner unverbrüchlichen Treue versichert hatte. Hochrufe und Applaus für jeden vorbeimarschierenden Trupp Uniformierter, deren selbstgefälliges Auftreten man nicht mehr, wie in Friedenszeiten, als Dünkel auffasste, sondern nun als Heldenstolz ansah.

»Endlich Krieg!«, schien eine Frohbotschaft, ein Erlösungswort. Der Sog der universalen Begeisterung riss auch Alois mit. Die Skepsis über Österreichs Sklerose hatte er aus seinem Gehirn verbannt. Er wollte wie der Kaiser und für den Kaiser zum Schwert greifen, wobei er im patriotischen Überschwang gerne beiseiteschob, was der Verstand ihm sagte: Der Krieg werde wohl mehr mit Maschinengewehren, Handgranaten und Flammenwerfern als mit Schwertern zu tun haben. Er wollte ganz vorne dran sein bei Habsburgs Rettung, deswegen hatte er den Wecker so früh gestellt. Niemand sollte ihm seinen Platz als Reserveoffizier in der ersten Mobilisierungswelle wegschnappen.

Vater war noch nicht aufgestanden. Er mochte wohl nicht zusehen, wie sein Ältester zu den Fahnen eilte. »Also, endlich Krieg«, hatte er am Abend zuvor mit bitterer Herausforderung in der Stimme gesagt, »da sind wir ja am Ziel unserer Wünsche. Na dann, gute Nacht!« Dori schlief auch noch. Anders als Alois hatte sein Bruder nicht auf Einjährig-Freiwilliger gemacht. Er war einfacher Gefreiter und nicht sonderlich darauf erpicht, sich durch Patriotismus vor allen anderen auszuzeichnen. Er hatte vor, sich erst im Lauf des Tages bei der Einberufungsstelle zu melden. Nur Mutter werkelte schon in der

Küche herum, als Alois zur Tür hereinkam. Sie heizte den Herd an und schaute müde auf.

«Willst eine heiße Milch und ein paar Hefebuchteln, Loisl?«, fragte sie ihren Sohn, der in seiner Leutnantsuniform so fesch wie energisch aussah. Alois knallte die Hacken zusammen und grüßte seine Mutter gespielt zackig: »Melde gehorsamst, bin auf dem Weg nach Belgrad, habe keine Zeit mit Buchtelessen zu verlieren!« Mutter lächelte nicht einmal. Sie drehte sich wieder dem Herd zu, blies in die hochzüngelnden Flammen und sprach in das aufprasselnde Feuer hinein: »Wer zum Schwert greift, wird durch das Schwert umkommen. So steht es im Matthäus-Evangelium.« Sie ließ die Arme hängen und wandte sich nicht um. In Alois stieg große Zärtlichkeit auf. Er umarmte seine Mutter, was er seit Jahren nicht mehr getan hatte, küsste die schon grauen Haare in ihrem Nacken: »Mutter, komm, mach dir keine Sorgen. Mir passiert schon nichts. Du weißt doch: Immer frisch und munter, ein Fiedler geht nicht unter. Und außerdem wird jetzt erst einmal geheiratet.« Er lachte und drückte sie fest an sich. Als er losließ, drehte sie sich langsam ihm zu, brachte ein Lächeln fertig und sagte: »Die Uniform steht dir wirklich gut, Loisl. Und jetzt geh.«

Alois saß pfeifend auf dem Kutschbock. Der Schimmel fand den Weg nach Prachatitz von ganz allein. Sein 14-jähriger Bruder Jakob hatte versprochen, das Pferd zu versorgen, solange Alois im Felde stand. Siegreich gegen Serbien – und wenn es sein musste, gegen die ganze Welt. Geschmückt mit einem Orden wegen außergewöhnlicher Tapferkeit, das war zu hoffen. Er pfiff die Melodie des Liedes »Prinz Eugen der edle Ritter, wollte dem Kaiser wied'rum kriegen Stadt und Festung Belgerad«, das man seit der Kriegserklärung auf den Straßen fast so häufig hörte wie die Kaiserhymne.

Er traf nicht alle Noten, seinem Hochgefühl tat das keinen Abbruch. Mizzi würde er die nächsten Tage ehelichen. Der

Kaiser hatte für Soldatenehen per Dekret die wochenlangen Aufgebotsfristen außer Kraft gesetzt. So konnte sich noch schnell auf ewig binden, wer hinauszog in die Schlacht. Aufrechte Krieger handelten so, auch im Hinblick auf den eher unwahrscheinlichen Fall, dass sie ihr Blut für Kaiser und Vaterland vergossen. Ihre Angebeteten sollten dann als ehrsame Witwen und nicht als verlassene Verlobte um sie trauern. Aber nach allgemeiner Meinung würde man, ohne viel eigenes Blut hinzugeben, die Serben vor sich hertreiben und, falls es sein musste, all die anderen, die sich erdreisteten, ihnen beizuspringen. Weihnachten würde er spätestens wieder zurück sein. Dann könnte er die Juraprüfung mit nur leichter Verspätung ablegen. Ein gewisses Wohlwollen der Professoren beim Examen war einem Kriegshelden gegenüber wohl zu erwarten.

Als er nach der Ermordung Franz Ferdinands aus Sarajewo zurückgekommen war, hatte Alois sich sofort nach Königgrätz begeben und noch in Uniform um Mizzis Hand angehalten. Nur jetzt nicht warten, nur jetzt nicht zaudern. Er war froh, dass ihm Princip, dieser serbischer Gymnasiast, die Entscheidung abgenommen hatte. Die Eltern Schwansee zeigten sich beglückt, nannten ihn »Alois«, nun ohne Herr, und boten ihm an, sie fürderhin »Schwiegerpapa« und »Schwiegermama« zu titulieren. Mizzi strahlte aufrichtig, küsste ihn vor den Eltern auf den Mund und brachte ohne musikalischen Zwischenaufenthalt am Klavier einen reich illustrierten Katalog für Brautmode herbei, in dem ein schlicht fallendes weißes Kleid nebst Schärpe und passendem Hut mit Rotstift dick eingekreist war. Offensichtlich hat sie längst für die Hochzeit geplant, registrierte Alois erstaunt.

Einen Monat hatte Europa nach dem Attentat von Sarajewo gezögert, den großen Krieg zu beginnen. Ahnten die Staatsmänner auf beiden Seiten, dass nach diesem »Völkerringen«, wie die Journale sich ausdrückten, nichts mehr so sein würde, wie es heute war? Vater schien jedenfalls davon überzeugt. »Das wird keine muntere Attacke mit gezücktem Säbel und einem fröhlichen Hurra auf den Lippen«, sagte er zu Alois, »das wird ein Gemetzel, wie es noch nie da war. Du weißt doch besser als ich, was ein Maschinengewehr anrichtet. Und am Ende stehen tiefe Wunden, ganz egal, wer gewinnt. Wunden, die nie mehr heilen.«

Nein, Vater hatte unrecht. Diesmal. Er musste unrecht haben. Wie hätten alle diese gewieften Politiker sonst so leichtfüßig wie unerbittlich in Richtung Krieg marschieren können? Auf das reinigende Gewitter, an dessen Ende nach Blitz und Donner aber wieder ein heiterer Himmel stand. Österreich würde weiterleben, seine Sache war gerecht. Man konnte ja nicht zusehen, wie der Thronfolger samt seiner schönen Frau ermordet wurde, und dann stillhalten. Jetzt war die Stunde der Wahrheit gekommen. Alois fühlte sich mutig und stark in seinem Einspänner. Und Weihnachten war er jedenfalls wieder daheim.

Vor dem noch verschlossenen Tor des Prachatitzer Rathauses, in dem die Mobilisierungsstelle ihren Sitz hatte, drängte sich schon eine fröhlich erwartungsvolle Menge junger Männer. Alois fühlte leichte Enttäuschung: Er war nicht der Erste, der im Morgenrot zu den Fahnen eilte. Viele trugen ihren Sonntagsanzug, eine Blume im Knopfloch und ein Leuchten in den Augen. Sie schauten Alois in seiner Leutnantsuniform bewundernd an. Manche grüßten ihn militärisch trotz ihrer Zivilkleidung. Als Einjährig-Freiwilliger hatte er den Ehrenrock der Nation selbst bezahlen müssen, dafür durfte er ihn aber auch mit nach Hause nehmen. Die übrigen Wehrpflichtigen hatten ihre Uniformen abzugeben und würden erst jetzt wieder als Soldaten eingekleidet. Alois salutierte stolz zurück. Er nahm sich in diesem Augenblick vor, an der Front ein vorbildlicher Kompaniechef zu sein.

Der Gendarmerie-Wachtmeister, der das Gedränge vor der

Rathaustür observierte, schritt so gewichtig auf und ab, als trüge er nicht die Uniform eines Gemeindepolizisten, sondern den goldbetressten Waffenrock eines Generalfeldmarschalls. Seine zackiges Auftreten gipfelte in kurzen, geschnarrten Sätzen von Hötzendorfscher Forschheit: »Erst kurzer Prozess mit den serbischen Halunken! Und dann drauf auf die Russen!« Beifall. »Viel Feind, viel Ehr!«, rief ein schlanker, blasser Jüngling und schwenkte seinen Strohhut. »D'Kornernt'n werd ma woi vapass'n, oba zuam Hoizschlog'n san ma dann scho wieda zruck vo Belgrad, so lang hoit ma uns net auf mit dene Serb'n«, meinte ein anderer mit einem roten, wettergegerbten Gesicht und einer linkisch gebundenen Krawatte. Das Rotgesicht kannte Alois. Er hatte sich einmal mit ihm bei einem Kirchweihtanz in Wallern geprügelt.

Ein grünes Automobil knatterte auf der Straße von der Jakobskirche her. Blubbernd erstarb der Motor. Aus stiegen der Ferdi und nach ihm der Wenzel. Der Ferdi klemmte noch immer sein albernes Monokel vors rechte Auge wie zu Gymnasiumszeiten, und der arrogante Zug um seine Mundwinkel war auch nicht verschwunden. Ferdi trug wie Alois die Leutnantsuniform, und das wurmte Alois. Der Apothekersohn hatte nach dem Einjährig-Freiwilligen Medizin in Berlin studiert und hielt sich für eine besonders geglückte Mischung aus Arzt und Lebemann. Ferdi nahm die Automobilistenkappe ab und ging auf Alois zu. »Das Vaterland ruft!«, sagte er mit einer weit ausholenden ironischen Geste, »da muss alles zurückstehen, selbst die Liebe. Ade, süße, kleine Lola. Servus, Fiedler, wie geht's?« »Danke der Nachfrage, geht scho«, antwortete Alois kurz. Ich weiß, du hältst mich für einen ungehobelten Bauernburschen, der es eigentlich nie hätte zum Leutnant bringen dürfen, dachte er, und jetzt wartest du nur darauf, dass ich dich nach dieser »süßen, kleinen Lola« aus Berlin frage, doch den Gefallen tu ich dir nicht, du alter Angeber.

Er wandte sich zu Wenzel, der heute kein rotes Hemd zu

Kakihosen trug, sondern einen braven weißen Stehkragen und einen leicht ausgebeulten schwarzen Anzug. »Na, Wenzel, Gut und Blut für unsern Kaiser, Gut und Blut fürs Vaterland?«, fragte er mit einem kleinen Lächeln. Wenzel sah ihn, leicht verwundet in der Seele, an: »Ach Loisl, meinst du, wir Tschechen sind keine Patrioten? Gleichheit mit euch Deutschen und mit den Ungarn wollen wir, Unabhängigkeit nur für den Fall, dass ihr uns die Gleichberechtigung partout verweigert. Aber die werdet ihr uns jetzt geben müssen, müssen, sage ich, wenn wir mit eich und für eich in den Krieg ziehen. Jawoll, du blöder Deitscher: Gutt und Blutt für unsern Kaiser, Gutt und Blutt firs Vaterland.«

Immer wenn du dich in Rage redest, lieber Wenzel, wird dein tschechischer Akzent stärker, dachte Alois fast zärtlich, ich hätt' dich gern in meiner Kompanie. Er wusste, dass Wenzel ihn liebte, seit er sich seinetwegen mit Hofweger duelliert hatte. Er umarmte den Schulfreund. »Oha, deutsch-tschechische Verbrüderung«, kommentierte Ferdi bemüht sarkastisch. »Wenzel, ich heirate nächste Woche, bist eingeladen«, sagte Alois. »Glückwunsch, Fiedler. Resi oder Zenzi? Rohn oder Pfefferschlag?«, fragte Ferdi spöttisch auflachend dazwischen. »Die Heirat findet in Königgrätz statt und meine zukünftige Frau heißt Mizzi«, sagte Alois ganz bewusst nur in Richtung Wenzel. Sollte er das Arschloch Ferdi jetzt fordern? Oder ihn auf Bauernbubenart einfach abwatschen? Noch bevor er den Gedanken zu Ende gebracht hatte, öffnete sich die Rathaustür von innen. Der Ortspolizist befahl mit großer Gebärde den Wartenden die Offensive auf die Mobilisierungsstelle. Begeistert stürmten alle dem Abenteuer Krieg entgegen.

Wenzel war schon als Infanterist auf dem Weg zur russischen Grenze, da schloss Alois mit Mizzi in Königgrätz den Bund fürs Leben. Die Hochzeit in der ersten Augustwoche war kein rauschendes Fest. Das verbot der Kriegsbeginn. Alois' Regiment, die 74er, lagen bereits unter Waffen in Stellung auf dem linken Donauufer mit Blick hinüber auf die andere Seite des Flusses, wo sich herausfordernd nah Belgrad erhob, die Hauptstadt des Feindes. Er selbst hatte noch drei Tage Sonderurlaub erhalten, um »die Liebste zu freien«, wie der Bataillonskommandeur, stolz auf seine poetische Ader, sich auszudrücken geruhte.

Mizzi trug das schlichte weiße Kleid mit Schärpe aus dem Katalog und dazu den Hut, Alois schwor ewige Treue im taubenblauen Waffenrock der k. und k. Infanterie. Ein halbes Jahrhundert später würde Alois über die »Es ist vollbracht«-Pose lächeln, die Braut und Bräutigam auf dem sepiabraunen Erinnerungsfoto zur Schau stellten.

Seine Eltern waren angereist, nur für den Hochzeitstag. Vater musste schnell wieder zurück. Das Kriegsministerium beschlagnahmte Pferde und Fuhrwerke für die Soldaten, und Vater wollte versuchen, so viele Gespanne wie möglich vor dem staatlichen Zugriff zu retten. Schließlich hatten die Holztransporte des Sägewerks ja weiter zu funktionieren. Beide sahen Mizzi zum ersten Mal. Vater nickte anerkennend, war aber etwas verwirrt, als Mizzi ihn mit »Schwiegerpapa« anredete. Nach der Trauung nahm er Alois beiseite: »Ist schon eine feine Dame. Gut, dass du studierst und nicht den Hof übernimmst, im Stall könnte ich sie mir nicht vorstellen. Aber wenn du mit ihr auskommst ...«

Mutter hatte das schwarze Seidenkleid angezogen und eine hübsche bestickte blaue Schürze vorgebunden. Nach den sieben Kindern, die sie geboren hatte, sah sie viel älter aus als Frau Schwansee, obwohl die nur ein paar Jahre jünger war. Als einzigen Schmuck trug sie die Brosche mit sieben Rubinen, die ihr Vater zur Silberhochzeit geschenkt hatte. Es war eine teuere Brosche. Frau Schwansee, deren finanzieller Spielraum durch das Justizsekretärsalär ihres Mannes knapp war, beneidete sie darum und freute sich insgeheim, als die neue Verwandte aus dem Böhmerwald mit der Limonade kleckerte, die sie ihr auf einem versilberten Untersetzer reichte. Mutter wurde rot. Frau Schwansee meinte sacharinsüß: »Non fa niente, aber das macht doch nichts, meine Liebe.« Mutters Röte hielt an.

Man saß im Wohnzimmer der Schwansees zusammen. Zur Feier des Tages stand auf dem Klavier neben Beethoven ein ausladendes Blumengebinde, bei dem weiße Rosen vorherrschten. Alois sah die Verlegenheit in Mutters Gesicht und sagte: »Komm, Mizzi, spiel uns doch etwas vor.« Seine Frau – tatsächlich, dachte er, Mizzi ist jetzt meine Frau – lächelte ganz in Weiß, setzte sich vor die Tasten und ließ die ersten Akkorde der »Träumerei« perlen. Sie schaute auf, ihr Blick fiel auf den Rohnmüller im sauber ausgebürsteten Feststaat und auf seine Gattin mit der bestickten blauen Sonntagsschürze. Sie zog die Hände von der Tastatur zurück, als wären sie in die Irre gelaufen, schüttelte leicht den Kopf und schlug dann mit geballter Fröhlichkeit die Tritsch-Tratsch-Polka von Johann Strauß an. Alle applaudierten, als das Stück zu Ende war, selbst Mutter klatschte schüchtern. »Danke«, sagte Mizzi, »ein Gassenhauer, aber sehr nett.«

In Alois stieg eine dem Hochzeitstag unangemessene Verärgerung auf. Vater, Mutter und, ja natürlich, er selbst auch, waren nicht mit Schumann, Tschaikowsky oder diesem gottverdammten Wagner aufgewachsen. »Liebes, spiel' für uns das Böhmerwald-Lied«, bat er. Mizzi wollte schon unwillig den Kopf schütteln. Sie mochte dieses simple Stück nicht, das Alois aus seiner Prachatitzer Heimat mitgebracht hatte, hatte es sich aber für den Rohner Bauernsohn angeeignet, der ihr ja sympathisch war, besonders in seiner Leutnantsuniform. Doch jetzt hörte sie die unterdrückte Schärfe in Alois' Stimme und begann zu spielen. »Es war im Böhmerwald, wo meine Wiege stand, im schönen grünen Böhmerwald...« sang Alois laut, fast trotzig, die einfachen Worte zu der einfachen Melodie. Er hörte nicht auf zu singen, bis alle drei Strophen durch waren. Mizzi musste ihn bis zum Ende begleiten. Vater fiel bei der zweiten Strophe ein, Mutter summte den Refrain mit, die Eltern Schwansee wippten irritiert höflich mit den Schuhspitzen den Takt. »…im schönen grünen Wald!«– die letzten Noten plärrte Alois mehr als er sie sang. Am liebsten hätte er dem bronzenen Beethoven zugeprostet, der genialisch unbewegt über allem stand.

Ein Toter hört zu

Wenn er den Kopf nach links drehte, sah Alois in dem Streifen Himmel über dem Schützengraben die Sonne durch die Kalkstaubnebel der Granateinschläge als seltsam wässrige Scheibe. Drehte er ihn nach rechts, schaute er auf das weißlich überpuderte Profil des toten Meldegängers neben ihm, das mit zunehmender Leichenstarre einen immer fröhlicheren Ausdruck angenommen hatte. Meist aber presste er sein Gesicht so fest gegen den Fels wie seinen Körper und hielt sich unter dem Stahlhelm die Ohren zu.

Er wollte die Verwundeten nicht mehr schreien und wimmern hören, die vergebens nach einem Sanitäter verlangten. Er wollte die herankreischenden Geschosse nicht mehr wahrnehmen. Wenn schon, dann sollte der Tod ohne die Vorankündigung durch das aufschwellende Heulen der Granaten zu ihm kommen. Dem Sonnenstand nach musste es hinter den Nebeln bereits Vormittag sein und das Ende des italienischen Artilleriefeuers nah. Oder würden die verfluchten Katzelmacher auch noch diesen ganzen Tag über mit ihrer Kanonade auf die österreichischen Schützengräben einhämmern und erst am Morgen darauf den Sturmangriff beginnen?

Lieber Gott, lass sie bitte heute kommen, lieber Gott, zwei Tage Trommelfeuer, noch einen Tag mehr halte ich nicht aus, betete Alois, der sonst längst nicht mehr betete. Er versuchte wieder und wieder, seine Gedanken dem Inferno um sich herum zu entziehen, versuchte mit dem Geist, den armseligen, nass gepissten, panikverkrampften Körper zu verlassen, der

Oberleutnant Fiedler hieß, und wenigstens für Augenblicke eine andere, wenn auch irreale Welt wie eine Fieberhalluzination heraufzubeschwören. Doch in den Fieberschüben seiner Erinnerung verlor der Frieden unaufhaltsam gegen den Krieg.

Mizzi, zwang er sich zu denken, Hochzeitsnacht. Das Hotel im nahen Jičine, gleich neben der Kaserne. Die halbe Stunde Fahrt dorthin in der Mietdroschke nach dem Abschied von Vater und Mutter. Mutters Tränen in ihren guten, müden Augen. Vaters besorgter Blick und sein »Also dann bis Weihnachten!«, flach und wenig überzeugend. Ermahnungen der Schwiegermutter an Mizzi, »alles zu geben, was dein Mann zum Glück braucht, bevor er fürs Vaterland in den Krieg zieht«, Mizzis sanftes Erröten. Im Auto ihr Kopf gegen seine Brust und wie sie gegen den Motor ansang: »Reich mir die Hand mein Leben...« Er strich ihr über das wohlfrisierte Haar, bedauerte nur einen winzigen Moment, dass ihre Nase doch etwas zu lang war, dachte einen noch kürzeren Augenblick an Jelena und nahm sich vor, ein guter Ehemann zu sein. Das sagte er ihr auch.

Das Hotelzimmer schmückte ein Bild »Badende Haremsdamen«, angetan nur mit durchsichtigen Schleiern. Das Haus war Offiziere in Damenbegleitung gewohnt, der Wirt schien eher verdutzt, dass es sich hier tatsächlich um Mann und Frau, frisch vermählt, handelte. »Ja der Krieg«, meinte er, »Glückwunsch, gnädige Frau! Geht es morgen an die Front, Herr Leutnant? Galizien oder Serbien?« Man ließ sich Champagner aufs Zimmer kommen und Mizzi gab sich hin. Ihre Brüste waren tatsächlich deutlich kleiner und flacher als die von Jelena, das hatte er schon richtig durch die Seidenbluse gespürt. Mizzi war leidenschaftlicher, als Alois gedacht hätte, bestand aber darauf, dass er die Nachttischlampe löschte.

Wunderbarerweise roch sie auch am Morgen noch deutlich nach Lavendel. Er brachte sie zum Bahnhof. Sie verabschiedete sich unter Tränen mit »Geliebter!«. Er sagte »Liebes!«

und gab ihr einen langen Kuss. Als der Zug nach Königgrätz aus der Station dampfte und Alois nur noch eine kleiner und kleiner werdende weiß behandschuhte Hand aus dem Fenster winken sah, packte ihn eine Wehmut, deren Heftigkeit ihn überraschte. Er straffte seine Schultern in der Uniformjacke, legte die linke Hand an den Säbelknauf und machte sich auf den Weg zur Kaserne seines Bataillons.

Warum zum Teufel fiel ihn jetzt hier im Schützengraben der Gedanke an Mizzi mit so brennender Sehnsucht an? Weil er so unwirklich schien und so sinnlos? Und warum, verdammt noch mal, sprang in seinem Kopf das Bild von Mizzis ekstatisch aufgerissenem Mund in der Hochzeitsnacht dann aber gleich um zum aufgerissenen Mund des ersten Toten, den er in diesem Krieg gesehen hatte? Dieses Gesicht ohne Alter und ohne Ausdruck, um dessen wächserne Nase in der serbischen Spätsommersonne schon dicke, dunkelblau glänzende Fliegen schwirrten, sein Leib knapp unterhalb der Uniformjacke abgerissen, ein Bein in den Schnürstiefeln der österreichischen Infanterie lag ein paar Meter entfernt wie weggeworfen. Eine feindliche Granate hatte den Mann auf Patrouillengang halbiert.

Um die blutverkrusteten Körperteile schwirrten ganze Insektenschwärme, und große schwarze Vögel hüpften pickend heran. Alois hatte den Toten nur im Laufschritt wahrgenommen – man rannte auf serbische Stellungen zu –, doch die Flüchtigkeit des Anblicks brannte das Bild als Epiphanie in sein Gehirn. Zwar rief er weiter »Hurra!«, als er seiner Kompanie voranhastete, doch von diesem Moment an wusste er: Krieg war kein Duell, Krieg war ein Schlachten.

Seitdem waren drei Jahre vergangen. Er hatte zu viele Tote gesehen, um sich an sie zu erinnern, und, was noch schlimmer war, Menschen beim Sterben zugesehen. Freunde, Feinde, alte Männer, junge Männer, fast noch Kinder. Er sorgte sich auch kaum mehr um seinen Bruder Dori, der nach einem Jahr an der russischen Front in Kriegsgefangenschaft geraten war und irgendwo in einem sibirischen Lager lebte, vielleicht noch lebte, vielleicht auch nicht mehr lebte. Der tausendfache Tod hatte nach und nach um sein Herz eine Hornhaut wachsen lassen, hatte seine Fähigkeit zu Mitgefühl schrumpfen lassen bis hin zu einer stumpfen Teilnahmslosigkeit, wie sie sonst nur sehr alten Menschen zu eigen ist, deren Mitgefühl am Ende eines langen Lebens verbraucht scheint.

Doch nur so konnte man den endlosen, allgegenwärtigen Horror ertragen und die eigene Todesangst, die stets auf der Lauer lag, zurückdrängen. Er hatte sich abgewöhnt, die jungen Gesichter, die jeden Monat als Nachschub an Kanonenfutter an die Front kamen, mit ihrem Namen kennenzulernen. Schlecht ausgebildet nach nur vier Wochen Kasernendrill, dafür ausgestattet mit einem längst absurden Hurra-Patriotismus, den man ihnen wider besseres Wissen in den Heimatgarnisonen noch immer einbläute, waren die meisten dieser Rekruten schon wieder tot, verwundet oder frontuntaugliche seelische Wracks, bevor man sie als Individuen richtig wahrgenommen hatte.

»Menschenmaterial«, dachte er, als gerade ein sehr naher Einschlag so viel Kalkstaub aufwirbelte, dass er um das bisschen Luft dazwischen rang, und stellte nach einem Hustenanfall fest, wie wenig ihn heute dieser Generalstabsbegriff noch empörte. Die alten Krieger, wir Helden der ersten Stunde, im August 1914 ins Feld gezogen, wir überleben meist länger. Wir, die wir den Krieg als Reserveleutnants begannen und ihn jetzt mehr oder weniger führen, weil die Herren Berufsoffiziere mit ihrem Casinoschneid fast alle längst Leichen oder Krüppel sind. Wie sie damals mit »Hurra!« und den Säbel gezückt aus den Gräben sprangen und gleich wieder zurückpurzelten, denn die feindlichen Maschinengewehre scherten sich einen Dreck um ihre heroische Ritterlichkeit!

Wir, die Reserve, kennen inzwischen das Kriegshandwerk

wie der Metzger sein Metzgerhandwerk. Leutnant Fritz von der 3. Kompanie, sein Freund, der flüssig Englisch konnte, hatte einmal erzählt, die Briten würden zu einem Kriegsgebiet »theatre of war« sagen, Kriegstheater. Nur dass kein Vorhang fällt und die Statisten sich nicht abschminken, sondern tot liegen bleiben. Oder wie Fritz inzwischen nur noch hinter den Kulissen wirken. Freund Fritz wurde seit ein paar Monaten in einer Blindenanstalt zum Telefonisten umgeschult. Ein Gasangriff hatte ihm die Augen leblos geätzt.

»Weihnachten seid ihr wieder zu Hause«, hatte es im August 1914 winkend und applaudierend geheißen. Jetzt war Sommer 1917. Niemand klatschte mehr Beifall, wenn Truppen ausmarschierten. Der Kaiser mit dem schlohweißen Backenbart hatte inzwischen getan, was man kaum noch für möglich gehalten hatte: Er war gestorben. 68 Jahre hatte er regiert. Penibel und phantasielos. Als er 1848 gekrönt worden war, hatte Metternich noch gelebt, der große Widersacher Napoleons, und Mailand hatte noch zu Österreich gehört.

Mit Franz Josephs Tod im November 1916 und der Krönung seines Großneffen Karl, im Volksmund »Suff-Karl« genannt, war, das spürte jeder, eine Epoche endgültig zu Ende gegangen – der Krieg jedoch noch immer nicht. Wahrscheinlich hört er nie auf, dachte Alois, genauso wenig wie heute das verfluchte Trommelfeuer der Italiener. Verdammte Italiener. Verräter. Opportunisten. Bei Kriegsbeginn noch Verbündete, danach aber plötzlich neutral, wohlwollend neutral, wie Salandra, diese falsche Schlange von Ministerpräsident, anfangs erklärt hatte, dann nur noch neutral ohne Wohlwollen und schließlich ab Mai 1915 im Krieg gegen die ehemaligen Bundesgenossen. Die Franzosen und Briten hatten den treulosen Halunken als Beute Südtirol und Triest in Aussicht gestellt. Wegen dieses Wortbruchs lag er nun hier bäuchlings in einem Schützengraben im Fassatal, fast ohne Atemluft, ein angsterstarrtes Kriechtier. Wut und Ohnmacht brachten Alois zum Weinen.

»Reiß' dich zusammen«, mahnte er sich selbst und sagte zu dem stummen und leichenstarr grinsenden Meldegänger neben sich: »Weißt du, Kamerad, dass ich Frau und Kind habe? Einen Sohn, Alarich heißt er. Alarich. Noch nie gehört, was? Alarich war der König der Westgoten, jung, schön, blond. Er eroberte Rom und starb in Süditalien am Fieber. Kennst du das Gedicht: ›Das Grab im Busento‹ von August von Platen?« Der Tote grinste auffordernd. »Und den Fluss hinauf, hinunter, zieh'n die Scharen tapfrer Gothen, die den Alarich beweinen, ihres Volkes besten Toten. Allzufrüh und fern der Heimath mußten hier sie ihn begraben, während noch die Jugendlocken seine Schultern voll, voll?, nein warte, blond, seine Schultern blond umgaben«, rezitierte Alois.

Einer seiner Korporale, der Schmaleder, im früheren Leben Geschichtsprofessor und jetzt auch schon tot, hatte dieses Gedicht auf einer Marschpause in Serbien vorgelesen, damals, 1915, als man wie Prinz Eugen gegen Belgrad zog und mit der Feldpost die Nachricht von Mizzi eingegangen war, sie sei in anderen Umständen. Das Gedicht hatte ihn tief ergriffen. Er lernte es auswendig. So wollte er sein Kind nennen, falls es ein Junge würde. Alarich. Schön und blond. Über einen Mädchennamen machte er sich keine Gedanken. Mizzi war einverstanden, teilte sie im nächsten Brief mit. Ihr gefalle der Klang und das Germanische, das leicht Tragische, das Wagnerianische an Alarich, auch wenn der Name fatal an »Alberich«, den schurkischen, lüsternen Zwergenkönig aus »Rheingold«, anklinge. Die Schwangerschaft verlaufe ganz normal, habe der Doktor erklärt.

Wieder schlug eine Granate mit berstendem Krach nicht weit weg ein. Ein Schrei, der nicht enden wollte, ein tierisches Gebrüll. Es gab keine Tiere im Schützengraben. Wieder einer von uns. Alarich, sein Söhnlein. Er hatte ihn zwischen Heiligabend und Silvester gezeugt, denn er war Weihnachten 1914 zu Hause gewesen. Die Armee nicht. Er schon. Heimatschuss.

Den schönsten Heimatschuss, den man sich vorstellen konnte. Das wusste er heute. Kein Bein ab, kein Knochen zertrümmert, kein Auge geblendet, keine Haut vom Flammenwerfer abgefackelt. Nur ein heftiger Schlag gegen den rechten Oberarm, als hätte man ihm mit einem Prügel auf den Bizeps gedroschen. Weil er mit seiner Einheit in serbisches Abwehrfeuer lief und nach der nächsten Deckung Ausschau hielt, achtete er nicht drauf. Er ließ nicht einmal den Säbel fallen

Erst als er keuchend hinter einer Bodenwelle lag, sah er das Loch im Jackenärmel und das Blut, das heraustropfte. Ein sauberer Durchschuss, nur durch den Muskel. Damals schämte er sich fast, mit nichts weiter als einem geradezu adretten Verband um den Oberarm zusammen mit verstümmelten, stöhnenden, zuckenden Kameraden ins Militärhospital eingeliefert und dann zwei Wochen in den Genesungsurlaub nach Hause gesandt zu werden. Damals wollte man aber auch noch ein Held sein. Heute wäre er froh um jede Verwundung dieser geringfügigen Art. Es dürfte auch ein bisschen mehr sein – bloß nicht blind, nicht kastriert, nicht Arme oder Beine ab, das nicht. Aber eine steife Hüfte? Man konnte auch mit einem Krückstock Recht sprechen.

»Serbien muss sterbien!« hatte sich inzwischen als pure Prahlerei herausgestellt, das Land sich zählebiger gezeigt, als es das Hötzendorfsche Feldherrengenie je vorausgesehen hatte. Anstelle eines flotten Siegeszugs kam es gleich vom ersten Tag an zu einem verbissenen Kleinkrieg. Der Mord am Thronfolgerpaar verlangte ob seiner Ruchlosigkeit aber unter allen Umständen Rache. Dass sich jetzt diese serbischen Barbaren auch noch erbittert wehrten, erboste die Armeeführung über alle Maßen, und sie befahl, unerbittlich und gnadenlos zu sein.

Mizzi wohnte bei den Eltern in ihrem alten Kinderzimmer. Als er mit ihr im schmalen Jungmädchenbett lag, den angeschossenen, doch schon fast geheilten Arm um ihre Hüfte, fragte Mizzi ihn nach den Frauen auf dem Balkan. Ob sie hübsch seien?« »Ja natürlich, eine hübscher als die andere«, antwortete er gut gelaunt, »aber im Ernst, Mizzi, im Feindesland kriegst du als Soldat nicht so viel von Frauen zu sehen.« Im selben Augenblick wusste er, dass er sie und sich belog. Doch, er hatte Frauen zu Gesicht bekommen auf dem Vormarsch. Frauen, die an roh gezimmerten Galgen hingen. »Spione!«, stand auf einem Pappschild am Galgenfuß. Und die Frauen am Bahndamm in diesem armseligen Dorf gleich hinter der Grenze, dessen Namen er vergessen hatte. Sein Lächeln erlosch. »Was hast du denn plötzlich?«, fragte Mizzi. Alois wollte nicht vom Bahndamm reden. Er hatte vorgehabt, ihr nur Beruhigendes vom Krieg zu erzählen. Wie erstaunlich gut die Verpflegung an der Front sei. Oder wie gering die mathematische Wahrscheinlichkeit für ihn, nach diesem Schuss in den Arm noch einmal von einer feindlichen Kugel getroffen zu werden.

Doch dann fiel sein Blick auf das Bild mit dem Schutzengel, der zwei Kinder über eine morsche Brücke geleitet, an der Wand ihres Jungmädchenzimmers, sah wieder die Frauen am Bahndamm vor sich und konnte nicht anders: »Viele hatten Kinder auf dem Arm oder an der Hand. Die Kinder haben geweint und geschrien, weil auch ihre Mütter weinten und schrien. Manche von den Frauen knieten vor den Soldaten, umklammerten ihre Beine und flehten sie an. Ich verstehe kein Wort Serbisch, aber es war klar, sie haben um das Leben der Männer gebettelt, die aufgereiht vor dem Bahndamm standen. Einige Männer haben geweint, einige gebetet, einige ausgespuckt. Die meisten standen wortlos mit hängenden Armen da. Einer der Männer ging auf die Frauen mit den Kindern zu, vielleicht um seine Frau, sein Kind noch einmal zu umarmen. Da haben die Soldaten ihn sofort mit dem Gewehrkolben zurückgestoßen. Unsere Soldaten! Verstehst du, Mizzi? Die von unserer 4. Kompanie. Ich kenne den Korporal, den Ivanovic. Kroate, ein netter Kerl. Er war leichenblass und murmelte immer wieder dasselbe, wenn die Frauen um Barmherzigkeit flehten. Er verstand sie ja und sie ihn. Wahrscheinlich sagte er: »Befehl ist Befehl« Und hinter ihm stand der Lederer, Oberleutnant Lederer, Chef der 4. Kompanie, hat das Reglementbuch in der Hand gehalten und versucht, wie ein untadeliger österreichischer Offizier auszuschauen. Mizzi, verstehst du, das war unsere 4. Kompanie. Unsere. Es hätte genauso gut die 2. Kompanie sein können, verstehst du? Meine Kompanie, ich hätte es sein können, verstehst du?« Seine Frau setzte sich ruckartig auf im Bett und fragte mit aufgerissenen Augen: »Was denn, Liebster, sollten unsere Soldaten diese Männer erschießen? Und warum denn, o Gott?«

»Unsere Soldaten haben die Männer erschossen, Mizzi. Ich bin weggegangen, nein, ich bin geflohen, in das armselige Dorf, hinter die armselige Kirche. Ich sah nichts, ich wollte nichts sehen, aber ich hörte den Ivanovic ›Feuer!‹ rufen und die Gewehrsalve. Ein paar Schreie und dann, Mizzi, absolute Stille, als bliebe die Welt stehen, und plötzlich schrie eine Frauenstimme auf und dann alle und die Kinder auch. Noch ein paar einzelne Schüsse, Mizzi, Fangschüsse, würden wir Jäger sagen. Gnadenschüsse. Ich hätte es sein können anstelle vom Lederer. Es war reiner Zufall, reiner Zufall, verstehst du? Warum wir sie erschossen haben?« Alois zuckte mit den Achseln. »Freischärler, die ihr Dorf verteidigten, keine Kombattanten, die das Kriegsrecht deckt, gab unser Oberkommando übers Telefon durch, Mordschützen und auf jeden Fall Ballast für eine vorwärtsstürmende Truppe. An die Wand stellen. Die weinenden Frauen, ich werde sie nie vergessen. Und ich hätte dort stehen können wie der Lederer, mit dem Reglementbuch in der Hand.« Auch Alois saß jetzt aufrecht in den Kissen. Sie schliefen diese Nacht nicht miteinander in dem schmalen Bett, obwohl es ihre erste gemeinsame Nacht seit dem Hotel von Jičine war. Jede weitere Nacht seines Genesungsurlaubs schliefen sie miteinander.

Als Alarich Ende September 1915 zur Welt kam – Mutter und Kind wohlauf –, bereiteten der überaus schneidige Conrad von Hötzendorf und seine deutschen Verbündeten die endgültige Eroberung Belgrads vor, die über ein Jahr der ruhmreichen k. und k. Armee missglückt war. Leutnant Alois Fiedler als Chef der 2. Kompanie des 3. Battaillons im Infanterie-Regiment 74 sollte dabei helfen und war daher zur Zeit der Geburt seines Sohns unabkömmlich. Er bewies seine Unverzichtbarkeit beim Übersetzen vom linken aufs rechte Donauufer, dem Belgrader Ufer. Auch das erzählte er dem toten Meldegänger.

»Ich kann ja nicht schwimmen«, sagte er zu seinem geduldigen Zuhörer, »im Böhmerwald lernt man das Schwimmen nicht. Deshalb ist auch mein Bruder Jakob ertrunken im Mühlbach, der erste Jakob.« Alois fiel ein, dass der zweite Jakob nun auch schon fast 17 Jahre alt war und in Kürze eingezogen würde. Dann wäre auch er eines dieser jungen Gesichter, dachte Alois mit jähem Erschrecken.

»Also ich kann nicht schwimmen. Wir setzten in großen Pontonkähnen über. Nachts. Dreißig Mann in einem Boot, ich im vordersten. Unsere Artillerie schoss die Belgrader Befestigungen sturmreif und blendete mit Scheinwerfern die serbischen Verteidiger. Sie schossen wie wild in unsere Richtung, aber geblendet zielten sie schlecht. Doch als wir dann schon ziemlich nah am Ufer waren, konnten sie auch ohne zu zielen uns kaum noch verfehlen. Wir mussten raus aus den Kähnen, rein in die Donau, ausschwärmen, wenig Ziel bieten. Wir hatten Sturmgepäck auf dem Rücken, wir hatten unsere Mannlicher-Karabiner, Munition, Handgranaten, dreißig Kilo mindestens, du weißt ja, wie viel das alles wiegt. »Erster Zug, den Ponton verlassen!«, befahl ich. Niemand sprang. »Raus«, rief ich, »los, marsch, marsch.« Niemand sprang. Nahe dem Ufer, so hatte der Regimentskommandeur uns bei der Offiziersbesprechung versichert, sei die Donau seicht, höchstens eineinhalb Meter tief. Waren wir »nahe dem Ufer«? Nahe genug? Vielleicht hatte der Fluss Hochwasser und wir würden alle versinken. Die Nichtschwimmer sowieso, die Schwimmer aber auch, bei dem Gepäck.

Die Serben trafen jetzt. Schreie, Männer, die zusammensanken. »Wenn du als Kompaniechef nicht springst, springt keiner«, war mir in dem Moment klar. Ich stand auf, Kugeln pfiffen über das Wasser. Glatt, kalt und dunkel war die Donau. »Immer frisch und munter, ein Fiedler geht nicht unter.« Wie albern dieses Sprüchlein gerade jetzt passte. Ich trat von der Bordkante ins Leere, rief: »Mir nach!«, platschte ins Dunkel, dachte: »Immerhin hast du jetzt einen Sohn, wenn du ersäufst!«, wartete darauf, dass ich untergehen würde – und stand bis zum Hals im Wasser. Du kannst dir vorstellen, wie erleichtert ich war. Nun hüpften alle aus den Kähnen. Wir wateten an Land und nahmen Belgrad ein.«

Alois schaute auf die Uhr, die der Tote neben ihm am weit von sich gestreckten Handgelenk trug. Sie tickte noch. Es war zehn Uhr vorbei. »Meinen kleinen Alarich habe ich erst ein paar Monate später gesehen. Auf dem Weg von Serbien nach hierher, an diese verdammte Front. Er war so süß, und Mizzi war so zärtlich zu ihm. Aber stell dir vor, kein Mensch nannte ihn Alarich, alle sagten nur Ali zu ihm. Ali, als wäre er kein germanischer Held, sondern ein Muselm…« Er beendete den Satz nicht. Denn mit einem Schlag war es still. Unglaublich still. Das Brüllen der Kanonen hatte aufgehört. Nur in der Ferne hörte man ein Maschinengewehr gedämpft und geradezu melodisch tackern. Alois hob den Kopf. Dann richtete er sich ächzend auf. Das lange Liegen auf dem Bauch hatte seine Glieder steif gemacht. Gleich würden sie kommen.

Maschinengewehre

Plötzlich war Leben im Graben. Gestalten erhoben sich, steif und verstört, jeder Einzelne überrascht, dass nicht er allein, nur er und sonst niemand das Inferno überlebt hatte. Der aufgewirbelte Staub hatte sich gelegt. Die Sonne war eine goldgelbe Scheibe. Jetzt, bei klarer Sicht und wieder aufrecht, konnte Alois ein gutes Stück des gewundenen Schützengrabens einsehen, den seine Kompanie mit großen Abständen von einem zum anderen bemannte. Die italienische Front war für Österreich eine Verteidigungslinie und daher dünn besetzt. Nach dem Sieg über Serbien brauchte und verbrauchte Habsburg das Gros seiner Truppen gegen Russland.

Alois' Männer glichen fahlweißen Gespenstern, von oben bis unten voll Kalkmehl, graue Schatten im Hades. Niemand nahm sich die Zeit, die Staubschicht von den Uniformen zu klopfen. Automatisch griffen sie zu ihren Gewehren, bliesen die Visiere sauber, prüften die Verschlüsse, luden durch, steckten die Bajonette auf. Alois schaute mit dem Fernglas vorsichtig über den Grabenrand. Am Gegenhang, keine fünfhundert Meter entfernt, hatten sich die Italiener genauso tief eingraben wie sie. Doch anders als seine Truppe lagen die Feinde in ihren Stellungen dicht an dicht, das wusste er. Sie waren weit in der Überzahl. Sie sollten erobern. Ihr Feldherr Luigi Cadorna befahl dem italienischen Heer nun schon seit zwei Jahren den Sieg ohne Rücksicht auf Verluste.

Eine Trillerpfeife, ein Trompetensignal, dann ein Gebrüll aus tausend Kehlen, gedämpft durch die Entfernung. Doch von früheren Attacken wusste Alois, was sie schrien: »Gloria! Italia! Avanti!« Und schon quoll es aus dem feindlichen Graben. Menschenmaterial. Sie kamen.

Maschinengewehre, hoffentlich sind die Maschinengewehre noch intakt. Das war das Einzige, was jetzt zählte. »Mgs melden!«, befahl er. Keine Antwort von Mg Eins. »Mg Zwei bereit, Herr Oberleutnant!« »Mg Drei bereit, Herr Oberleutnant!« »Ladehemmung bei Mg Vier, Herr Oberleutnant!« Alois atmete durch. Zwei Maschinengewehre funktionierten. Das war die sichere Rettung für ihn und seine Leute. Für die Angreifer war es der sichere Tod.

Die Italiener stürmten in breiter Welle ihren Hang hinunter. Sie schwenkten Gewehre mit aufgepflanzten Bajonetten in der Rechten und ein Bündel Handgranaten in der Linken, erreichten die Talsohle und mussten nun bergauf laufen. »Gleich wird sich die Welle brechen!«, dachte Alois mit grimmiger Erleichterung. Die Bajonette und die Handgranaten des Feindes würden seine Kompanie nicht erreichen. »Noch nicht schießen«, rief er, »Feuer erst auf Befehl!« Er wusste, was gleich passieren würde – und die da drüben wissen es auch und rennen trotzdem auf unsere Maschinengewehre zu. Gloria. Avanti! Als er unter ihrem Trommelfeuer lag, hatte er die Italiener verflucht, jetzt fühlte er beinahe ein Bedauern für sie.

Die italienischen Soldaten rannten nun dicht an dicht den steilen Hang hoch, eine Herde Lemminge in Grau-Grün. Erst als man schon die Federn auf den feschen Hüten der Alpini wippen sah – mein Gott, hatten die noch immer keine Stahlhelme – und man schon einzelne Gesichter unterscheiden konnte, weit geöffnete Münder, die »Avanti!« riefen, befahl er zu schießen. Die zwei Maschinengewehre ratterten los. Die Repetierkarabiner seiner Männer unterstützten das Feuer.

Danebenschießen war unmöglich. Die Maschinengewehre mähten die ersten Reihen der Angreifer nieder. Die Nachdrängenden kamen kaum noch vorwärts, verknäuelten sich mit den gestürzten, getroffenen, schreienden Leibern vor ihnen und wurden ebenfalls vom Geschosshagel niedergemacht. Nur wenige schafften es, weiter hochzulaufen, zwanzig, dreißig Meter, noch immer ein »Avanti!« auf den Lippen. Dann erwischte es auch sie. Der letzte von ihnen kam dem Schützengraben so nahe, dass Alois durch das Fernglas seine Augen sah, schöne braune Augen in einem schöne, jungen Gesicht unter dem Hut mit der wippenden Feder. Der Mann war noch immer zu weit weg, um mit der Granate in seiner Hand die österreichische Stellung zu erreichen. Trotzdem schleuderte er sie mit einem Ausdruck verzweifelter Pflichterfüllung. Ins Leere. Dann riss ihn der Feuerstoß aus einem Maschinengewehr von den Beinen.

Wer von den Italienern noch laufen konnte, floh. Die Männer in Grau-Grün waren keine Soldaten mehr. Sie waren Menschen in Panik, in Todesangst, beherrscht vom Entsetzen des Massakers, in das man sie getrieben hatte. Sie zogen die Köpfe ein und rannten einfach davon. Sie ließen die Gewehre fallen, warfen die Handgranaten weg, stießen die Offiziere beiseite, die ihnen schreiend und mit Säbelgefuchtel so etwas wie einem geordneten Rückzug befehlen wollten.

In Alois stieg Mitleid auf. Natürlich musste man die Angreifer umbringen, sonst wurde man von ihnen umgebracht. Tote auf dem Schlachtfeld erreichten sein Herz sonst kaum noch, nach drei Jahren waren sie Routine. Doch dieses Massensterben, diese Hunderte von Gesichtern in der »Blüte ihrer Jahre«, wie es in den Todesanzeigen heißen würde – Idiotie! Was haben sie mir getan? Was ich ihnen? Dann rief er: »Verfolgen! Gegenattacke!« So verlangte es das Kriegshandwerk.

Seine Leute sprangen aus den Gräben. Sie waren hungrig, sie waren durstig, sie hatten Kameraden neben sich elend sterben sehen. Sie hatten die eigenen Gefallenen in die Brustwehr der Gräben eingeschichtet, als könnten die Toten sie gegen den Tod schützen. Sie hatten im Liegen Regenwasser aus

Segeltuchplanen geschlürft, in denen vorher die Leichen geborgen worden waren. Sie hatten fast drei Tage Todesangst hinter sich. Alois kannte die Geschichten von kollektiven Selbstmorden in den Unterständen im Kalkstein, wo ganze Einheiten sich umbrachten, weil sie den ständigen Beschuss, den Leichengestank, die Atemnot nicht mehr ertrugen. Er hatte selbst miterlebt, wie Soldaten während eines Trommelfeuers den Verstand verloren, wie sie plötzlich aus der Deckung hinaus ins Freie kletterten, wie ein Huhn gackerten oder mit ausgebreiteten Armen Bibelsprüche rezitierten, bevor eine Granate sie zerfetzte. »Kriegsneurotiker« nannte die Militärpsychiatrie abschätzig diese der großen Sache unwürdigen Söhne des Vaterlands.

Die aufgestaute Angst der Männer entlud sich in wilder Aggression. Sie schrien »Hurra!«, sie brüllten Obszönitäten und rannten hinter den Fliehenden her. Sie schwangen ihre Gewehre wie Knüppel, wie Keulen, eine Steinzeithorde bei der Verfolgung ihrer Todfeinde. »Stehen bleiben! Zielen! Schießen!«, riefen die österreichischen Kompanieführer. Doch niemand hörte sie. Zuerst wurden die Verwundeten eingeholt, die, die zurückkrochen oder -hinkten. Die Männer knüppelten sie zu Tode. Sie benutzten nicht einmal das Bajonett, die vom Heeresreglement vorgeschriebene Nahkampfwaffe, sondern droschen auf jeden ein, dessen sie habhaft wurden. Keiner der Italiener dachte daran, sich zu wehren. Sie flohen ihren Stellungen entgegen, panisch wie Hasen, denen die Hundemeute im Nacken sitzt, versuchten höchstens, im Laufen mit den Armen über dem Kopf die Kolbenschläge der Verfolger abzuhalten, dieselben Soldaten, die noch vor Minuten feuernden Maschinengewehren todesverachtend entgegengestürmt waren.

»Verfolgung einstellen! Zurück! Zurück!«, schrie Alois vom eigenen Schützengraben aus. Zu spät. In ihrem Blutrausch waren seine Soldaten den gegnerischen Stellungen gefährlich nahe gekommen. Die wenigen Italiener, die es bis dorthin geschafft hatten, waren in der rettenden Deckung verschwunden. Jetzt hatten die italienischen Maschinengewehre freies Schussfeld auf die Verfolger. Auch die feindlichen Kanonen meldeten sich wieder. Sie legten Sperrfeuer auf die Talsohle, schnitten seinen Männer mit einem Granatenhagel den Rückweg ab. Nicht einmal die Hälfte kam durch diese Feuerwand zurück.

»Lieber Vater«, schrieb Alois zwei Tage später, nachdem die Toten beider Seiten auf beiden Seiten des Tals begraben waren, hier Österreicher und Italiener, dort Österreicher und Italiener, »mir geht es gut. Wir haben drei Tage heftiges Artilleriefeuer hinter uns und einen Sturmangriff erfolgreich abgeschlagen. Bei der Verfolgung des Feindes hatten wir bedauerlicherweise mehr Verluste als durch seine Attacken. Ich hoffe, wir werden siegen. Und ich hoffe, bald.« Schon beim Schreiben war ihm klar, dass er alles gesagt hatte und nichts. Doch er wusste, dass den Vater an seinen Briefen von der Front das Kuvert sowieso mehr beruhigte als der Inhalt, solange er nur an der Adresse auf dem Umschlag die Handschrift seines Sohnes erkannte.

Ein paar Monate später aß Alois im Dezember 1917 Wurst aus Eselsfleisch und hatte Geschmack an einem auf den ersten Blick wenig vertrauenerweckenden elastischen Frischkäse namens Mozzarella gefunden. Nach über zwei Jahren Defensive der k. und k. Streitkräfte hatte ein überraschender Großangriff österreichischer und deutscher Truppen am umkämpften Isonzo-Fluss die italienische Front durchbrochen. Hauptverantwortlich für den schnellen Durchbruch war der hemmungslose Einsatz von Giftgas. Alois war froh, wenigstens dieser heimtückischen Waffe, diesem Menschenvertilgungsmittel, bisher nicht ausgesetzt gewesen zu sein. Leutnant Fritz war dadurch erblindet, gerade als Alois zu seinem Glück sich hinten in der Etappe aufhielt.

»Buntschießen« hieß in grausiger Kriegspoesie das koordinierte Abfeuern von Gasgranaten mit Blaukreuz, Weißkreuz, Grünkreuz, Gelbkreuz in die Stellungen des Feindes. Kampfmittel, die Augen erlöschen ließen, Kehlen verätzten, Lungen zerfraßen. Fachmännisches Buntschießen mit ein paar Tausend Toten erstickte den Widerstand auf einem breiten Frontabschnitt. Die italienischen Truppen, die der großartige Cadorna bisher in Attacken hatte verbluten lassen, wussten nicht, wie man sich als Angegriffene zu verhalten hatte, und wurden bis über den Piave-Fluss zurückgetrieben. Ihre Front in den Dolomiten brach ebenfalls zusammen, und so konnten auch die ausgehungerten, ausgemergelten Gestalten der 74er nach zwei Jahren im Schützengraben am Pellegrino-Pass hinab ins Tal vorrücken.

In ihren Felslöchern hatten sie am Schluss bröckeliges Brot aus Roggenkleie und Kartoffelmehl gegessen, besseres konnte die Heimat ihren tapferen Kriegern nicht mehr bieten. Auch die Heimat hungerte. »Mein lieber Sohn«, hatte ihm Vater in seiner großen, etwas ungelenken Schrift, doch wie immer ohne jeden Rechtschreibfehler mitgeteilt, »uns auf dem Land geht es ja noch gut, verglichen mit den armen Menschen in Prag oder Wien. Doch auch wir trinken meist nur noch Magermilch, und Fleisch für uns selbst haben wir kaum mehr. Wir müssen fast alles abliefern. Bei wem es am Ende ankommt, weiß ich nicht. Von deinem Bruder Dori haben wir endlich wieder ein Lebenszeichen. Er schrieb uns vor zwei Wochen aus Ekaterinburg ganz hinten in Russland. Er hat jetzt zwei Jahre Kriegsgefangenschaft bei den Russen hinter sich und hat sie einigermaßen gesund überstanden. Er hat sogar ziemlich gut die russische Sprache gelernt, die sehr schwer ist, wie er schreibt. Er hofft, dass die Bolschewiken, die jetzt in Russland an der Macht sind, bald Frieden schließen und er dann nach Hause zurückkommt. Unseren Jakob ziehen sie jetzt doch nicht ein. Er leidet an Blutarmut und ist Gott sei Dank front-

untauglich. Unlängst haben sie die Kirchenglocken abgehängt. Daraus werden Geschütze gegossen. So sollten wir mit höchster Hilfe den Krieg nun doch wirklich gewinnen können. Pass weiter gut auf dich auf.
Dein Vater
P. S. Mizzi hat mir ein Bild vom kleinen Alarich geschickt. Er spricht schon, schreibt sie. ›Meine Mama spielt Klavier. Und Opa ist Justizbampter‹, so sage er zu Besuchern, schreibt deine Frau, das freue Herrn Schwansee.«

Als Alois diese Zeilen in einer requirierten Villa las, standen Rotwein und ein Teller mit abgenagten Hühnerknochen vor ihm. Das große Stück von Venetien, das Österreich jetzt besetzt hielt und gnadenlos ausbeutete, litt keinen Mangel. »Die Italiener rüsten ihre Soldaten erbärmlich aus, dachte Alois, bis heute haben sie keine anständigen Stahlhelme und Gasmasken. Aber gehungert hat hier keiner. Warum können die das und wir nicht?« Er fühlte sich mit vollem Bauch wie im Schlaraffenland. Aber er ahnte, dass diese Sattheit nicht von Dauer sein würde.

Nach ein paar Monaten hatten die Besatzer das Schlaraffenland denn auch leer gefressen, und der Hunger wurde wieder ständiger Begleiter der siegreichen Armee. Zum Kleiebrot gab es jetzt wässrigen Maisbrei an der Piavefront, und die Soldaten litten an Dünnschiss. In der Heimat aß man derweilen vor allem Kohl und Steckrüben. Der kleine Ali – als Letzte hatte Mizzi vor dem viel edleren »Alarich« kapituliert, doch jetzt nannte auch sie ihn in ihren Briefen so kurz und muselmanisch – konnte inzwischen mit seinen fast drei Jahren sehr gut sprechen. Er erklärte jedem, dass das, was seine Mama auf dem Klavier spielte, nicht einfach Musik sei, vielmehr eine Sonate oder Wagner, sein Vater nicht nur im Krieg, sondern Oberleutnant, und der Großvater im Böhmerwald ein richtiger Opa, »auch wenn er ein Bauer ist«. Viel zu oft aber sagte er nur: »Mama, Ali hat Hunger.«

Als Alois dies las, wusste er, dass der verdammte Krieg endlich zu Ende gehen musste, selbst wenn die gerechte Sache nicht siegen sollte. Warum sie gerecht war, damals bei Kriegsanfang, daran konnte er sich nach so langer Zeit und so vielen Toten nicht mehr recht erinnern. Es musste wohl wegen der Serben mit ihrem Mord am Thronfolger gewesen sein und wegen des alten Kaisers von Gottes Gnaden, dem der himmlische Ratschluss die Donaumonarchie als immerwährendes Lehen zuerkannt zu haben schien, die Demontage seines Reiches also einer Herausforderung Gottes gleichkam. Aber der alte Kaiser war hingeschieden und der Suff-Karl hatte garantiert keinen Bund mit der Ewigkeit. Der Krieg war nichts weiter als ein grausamer Krieg ohne jede höhere Weihe, ohne jeden Sinn.

Im Juni 1918, inzwischen gehörten auch die Amerikaner zu den vielen Feinden Deutschlands und Österreichs, führte der noch immer überaus schneidige Conrad von Hötzendorf eine vergebliche Attacke gegen die Italiener hinter der Piave an. Sie sollte das feindliche Heer umzingeln und vernichten – so malte der Generalstab es sich aus. Um beim ausgehungerten gemeinen Mann den nötigen Heldenmut zu entfachen, musste der Tagesbefehl zum Angriff allerdings außer »Gloria Viktoria« ein zweites Schlaraffenland verheißen: »Soldaten, erinnert euch der Beute, die wir letzten Herbst den Italienern entrissen. Die Schafe, Kühe, Ochsen, Lagerhäuser voll mit guter Kleidung und Magazine voll mit Wein, Konserven, Mehl und Zucker. Denkt an eure Familien. Denkt an das Weißbrot, das ihr für sie alle gewinnen könnt.«

Doch die Beschwörung dieser Köstlichkeiten genügte nicht. Nach einer Woche vergeblicher, äußerst blutiger Bemühungen lief sich die Offensive der erschöpften Krieger fest; es sollte die allerletzte der k. und k. Armee gewesen sein. Conrad von Hötzendorf verlor seinen Posten als Kommandeur an der Südfront, erhielt zum Ausgleich den erblichen Grafentitel und beklagte bis an sein Lebensende, niemand habe seine militärischen Genieblitze kongenial in die Tat umsetzen können. Alois fing an, das Hötzendorfsche Genie zu bezweifeln angesichts des trostlosen, unterernährten Haufens, den er selbst in die Schlacht zu führen hatte und der einmal seine Kompanie gewesen war. Noch im Alter hielt er Hötzendorf zwar für einen überaus schneidigen Kerl, stimmte aber mehr und mehr dem Verdikt »Hasardeur« seines so ganz unmilitärischen Vaters zu.

Dem ungestümen General und seiner bedenkenlosen Art hatte Alois seine letzte Heldenerfahrung zu verdanken. Seine Kompanie beschoss im Lauf der Offensive bei Bassano italienische Stellungen. Die Munition wurde knapp. Gegen Mittag kroch Oberfeldwebel Rosicky zu ihm herüber und schrie Alois ins vom Geschützfeuer halb taube Ohr: »Loisl, wir brauchen Nachschub. Aber wir haben keinen Fahrer für das Munitionsfuhrwerk mehr. Der Heider hat hoffnungslosen Durchfall, der Gollowitz ist schwer verwundet, der Navratil ist nicht auffindbar, wahrscheinlich übergelaufen, und sonst habe ich niemand, der vierspännig fahren kann. In drei Stunden ist die Munition alle.« Alois war sofort klar, warum Karel Rosicky, mit dem zusammen er den ganzen Krieg überlebt hatte und der ihn als einziger in der Kompanie duzte, wenn sonst keiner dabei war, so erwartungsvoll, ja drängend anblickte. Karel wusste, dass sein Oberleutnant aus dem Böhmerwald, aufgewachsen in einem Sägewerk, vierspännig fahren konnte.

»Niemand? Wirklich niemand, Karel?«, schrie Alois zurück. Kälte kroch ihm den Rücken hoch. »Niemand, Loisl, ich schwör's dir.« Alois zog Luft durch die Zähne. Sie schmerzten. Karies, seit zwei Jahren unbehandelt. »In Ordnung, da werde ich es wohl selber machen müssen, dann mal Prosit!« Er verfluchte den Böhmerwald und das Sägewerk, den Durchfall vom Heider, die Blödigkeit von Gollowitz, sich ausgerechnet heute anschießen zu lassen, und dieses Schwein von Navratil, der wohl abgehauen war. »Übernimm das Kommando, Karel, in zwei Stunden bin ich zurück.« Erst kroch er, dann lief er geduckt aus dem Schussfeld der Italiener.

Die vier Gäule waren so abgemagert wie er. Der tosende Gefechtslärm ließ sie nicht scheuen. »Ihr seid genau wie ich, genauso kaputt und apathisch«, sagte er vom Kutschbock zu den Pferden und machte sich gar nicht erst die Mühe, sie aus ihrem abgestumpften Trott zu reißen. Die Hinfahrt zum Munitionsdepot ein paar Kilometer hinter der Front war unproblematisch. Da war die Fuhre leer. Dass eine verirrte Granate oder eine der ins Nirgendwo streuenden Kugeln, dieser Ausschuss der Schlacht, ausgerechnet ihn auf dem Kutschbock treffen würden, war unwahrscheinlich. Auf dem Rückweg aber hatte er den Karren übervoll mit Sprengstoff jeder Art. Ein Zufallstreffer oder ein Scharfschütze, der aus der Entfernung auf diesen schwer beladenen Wagen zielte, eine Garbe aus dem Maschinengewehr eines der lächerlichen Flugapparate, die man als guter Schütze sogar mit dem Karabiner herunterholen konnte – das war es dann.

Alois saß mit eingezogenem Nacken auf dem Bock, hinter sich, unter einer feldgrünen Plane, riesenhaft die tödliche Ladung. Mit hässlichem Zwitschern surrten Gewehrkugeln durch die erntereifen Maisfelder, zwischen denen er dahinrollte. Granaten schlugen irgendwo um ihn herum ein, einmal näher, einmal weiter weg. »Sie haben nichts mit dir zu tun«, sagte er sich, »du gehst sie nichts an, sie gehen dich nichts an.« Jetzt versuchte er doch, die Rösser auf Trab zu bringen. Umsonst, er hätte es sich denken können. Er summte das Böhmerwaldlied, sprach laut, damit das Schicksal ihn gut hören konnte: »Immer frisch und munter, ein Fiedler geht nicht unter«, und sang sogar, ohne es zu wissen, ein paar Noten aus Wagners Brautchor halbwegs richtig. Er zwang sich, nicht an Ali, an Klein-Alarich, zu denken oder an Mizzi – liebte er sie oder liebte er sie nicht? – oder an Mutter, die sicher jeden Abend für ihn vor dem Kreuz auf den Knien lag. Nein, Schluss,

Punktum, schau auf den Weg. Eine halbe Stunde später luden seine Männer die Munitionskisten im Schutz eines Steinwalls ab. Karel schlug ein Kreuz, als er ihn sah. Alois fühlte nichts, aber der Rand seiner steifen, abgetragenen Offiziersmütze war durchgeweicht.

Die letzten Monate des Kriegs erlebte Oberleutnant Fiedler meist mit erhöhter Temperatur und einer brennenden Harnröhre. Manchmal sah er Blut in seinem Urin, wenn er in den stinkenden Latrinengraben pinkelte, und das Fieber stieg gegen Abend bedenklich. Der Sanitäter zuckte mit den Achseln: »Irgendwas mit den Nieren. Aber wenn es nicht schlimmer wird...« Er ließ den Satz im Vagen hängen.

Alois wäre gerne nach Hause gefahren, zu Ali und Mizzi, zu Vater und Mutter, in diese ferne, friedliche Welt, die in Wahrheit, das wusste er aus den Briefen von daheim, nur noch in seiner Phantasie bestand. Die Menschen aßen wässrige Krautsuppen und starben binnen weniger Tage an einer unheimlichen, heftigen Grippe. Mizzi fürchtete bei jedem Husten von Alarich, dass ihr Söhnchen jetzt auch den Todeskeim in sich trüge. Vater berichtete von Demonstrationen auf dem Prachatitzer Marktplatz, bei denen ausgehungerte Tschechen aus den Dörfern ringsum Parolen für einen eigenen Staat skandierten und ihnen hinter den Fenstern des Rathauses ebenso unterernährte deutsche Beamte hilf- und tatenlos zusahen. Doch dann sank das Fieber immer wieder, und Alois hätte sich als Verräter gefühlt, wäre er jetzt von der Front davongelaufen. Es würde nicht mehr lange dauern, da war er sich mit Karel einig.

Wenn sie mit dem Fernglas zum Feind hinüberspähten, sahen sie außer den italienischen auch französische, britische, amerikanische Uniformen und Nachschub, Nachschub, Nachschub. »Das kommt alles aus Amerika«, sagte Karel, »die nächste Offensive überstehen wir nicht.« Alois schaute seinen Kompaniefeldwebel an, seinen Bruder im Kriege, wie er hohlwangig, unrasiert und mit verdreckter Uniform neben ihm im Graben lag. Dreißig Jahre alt, Sohn eines tschechischen Kohlenhändlers aus Pilsen, zweisprachig aufgewachsen, verlobt mit einer angehenden Lehrerin und Träger der Bronzenen Tapferkeitsmedaille für einen verbissenen Nahkampf am Pellegrino-Pass.

Warum war Karel eigentlich noch hier, warum die vielen anderen Tschechen seiner Kompanie, wenn er als deutscher Böhme schon kaum mehr wusste warum? In Paris, beim Feind, saß inzwischen eine sogenannte tschechische Exilregierung, und der emigrierte Prager Professor Thomas Masaryk, den Alois eigentlich für einen vernünftigen Mann hielt, forderte in den USA als Sprecher der Tschechen einen unabhängigen Staat ohne Wenn und Aber. Manchmal hörte Alois bei seinen Inspektionsgängen durch die Unterstände das Wort »swoboda«, Freiheit, eines der wenigen Wörter, die er verstand, und die Gespräche verstummten, sobald er näher kam. Auch von seinen Männern fehlte manchmal einer beim Morgenappell für immer, so wie der verdammte Munitionskutscher Navratil. Doch die große Mehrheit seiner tschechischen Soldaten harrte aus. Gut und Blut für unsren Kaiser, Gut und Blut fürs Vaterland. Jměni, krev i život dejme, Za Cisaře, za vlast svou! Sie sangen das noch immer. Wahrscheinlich können auch sie sich keine andere Welt vorstellen als die unter dem Doppeladler, dachte er, selbst wenn sie möchten. Nicht einmal für das Sterben.

Außerdem, vier Jahre Dreck, Angst, Läuse, Saufraß und Dünnschiss verbinden, und die gemeinsame Sehnsucht, wenn die Feldpost eintrifft, oder der rettende Feuerschutz im Nahkampf, einer für den anderen, tun es auch. Das schafft Nähe, roh, innig und verzweifelt, eine Art Ersatzheimat, wie sie einem Unbeteiligten unbegreiflich sein muss. Da stiehlt man sich nicht so einfach weg, das wäre feig und unanständig. Allerdings, er hatte auch von Fällen gehört, wo tschechische oder rumänische oder kroatische Soldaten ihren deutschen Offizieren in den Rücken schossen, wenn die beim Sturmangriff vor ihnen aus dem Graben kletterten. Er blickte zu Karel hin. Nein, das fürchtete er nicht.

Als im Oktober der Feind entscheidend losbrach, lag Alois mit vierzig Fieber und stechenden Schmerzen im Becken fast ohne Bewusstsein auf einem schmutzstarrenden Feldbett in der Ruine eines Bauernhauses wenig hinter der Front. Überall lief jetzt das einst stolze k. und k. Heer davon, ausgepumpt und ausgebrannt. Die Soldaten meuterten nicht. Sie machten einfach Schluss und gingen nach Hause. Alois hörte den telefonischen Befehl zum Rückzug nicht und auch nicht, wie aussichtslos die Lage war. Er spürte nur halb, dass ihn zwei starke Arme hochhoben, und wie durch einen Nebel sagte Karels Stimme: »Halt dich fest Loisl, ich bring dich hier raus.« Irgendjemand nahm ihn Huckepack. Er klammerte sich an einem Hals fest, es musste der von Karel sein. Manchmal setzte Karel ihn ab, gab ihm aus der Feldflasche zu trinken, wuchtete sich Alois dann wieder auf den Rücken und stolperte fluchend und keuchend weiter. Alois stöhnte vor Schmerz, verlor immer wieder das Bewusstsein, doch er hielt sich mit zusammengekrampften Armen fest. Irgendwann hörte er erregte Stimmen, hörte Karel zornig und verzweifelt rufen: »Wenn ihr ihn nicht mitnehmt, verreckt er!« Das brachte ihn dazu, seine Augenlider, die so bleischwer waren, zu heben. Er sah einen Lastwagen mit kastenförmigen Aufbau und dem roten Kreuz auf jeder Seite. Die Tür zum Laderaum war halb geöffnet. Der Mann in der Öffnung hatte einen blutbefleckten Schurz um und ruderte abwehrend mit den Armen. Die Ladefläche hinter ihm war voll mit Leibern. Der mit dem fleckigen Schurz sagt fast wütend: »Dann gib ihn halt noch her, deinen Oberleutnant! Aber was glaubst du, wie viele andere hier heute noch verrecken werden.«

Alois spürte, dass Karel ihn ächzend von seinen Schultern

gleiten ließ und wie ein Kind auf den Armen zur Tür des Lazarettwagens trug. Karels hohlwangiges Gesicht war ganz nahe vor seinen Augen. Alois fühlte sich matt, so todmatt, nur die Schmerzen im Becken hielten ihn noch wach. Das Gesicht vor seinen Augen sagte: »Loisl, sie bringen dich ins Lazarett. Ich hau jetzt ab. Heim. Mach's gut.« Das Gesicht lächelte, und Alois wollte zurücklächeln. Doch da verlor er das Bewusstsein. Als er drei Tage später wieder zu sich kam, gab es die Armee nicht mehr.

Die Republik

Der Zug fuhr in den Bahnhof von Prachatitz ein. Alois sah beim Schein der Lampen auf dem Bahnsteig sein Gesicht im trüben Spiegel der Scheibe, ein altes Gesicht. Vier Jahre Krieg hatten die Jugendfrische auf dem Gesicht des Reserveleutnants Fiedler verbraucht. Der Oberleutnant Fiedler, der da aus dem Abteilfenster starrte, sah elend aus. Alois schaute an sich herab, auf die überall fleckige, über einer Schulter am Saum geplatzte Uniformjacke, streifte mit einem Blick die vier Orden in Silber und Bronze, die nach dem Ende der Armee nur noch Blech waren, und rückte mit einem letzten militärischen Reflex die Offiziersmütze zurecht. Er hätte lieber Zivil getragen, doch ein anderes als das befleckte Ehrenkleid der Nation besaß er nicht.

Er war abgemagert, er war abgerissen, doch immerhin, er war zu Hause. Er hatte Glück gehabt trotz seiner Nierenbeckenentzündung. Die Italiener, die in den letzten Kriegstagen mit großer Geste sonst alles gefangen genommen hatten, was sich schon längst nicht mehr wehrte, entließen nach der Übernahme von Udine und Umgebung – sie nannten es allerdings Rückeroberung – die maroden Insassen der österreichischen Lazarette in die Heimat, soweit die in der Lage waren, einen Transportzug zu besteigen. Diesen menschlichen Ballast wollten sie sich nicht aufhalsen. Und so durfte auch Alois nach zwei Wochen Militärhospital, eine Woche davon zwischen Leben und Sterben, nach Hause.

Alois stieg aus. Prachatitz, sein Prachatitz. Auf dem Bahnsteig fielen sich fremd gewordene, eine Ewigkeit getrennte Paare schluchzend in die Arme, hielten Frauen mit tapfer unterdrückter Resignation selbst geschriebene Schilder hoch, auf denen sie um Nachricht über ihre verschollenen Liebsten baten. Einbeinige, Einarmige, Einäugige standen scheinbar unbewegt herum und warteten doch insgeheim mit einer perversen Gier auf verstümmelte Schicksalsgenossen der letzten Stunde. Jenseits der Gleise das Fiedlersche Sägewerk. Es war abweisend und dunkel, aber es war da.

Plötzlich schoss durch das Getümmel ein schwarzer Schatten auf ihn zu. Und dann sprang sein Hund ihn an, versuchte, sein Gesicht abzulecken, bellte und winselte vor Glück. Alois konnte ihn mit Mühe beruhigen. »Reck«, rief er voll Freude, »mein alter Reck! Dich habe ich ja fast vergessen!« Er kraulte Reck das Fell hinter den Ohren und schaute sich suchend um. Wer von seinen Leuten war mit dem Hund gekommen? Dann fiel ihm ein, dass gar niemand wissen konnte, wann er eintreffen würde. Er stand unschlüssig da. »Entschuldigung, ist der Herr vielleicht der junge Herr Fiedler aus dem Sägewerk da drüben?«, sagte zögernd eine Stimme hinter ihm. Alois drehte sich um. Der Bahnhofsvorsteher. Noch bevor er Ja sagen konnte, rief der Mann: »Loisl, du bist es wirklich! Im ersten Moment hätte ich dich kaum erkannt.« Der Bahnhofsvorsteher hatte ihn als Student viele Male nach Prag abgefertigt und war mit Vater befreundet. »Ist jemand von meiner Familie hier?«, fragte Alois. »Nein, niemand, ich habe jedenfalls keinen gesehen. Dein Vater ist schon längst weg aus der Säge. Ist ja nichts los bei dem Durcheinander.«

Der Mann zeigte auf das Bahnhofsdach. Dort wehte nicht mehr die schwarz-gelbe Fahne Habsburgs, sondern eine weißrote. »Die Tschechen wollen uns kassieren«, flüsterte er und schaute vorsichtig um sich. Erst jetzt bemerkte Alois die Soldaten vor der Eingangshalle. Sie trugen noch die alten k. und k. Uniformen, doch am Ärmel eine weiß-rote Binde. Und sie trugen Gewehre.«Tschechische Milizen, vereidigt auf die tschechische Republik, sagen sie. Sind gestern aus Pisek gekommen und haben Prachatitz besetzt. Ganz Böhmen gehört den Tschechen, sagen sie. Auch dort, wo wir Deutschen sind. Geh ihnen aus dem Weg, Loisl, du als Offizier und Deutscher. Pass auf.« Alois nickte. »Ist recht. Ja, dann werde ich mal heimmarschieren. Komm, Reck.« Sein Hund folgte ihm schwanzwedelnd. Als Alois die Soldaten mit den weiß-roten Unabhängigkeitsbinden passierte, rief ihm einer etwas zu, das nach Schimpfwort klang. Ein anderer legte grinsend das Gewehr auf ihn an: »Bumm, bumm!« Dann spuckte er aus. Reck knurrte. »Dobre, dobre«, sagte Alois beschwichtigend, »ist ja gut«, und ging schnell weiter.

Er brauchte fast zwei Stunden und war schweißgebadet, als er zu Hause ankam. Die Mutter weinte, der Vater versuchte erst, seine Tränen zurückzuhalten, aber es gelang ihm nicht. Sein Bruder Dori, den die Bolschewiken schon im September aus der Kriegsgefangenschaft nach Hause geschickt hatten, schlug ihm immer wieder auf die Schultern und rief: »Dass du nur auch da bist!« Er schlug so kräftig, dass Alois' schwache Beine fast nachgegeben hätten. Die jüngeren Geschwister, etwas blasser und knochiger, als er sie in Erinnerung hatte, aber viel erwachsener, bestürmten ihn gleich mit Fragen. »Lasst ihn doch erst einmal in Ruhe«, mahnte Mutter. »Ich muss morgen früh ein Telegramm an Mizzi schicken«, sagte Alois, als er die Treppe hochstieg zu seiner alten Schlafstube. Sein Hund hechelte glücklich hinter ihm her, die Treppe knarzte wie früher. Er würde lange schlafen.

»Vater, weißt du, dass Reck mich am Bahnhof abgepasst hat?«, fragte er vom Treppenabsatz. »Was?«, rief Vater, »am Bahnhof in der Stadt? Ja dann, darum war der Hund heute den ganzen Tag über schon kaum zu bändigen. Er winselte und stand in einem fort bei der Tür. Und als ich ihn endlich nach draußen ließ, rannte er los, als wäre er hinter einem

Hasen her. Jetzt versteh ich, warum. Oder ich verstehe es eigentlich nicht.« Vater kratzte sich am Kopf. Er glaubte so wenig an den sechsten Sinn wie an die unbefleckte Empfängnis Mariä. Auch Alois hielt nicht viel vom Übersinnlichen, aber vielleicht spürten Hunde ja doch Dinge, für die menschliche Gehirne stumpf sind? So wie Ratten, die ein Schiff verlassen, lang bevor den Matrosen klar wird, dass sie dem Untergang geweiht sind. Aber Reck war nicht davongelaufen, sondern schwanzwedelnd auf ihn zu. Alois fand das tröstlich, nein, er würde nicht untergehen. Der Krieg war vorbei.

Ein paar Tage später waren Mizzi und der kleine Alarich bei ihm. Mizzis graublaue Augen unter den schweren Lidern schienen Alois noch träumerischer, noch unerreichbarer als früher. Die weißen Handschuhe waren an der einen oder anderen Fingerspitze ausgebessert. Sein Sohn rief erschreckt »Mama!«, wich zurück und presste sein Gesicht fest gegen Mizzis schwarzes Kleid, als der fremde Mann ihn so gerührt wie unbeholfen hochheben wollte. Doch er lernte schnell »Papa« zu sagen und plapperte dieses ungewohnte Wort die nächsten Tage viel öfter als nötig vor sich hin. Mit seinem neuen Großvater, den er zur Unterscheidung vom Opapa in Königgrätz nur Opa nannte, fuhr er in der Kutsche zum Sägewerk in der Stadt, und Opa achtete sehr darauf, dass der Kleine, der mit offenem Mund da stand, den kreischenden Sägeblättern ja nicht zu nahe kam. Zum stillen Bedauern von Alois nannte sogar seine Mutter ihr erstes Enkelkind nur Ali.

Die junge Familie Fiedler beschloss, hier im Böhmerwald zu bleiben, bis Alois sein durch den Krieg aufgeschobenes Staatsexamen abgelegt haben würde. Mizzi war einerseits froh, der Enge der elterlichen Wohnung in Königgrätz und den düsteren Tiraden ihres Vaters über treulose Italiener oder vaterlandslose Sozialisten zu entrinnen, doch sie rümpfte die Nase über das Pumpsklo im Fiedlerschen Hof und weigerte sich, mit Loisl in der Wirtschaft beim Schmied an Silvester

Polka zu tanzen. Dort roch es noch immer wie zu Vorkriegszeiten nach Ruß, Schweiß und Rossäpfeln – was für Alois vertraut war, empfand Mizzi als Zumutung: Was war das eigentlich für ein Mann, den sie da geheiratet hatte? Alois versprach Mizzi, er werde das Klavier aus Königgrätz nachkommen lassen und am nächsten Silvester mit ihr den Bürgerball im Prachatitzer Redoutensaal besuchen.

Der Frühling 1919 kam langsam, und langsam gab es auch wieder genug zu essen. Die zahlreichen Bewohner der Rohnmühle verloren nach und nach das ungesund Eckige. Der kleine Ali bekam rote Backen von dem großen Klacks Rührei, den seine Großmutter ihm jeden Morgen auf den Teller klatschte. »Aber bei uns hier auf dem Land war es ja eigentlich immer irgendwie erträglich, den ganzen Krieg über«, erzählte der Vater, »Kartoffeln, Kraut und Rüben hatten wir, ab und zu sogar ein bisschen Fleisch. Und Holz zum Heizen. In den Städten war es viel schlimmer. Die armen Teufel hungerten und froren – und sie tun das noch immer. Du siehst ja, was in Wien los ist.«

Alois saß mit seinem Vater auf der Ofenbank. Mutter schaute mit einem Lächeln um die müden Augen ihrem Enkel zu, der den dösenden Reck an den Schlappohren zupfte. Der Hund nahm es gutmütig knurrend hin. Oben spielte Mizzi Klavier. Die »Träumerei«, so schien es Alois. »Schumann«, meinte er fast entschuldigend. »Aha«, antwortete sein Vater. Manchmal beschlich Alois das Gefühl, Mizzi sei in den Augen seines Vaters nicht so ganz von dieser Welt – und manchmal fragte er sich das auch.

»Deutsch-Böhmen als Teil von Deutsch-Österreich können wir vergessen«, sagte sein Vater. »Unser Staat heißt in Zukunft Tschechoslowakei, ob wir wollen oder nicht.« Er zog an seiner Pfeife. Alois rauchte lieber Zigaretten. Das hatte er sich im Schützengraben angewöhnt, gegen die Angst, gegen den Hunger. Er rauchte zu viel.

Den ganzen Winter 1918/19 über hatten die deutschsprachigen Böhmen versucht, ein Teil des neuen, amputierten Österreichs zu werden. Doch die tschechische Regierung in Prag hatte die deutschsprachigen Gebiete gegen den schwachen Widerstand sogenannter Volkswehren einfach besetzt und zum unverzichtbaren Teil ihres Nationalstaates erklärt. Die Siegermächte hießen dies gut. Als Österreich anfing, die Deutschen in Böhmen mit Waffen und Freiwilligen gegen die tschechische Besetzung zu unterstützen, stoppte die Regierung in Prag die Güterzüge mit Kohle und Getreide für das hungernde Wien. Daraufhin stoppte die Wiener Regierung die Unterstützung für die Deutschen in Böhmen und überließ sie ihrem Schicksal. »Das Hemd war ihnen halt näher als die Hose. Wer sieht schon seine Kinder gerne verhungern?«, meinte Vater.

»Masaryk hat gesagt, er stellt sich die Schweiz als Vorbild für die Tschechoslowakei vor. Und dem Masaryk trau ich irgendwie, der ist kein Deutschenfresser«, sagte Alois. »Aber der Beneš ist seine rechte Hand, und dem traue ich nicht«, antwortete sein Vater, der immer noch jeden Tag die Zeitung las, noch immer ohne Brille. »Das ist der Unterschied zwischen national und nationalistisch. Masaryk ist national. Er will zwar ganz Böhmen für die Tschechoslowakei, aber uns Deutsche mit dabei. Beneš ist nationalistisch. Der wäre uns am liebsten los, wenn er nur könnte.« Professor Thomas Masaryk war inzwischen Staatspräsident, Edvard Beneš tschechoslowakischer Außenminister. Alois dachte an Wenzel, für den er sich duelliert hatte, und an Karel, der ihn auf dem Rücken wie Christopherus von der Front weggeschleppt hatte. Karel arbeitete jetzt wieder auf dem Kohlenhof seines Vaters. Wenzel machte in Prag seinen Doktor der Tiermedizin. Doch, man konnte mit Tschechen zurechtkommen und wohl auch mit ihrem neuen Staat.

Alois schrieb sich wieder an der deutschen Universität in Prag ein, die das Ende Habsburgs überlebt hatte, wenn auch von tschechischen Nationalisten nun misstrauisch und feindselig betrachtet. Am Ort seiner alten Burschenherrlichkeit ließ er sich allerdings nur selten sehen. Er büffelte lieber zu Hause in Rohn für das Staatsexamen. Wenn er gegen Abend am Küchentisch über juristischen Wälzern saß, hantierte Mutter auf Zehenspitzen und mit gebremstem Schwung im Arm am Herd. Reck lag zu seinen Füßen, Ali plapperte, halblaut und bruchstückhaft vernehmbar, oben in das Klavierspiel von Mizzi hinein. Alois erinnerte sich an seine Schulzeit, als er erst bei schwachem Kienspanflackern, später beim Schein der Petroleumlampe die Hausaufgaben gemacht hatte. Inzwischen erleuchtete eine Glühbirne den Raum. Vater hatte eine kleine Turbine am Mühlbach installieren lassen, die einen Dynamo antrieb. Viel mehr Licht als die Öllampe gab das »Elektrische« auch nicht.

Manchmal spürte Alois, wie viel mehr er sich doch in dieser kleinen, warmen, heimeligen Welt zu Hause fühlte, die nach Harz und Stall roch, als im Milieu der gehobenen Stände, dem er einst so sehnlich hatte angehören wollen. Heute erschien es ihm hohl und überlebt. Die »Teutonia« hatte ihr Mensurritual wieder aufgenommen, fast so, als wäre nichts gewesen. Nach dem Gemetzel auf den Schlachtfeldern fand Alois dieses Säbelgefuchtel lächerlich. Sein einstiger Duellgegner Hofweger schubste sich in einem Rollstuhl durch Prag. Angesichts zweier von einer russischen Tretmine abgerissenen Beine fiel die ihm von Alois zugefügte Narbe an der leicht schiefen Nase kaum noch auf.

Nicht selten klopften an die Haustür Männer in sorgfältig gebürsteten, doch meist abgetragenen Anzügen, in denen sie sich sichtlich unbehaglich fühlten. Manche fragten laut und schnarrend nach der »gnädigen Frau«. Sie schienen dabei mit der Hand so unwillkürlich wie vergebens nach dem Säbelknauf zu suchen. Andere standen steif und stumm da, als warteten sie darauf, dass man ihnen eine Order erteile. Einige hatten ein Holzbein, trugen eine Augenklappe oder schöpften Atem mit einem pfeifenden Röcheln. Allen lag hinter gezwungener Forschheit Verzweiflung im Blick. Sie wollten Patentkochtöpfe, Veilchenhautcreme, Versicherungspolicen verkaufen oder Schriften wie »Die Gottesgeißel. Aus den Tagebüchern eines Spezialarztes«, nur »für reife Leser«. Falls Alois ihnen öffnete – meist schickte Mutter mit einer bittenden Handbewegung ihn an die Tür –, schnitt er ihnen gleich den ersten Satz ab: »Nein danke, Kamerad.« War daraufhin das Erstaunen im Gesicht des Gegenübers ob der Enttarnung besonders groß, fragte er: »Welches Regiment?« Dann hörte er Geschichten von Kavallerieattacken, Casinogelagen, gasverbrannten Lungen, Spielschulden und geplatzten Verlöbnissen zu, die in unzähligen Varianten doch immer das Gleiche abbildeten: eine untergegangene Welt. »Berufssoldaten«, dachte Alois, nachdem er die Tür wieder sanft, aber bestimmt hinter diesen hoffnungslosen Handelsvertretern geschlossen hatte, »die außer töten, befehlen und gehorchen nichts gelernt haben. Für ein Leben ohne Uniform ungeeignet.« Die neue tschechoslowakische Armee hatte die meisten deutschen Offiziere als politisch unzuverlässig ausgemustert. Viele begingen Selbstmord, und fast alle griffen zur Offizierspistole.

Schwiegervater Schwansee musste nach vierzig Jahren treuer Dienste in den Vorzimmern der Justitia die vorgezogene Pensionierung hinnehmen. Seine vornehmlich auf der einstigen Amtssprache Deutsch fußende Schreibstubentätigkeit erschien der neuen Republik im Licht des nationalen Erwachens nicht ausreichend. Der Schwiegervater verstand die Welt nicht mehr. Er selbst sprach seiner Frau wegen ordentlich Tschechisch. »Aber warum sollen deutsche Beamten eigentlich Tschechisch lernen? Die Tschechen können doch sowieso alle Deutsch!«, klagte er bei seinen Besuchen und warnte seinen Schwiegersohn: »Das blüht dir auch noch, Alois, wenn du in die Justiz gehst! Falls sie dich überhaupt nehmen, die Herren Tschechen.«

Immer häufiger erzählte er jetzt von den schönen Tagen damals in Triest und rezitierte mit wehmütigem Kopfnicken die Volkshymne, nun außer Dienst wie er, italienisch: »Serbi Dio l 'austriaco regno, guardi il nostro imperator!« Saß Vater mit am Tisch, schaute er mit einem kurzen, amüsierten Lächeln den Justizobersekretär Schwansee i. R. von der Seite an und stopfte stumm seine Pfeife weiter.

Vater war jetzt 66. Er hatte vor Kurzem bei der Spielzeugfabrik Jungbauer die Aktienmehrheit erworben. Er glaubte an eine weitgehend krisenfeste Nachfrage für Schaukelpferde, Rodelschlitten, Puppenstuben und Brummkreisel. Außerdem wollte er die Übergabe der Sägewerke und des Bauernhofs an seine Söhne allmählich in die Wege leiten. Das Geld für die Übernahme der Fabrik lieh er sich von der Tschechischen Volksbank, die eine Filiale in Prachatitz eröffnet hatte. Die deutsche Sparkasse, die den Aufstieg des Rohnmüllers finanziell ein halbes Leben lang begleitet hatte, war zu einem Kredit dieser Größenordnung nicht bereit. »Die Herren von der Volksbank waren sehr zuvorkommend«, sagte er zu denen, die noch immer von einem Anschluss an Österreich träumten und ihn wegen seines »Verrats« zur Rede stellten, »ganz anders als die von der Sparkasse. Außerdem sind die Konditionen ausnehmend günstig.«

Das Staatsexamen, Note »gut«, und den Doktortitel beider Rechte im Rücken bewarb Alois sich im Sommer 1920 für den richterlichen Vorbereitungsdienst. Er hatte über ein Problem aus dem kanonischen Schenkungsrecht promoviert. Nicht, weil ihm die Kirche nahe stand, sondern aus pragmatischen Gründen, wie er später gerne einräumte: In Kirchenrechtsfragen war man mit der Doktorarbeit schneller durch als bei weltlichen Themen. Mutter war stolz auf ihren zukünftigen

Salomon. Mizzi auch. Sie hatte sich fürs Erste mit dem Plumpsklo abgefunden, gab ab und zu sogar freiwillig das Böhmerwaldlied zum Besten. Sie sprach aber immer häufiger davon, mehr zu sich selbst oder zu ihrem fünfjährigen Söhnchen als zu ihrer Rohner Verwandtschaft, die sich ja um nichts als das tägliche Fortkommen kümmere, dass die Welt schnöde sei. »Für Geist und Genie ist kein Platz, wir sind umstellt vom Bösen und Banalen, was ja fast das Gleiche ist«, sagte sie im Bett zu Alois, ein sonderbares Glimmen in den Augen, »halt mich fest.« Ihr Mann nahm sie in die Arme, atmete den vertrauten Lavendelduft ein – ihr Parfüm war nach einer Kriegsunterbrechung jetzt wieder erhältlich – und antwortete: »Aber geh, Mizzi.« So ist sie halt, dachte er, als Frau Amtsgerichtsrat in einer schönen Stadtwohnung wird es ihr gleich wieder besser gehen.

Zwei Wochen, nachdem ihm Mizzi schelmisch errötend eröffnet hatte, sie sei zum zweiten Mal in anderen Umständen, schrieb die tschechoslowakische Justizverwaltung dem sehr geehrten Dr. jur. Alois Fiedler, seinem Ansuchen auf Aufnahme in den richterlichen Vorbereitungsdienst könne leider nicht entsprochen werden. Eine Begründung für die Ablehnung fehlte. Auf seinen erneuten Antrag mit dem ausdrücklichen Hinweis, selbstverständlich sei ihm bewusst, für das Richteramt auch die tschechische Sprache beherrschen zu müssen, erhielt er den gleichen Bescheid. Ein drittes Gesuch blieb unbeantwortet.

Die genauen Gründe für das Nein konnte Alois nie herausfinden. »Tschechische Bewerber mit der gleichen Note werden immer zugelassen«, sagte er achselzuckend zu seinem Vater. »Da ich als Deutscher von der tschechischen Justizverwaltung trotz wiederholter Ansuchen in den richterlichen Vorbereitungsdienst nicht aufgenommen wurde, musste ich mich einem freien Beruf widmen«, schrieb er in dürren Zeilen fünfundzwanzig Jahre später. Er war nur kurz niedergeschlagen. Dann nahm er sich ingrimmig seinen Wahlspruch zu Herzen: »Immer frisch und munter...«

Wie gewohnt, entschied er sich ohne langes Hin und Her. Gezögert hatte er nur einmal. Bei Mizzi. Sein freier Beruf im weiten juristischen Felde hieß Notar. Notare waren geachtete Mitglieder der menschlichen Gesellschaft, kaum weniger als Richter. Damit tröstete er seine Mutter und ganz besonders Mizzi mit einem Blick auf ihren schwellenden Bauch. Vater brauchte er nicht zu trösten. »Notare verdienen doch gar nicht so schlecht«, sagte Vater, ein Zwinkern in den hellen Augen, »wenn ich mir unseren Dr. Neumann hier in Prachatitz so anschaue, ein großes Mercedes-Automobil, ein Telefon zu Hause und jedes Jahr eine vierwöchige Sauerbrunnenkur in Karlsbad für seine Säuferleber.« Auch der Schwiegervater in Königgrätz, nun Hradec Králové, äußerte sich nach den obligaten Ausfällen gegen den tschechischen Volkscharakter zustimmend. Seine Tochter »Frau Notar«, das war schon etwas.

Im Herbst trat Alois bei besagtem Dr. Neumann den Vorbereitungsdienst als Notariatsanwärter an. Vater hatte sich mit dem Notar im Ratskeller getroffen und ihm beim Leeren einer Flasche Rotwein zugesehen. Er musste gar nicht diskret daran erinnern, dass Dr. Neumann durch die notarielle Abwicklung der Übernahme des Jungbauerschen Werks sehr gutes Geld verdient hatte. »Es ist mir eine Ehre, wenn ihr Sohn bei mir sozusagen in die Lehre geht, scheint ja ein tüchtiger Jurist zu sein, bei so einem Vater ja auch nicht anders zu erwarten«, sagte er mit schwerer werdender Zunge, dachte aber beim Abschied durch die Alkoholnebel, dieser reich gewordene Bauer könnte sich anstelle seines verschlissenen Röckleins endlich mal einen neuen Mantel leisten.

Anfang März 1921 brachte Mizzi ihr zweites Kind zur Welt. Hellmut. Hell und mutig, so wünschte Alois sich, sollte der Junge durchs Leben gehen. Gegen Ende der Schwangerschaft war er mit Frau und Kind in das schon lange leer stehende Austragshäuschen hinter der Säge umgezogen, um der Enge im Haupthaus zu entrinnen, wo seine jüngeren Geschwister noch immer mit den Eltern wohnten.

Hellmut liebte es, gegen vier Uhr morgens nach der Mutterbrust zu verlangen. Alois wachte durch sein Schreien regelmäßig auf. Es ersetzte ihm den Wecker. Er quälte sich aus dem Bett, verfluchte die Zweisprachigkeit der Republik, setzte sich mit einer Decke um die Beine in die Wohnküche und versuchte, seinem müden Geist tschechische Vokabeln aufzuzwingen, während Mizzi und der kleine Schreihals längst wieder schliefen. Denn die Notarprüfung musste er in Deutsch und Tschechisch ablegen. Er fand Tschechisch eine vertrackte Sprache, fast so verwirrend wie Altgriechisch, an dem er zu Gymnasiumszeiten immer wieder gescheitert war. Das konnte er sich diesmal nicht leisten. Also bimste er im Morgengrauen Konjugationen und Deklinationen, bis Mutter, die scheinbar unermüdliche, ihm gegen sieben Uhr zum Frühstück eine dampfende Tasse frisch gemolkener Milch herüberbrachte, in die er sich Weißbrot einbrockte.

Wenn er dann um neun das Notariat betrat, schlug er im abgegriffenen juristischen Fachlexikon des Dr. Neumann die Wörter nach, die den besonderen Charme der notariellen Arbeit ausmachten. Was etwa hieß »Vorsorgevollmacht«, was »Grundschuldenlöschung« auf Tschechisch? Jeden zweiten Tag nahm er nach den Bürostunden Sprachunterricht bei einem jungen Lehrer der neu eingerichteten tschechischen Volksschule in Prachatitz. In diese Schule gingen die Kinder von zugezogenen Tschechen oder Staatsdienern deutscher Herkunft, denen ein aktives Bekenntnis zur neuen Tschechoslowakei für die Karriere opportun erschien.

Manchmal telefonierte er von der Notarskanzlei aus mit Wenzel, Tierarzt Dr. Wenzel Wawrinka. Der alte Schulkamerad lachte, wenn Alois sein noch stolperndes Tschechisch mit dicker Böhmerwaldfärbung auf ihn losließ, und antwortete sicherheitshalber auf Deutsch: »Siehst du Fidlär, so ist das, wenn man eine Främdsprache lernen muss.« Seine Aussprache hatte sich nicht verbessert, seit er in der rein tschechischen Stadt Tabor lebte und arbeitete. »No schau, geht dir doch gar nicht so schlecht in unserem Staat, jetzt bist du bald Notar!«, meinte Wenzel, als die Prüfung näher rückte. »Aber dazu muss ich eure verdammten sieben Fälle können! Wenzel, wozu um Gottes Willen braucht eine Sprache sieben Fälle?« »Nur um euch Deitsche zu ärgern«, kam fröhlich die Antwort.

Im April 1923 beendete Dr. Alois Fiedler erfolgreich seine Vorbereitungszeit. Beim Oberlandesgericht Prag bestand er die Notarprüfung mit der Gesamtnote »gut«. In beiden Sprachen. Sein Tschechisch war so ordentlich, dass er darin sogar seinen Wahlspruch hingekriegt hätte. Außer dem Reim »unter« auf »munter«, den vielleicht nicht. Als Alois das Ergebnis kannte, läutete er Wenzel an. »Du sprichst mit einem Notarsch«, sagte er. Notar spricht sich auf Tschechisch Notarsch aus, was im zweisprachigen Böhmen stets für Heiterkeit sorgte. »Immer noch besser als mit einem Leckarsch«, gab Wenzel zurück. So heißt auf Tschechisch der Apotheker. Beide lachten.

Königin von Thule

In den Augen seines Schwiegervaters stand Entsetzen. »Mizzi, da drin, ich habe sie eingesperrt!« Er deutete auf die Wohnzimmertür. Das Licht der Flurlampe unter dem moosfarbenen Jugendstilschirm färbte sein Gesicht grünlich, seine Lippen fast schwarz. Hinter ihm stand seine Frau, die immer wieder in ihrer Muttersprache »Jessas, Marja, Josefe« flüsterte. Die beiden waren wie schon öfter aus Königgrätz zu Besuch da. Alois war gerade zur Haustür hereingekommen. Büroschluss im Notariat. »Was ist denn los? Eingesperrt, wieso denn?«, fragte er bestürzt und vergaß den Hut in seiner Hand, den er eben aufhängen wollte. Alois wollte zur Tür und zu Mizzi, doch sein Schwiegervater hielt ihn zurück. »Nein, Alois, warte, du weißt ja nicht, was passiert ist!« »Warum? Was ist denn?«, gab er zurück, ohne zu begreifen.

»Sie ist mit einer Axt in der Hand zum Kinderzimmer gelaufen und hat dabei immerfort gesagt, nein, eigentlich eher vor sich hin gesungen: ›Ich muss uns erlösen. Ich muss uns erlösen von dem Übel.‹ Ich kam gerade vom ...« Alois fühlte Eiseskälte im Rückgrat. Er packte seinen Schwiegervater an der Schulter. »Die Kinder, wo sind die Kinder?«, fragte er, Panik in der Stimme. »In ihrem Zimmer, ich habe ihnen gesagt, sie sollen schön brav dort bleiben.« Alois atmete durch. Er hängte endlich den Hut an den Garderobehaken. »Und?«

Schwansee hob hilflos die Hände. »Ja nun, Mizzi lief hier an mir vorbei und schien mich gar nicht zu sehen. ›Mizzi, was hast du denn vor, was willst du denn mit der Axt?‹, rief ich. ›Ich muss uns erlösen von dem Übel. Sonst holen die meine Kinder, meinen Ali und meinen Hellmut‹, sagte sie mit so einer merkwürdig ruhigen Stimme und hob die Axt. Und wie sie mich anstarrte! Als würde sie durch mich hindurchsehen! ›Mizzi, wach auf, bitte, wach auf!‹, flehte ich sie an, ›niemand will deine Kinder holen.‹ ›Lass mich‹, hat sie geantwortet und die Axt noch höher gehalten.« Schwansees Stimme wurde brüchig. »Ich packte ihren Arm mit beiden Händen. Sie versuchte sich loszureißen. Doch plötzlich ließ sie die Axt sinken und aus der Hand gleiten. ›Du gehörst jetzt also auch schon zu denen, ich hätte es mir ja denken können‹, sagte sie, ›dann sind wir verloren.‹ Sie ließ sich ohne Gegenwehr ins Wohnzimmer führen.« Schwansee weinte. »Meine Mizzi, meine liebe Tochter, mein braves Mädchen, ich begreif das alles nicht.« Seine Frau wiederholte noch immer »Jessas, Marja, Josefe«. »Gib mir den Schlüssel«, bat Alois seinen Schwiegervater.

Mizzi saß auf dem Klavierschemel mit dem Rücken zu den Tasten. Sie hatte die Beine gespreizt, und ihr Rock war bis zu den Knien hochgerutscht. Ihr Gesicht war totenbleich, auf ihrer Oberlippe standen feine Schweißperlen. »Da seid ihr ja«, sagte sie im Ton eines Verurteilten, den die Henkersknechte gleich zum Galgen führen werden. »Aber nehmt wenigstens nicht die Kinder mit.« »Ich bin es, Mizzi, dein Mann!« Alois schrie es fast. »Dein Mann, verstehst du!?« Sie starrte vor sich hin. »Und ich werde dich beschützen. Vor ihnen, vor allem Bösen«, fügte er in einer verzweifelten Eingebung hinzu. Er ahnte, dass es sinnlos wäre zu fragen, wer »die« eigentlich waren. Mizzis Augen wurden feindselig. »Du, mir helfen?«, zischte sie Alois an, »du gehst doch zu ihren Frauenzimmern! Meinst du, ich weiß das nicht!« Sie spreizte ihre Beine noch weiter, so dass man die seidenen Strumpfbänder sehen konnte. »Du bist ja verrückt«, hätte Alois fast gesagt – und wusste in diesem Moment, dass es die Wahrheit war.

»Mein Reich ist nicht von dieser Welt«, sagte Mizzi unvermittelt ganz ruhig mit erhobener Stimme. Ihr Blick glitt davon in diese Ferne, in der sie für Alois immer schon unerreichbar gewesen war. Alois spürte, wie sein Magen sich jäh zusammenzog. Er fühlte sich ungeheuer schwach, schaffte es kaum, sich von seiner Frau abzuwenden und die Wohnzimmertür hinter sich zu schließen. »Wir müssen einen Arzt rufen«, sagte er zu seinen Schwiegereltern, die hofften, dass ihre Tochter »vielleicht nur an einer nervösen Erschöpfung« leide.

Im Kinderzimmer saß der vierjährige Hellmut, den alle »Homi« nannten, wie er selbst es als Zweijähriger getan hatte, auf seinem Schaukelpferd und wippte vor und zurück. Vor und zurück. Sein kleines, rundes Gesicht war angespannt. Ali schaute seinen Vater verstört an. »Augen wie Mizzi«, dachte Alois. »Ich will zu Mama«, schluchzte Ali. »Das geht jetzt nicht, mein Junge, Mama muss erst aus einem schlimmen Traum erwachen.« Er versuchte seinen Sohn an sich zu drücken, spürte aber, dass seine Arme dafür zu kraftlos waren. Der Neunjährige entzog sich, warf sich auf das Kinderbett und weinte, das Gesicht in den Kissen, hemmungslos. Als Hellmut seinen älteren Bruder so laut schluchzen hörte, begann auch er, noch immer schaukelnd, heftiger und heftiger zu weinen.

Am nächsten Tag holte ein unauffälliger, geschlossener Kastenwagen der Bezirksnervenheilanstalt Reichenberg Mizzi ab. Der Hausarzt hatte ihr am Abend ein Schlafmittel gegeben, doch mit ernstem und entschiedenem Kopfschütteln die weitere Verantwortung für den Zustand der gnädigen Frau abgelehnt. Mizzi stieg mit erhobenem Haupt ein und bedachte den Pfleger, der ihr beim Einsteigen galant die Hand reichte, mit einem liebenswürdigen Lächeln. Alois und ihre Eltern beachtete sie nicht, sie nahm sie überhaupt nicht wahr. Alarich und Hellmut hatten sich bis weit in die Nacht in den Schlaf geweint. Alois war hilflos im Flur auf und ab gegangen, die Wohnzimmertür im Blick, das Weinen aus dem Kinderzimmer im Ohr. In aller Früh hatte er die erschöpften und noch schlaftrunkenen Kinder aus dem Haus und zu einer befreundeten Familie gebracht. Die Vorstellung, die Kinder würden Mizzi sehen, wie sie das Haus verließ und weggebracht würde, hatte ihm das Herz zusammengeschnürt.

Mizzi fragte nicht einmal nach den beiden. Sie schien Alarich und Hellmut vergessen zu haben, redete mit wissendem Lächeln vor sich hin, solange Alois mit dem Pfleger das Formular für ihre Einweisung ausfüllte. Vom Königreich, das ihrer harre – harre, nicht auf sie warte, wie Alois in seiner Benommenheit registrierte –, von Tristan und Isolde, einem Liebestrank, der Götterdämmerung und der Nibelungen Fluch. Plötzlich frage sie: »Wo ist mein Pelzmantel? Im Königreich Thule ist es so kalt.« Als ihre Mutter, Tränen in den Augen, den Fuchspelzmantel brachte, zog sie ihn huldvoll nickend an, setzte sich stolz gerade auf, als wäre die Bank mit den Gurten für widerspenstige Patienten im Rückteil des Wagens ihr Thron, und harrte, bis der Fahrer die Tür hinter ihr verschloss, der Abfahrt nach Thule.

Der Oberarzt aus der Nervenklinik, die allgemein nur »das Irrenhaus« genannt wurde, rief Alois im Büro an und informierte ihn, dass man die Frau Gemahlin zu seinem Bedauern doch länger dabehalten müsse. Seine Stimme klang durch das Rauschen der Telefonleitung, als käme sie aus einer anderen Welt. »Wie lange? Und was ist Ihre Diagnose?«, fragte Alois. Das könne man leider nicht genau voraussagen, rauschte es an Alois' Ohr, die Patientin habe eine massive geistige Störung, eine Mischung aus Größenwahn und Verfolgungswahn, um es laienhaft auszudrücken, eine krankhafte Seelenlage. Das sei nicht einfach zu behandeln.

Patientin!, durchfuhr es Alois, geisteskrank! »Besteht die Aussicht, dass sie wieder gesund wird?«, fragte er leise in die Sprechmuschel. In der Kanzlei herrschte aufmerksame Stille. Leider sei die ärztliche Kunst auf dem Feld der psychischen Leiden noch nicht so fortgeschritten wie bei physischen Gebrechen, kam die Antwort, jedoch seien – anders als früher mit Kaltwasserschocks und ähnlichen Barbareien – bei modernen Therapien von Hypnose bis Heilschlaf durchaus gute Erfolge möglich. Er rate übrigens dringend davon ab, die Patientin häufig zu besuchen, dies bringe nur noch mehr Wirrnis in ihren schon verwirrten Geist. Das ungestörte Anstaltsleben, eine Art emotionaler Quarantäne, trage dazu bei, ihre aufgestörte Seele zu beruhigen, zu glätten sozusagen, er, Dr. Fiedler, könne das sicher verstehen, nicht wahr?» Ja, ja«, sagte Alois. Er hätte genau so gut »Nein, nein« sagen können. »Vielen Dank, Herr Doktor.« Er hängte den Hörer an die Gabel.

Da stand er, Dr. Alois Fiedler, 36 Jahre alt, Notaranwärter und dem Notar des nordböhmischen Städtchens Rumburg direkt an der sächsischen Grenze zur Abrundung seiner Berufskenntnisse beigeordnet, umringt von mitleidiger Neugier. Er zwang sich zu einem zuversichtlichen Lächeln. »Eine akute Nervenkrise, unglücklicherweise. Aber meine Frau ist schon auf dem Weg der Besserung, sagt der Arzt.« Alle nickten. »Die aufrichtigsten Genesungswünsche«, rief der Notar durch die offene Tür aus seinem Zimmer, »empfehlen Sie mich Ihrer Gattin, Herr Kollege.«

Alois ging in den kleinen Raum, der für den Notaranwärter vorgesehen war, und schloss die Tür. Er legte den Kopf auf den Schreibtisch. Das Schicksal war hinterhältig. »Erst lässt es mich den Krieg überstehen, in dem ich tausend Tode hätte sterben können«, dachte er, »schaut mir amüsiert zu, wie ich eine Familie gründe, im Beruf vorankomme, ein Leben einrichte. Wiegt mich mit einem freundlichen Lächeln in Sicherheit. Und dann schickt es den Blitz aus heiterem Himmel.«

Hätte er schon früher erkennen können, dass Mizzi auf dem Weg in den Wahn war? Das nervöse Zwinkern, das sie häufig unvermittelt überfiel. Ihr düsteres Schwärmen vom Untergang Walhalls. Die Gehetztheit, mit der sie in letzter Zeit ihren geliebten Wagner gespielt hatte. Ihr langes Schweigen mit einem Blick, der keine Antwort beim anderen suchte. Die Unheil verkündenden Stimmen, die sie zuerst nachts, doch zuletzt auch bei Tag gehört hatte, die drohenden Blicke wildfremder Menschen, die angeblich ihr, ihren Kindern, ihrer Keuschheit, ihrer Kunst nachstellten.

Er hatte all das nicht als Alarmzeichen gesehen. Verrücktheit, wie Alois sie kannte, war eindeutig. Verrückt war Hanserl, der Rohner Dorfdepp. Verrückt waren die Soldaten, die während eines mörderischen Granatenhagels mit erloschenen Augen dasaßen oder schreiend den Geschossen entgegenliefen. Verrückt waren die armen Kreaturen in den Irrenhäusern, die man in Zwangsjacken steckte, ansonsten sie ihren eigenen Kot aßen und mit dem Kopf gegen die Wand rannten.

Nein, so war Mizzi nicht. An manchen Tagen hatte er sie einfach eine überspannte höhere Tochter gefunden. Wenn er ihr voll Liebe beim Spielen mit den Kindern zusah, hatte er ihre Merkwürdigkeiten als Ausdruck hoch gespannter Sensibilität gedeutet, die ihm, dem Bauernsohn von tief drin im Böhmerwald, nun einmal verwehrt war. Dass Mizzi verrückt sein könnte, das wäre ihm nie in den Sinn gekommen. Noch hoffte er. Er bat seine Schwiegereltern, zu ihm nach Rumburg zu ziehen. Die Schwiegermutter, eine begnadete Köchin böhmischer Gerichte, konnte den Haushalt führen. »Bis Mama wieder daheim ist«, so die Sprachregelung in der Familie. Sein Schwiegervater, der als Pensionär mit zunehmender Altersmilde den selbstgefälligen Justizobersekretär abgelegt und sich der Pflege von Topfpflanzen zugewandt hatte, würde den Enkeln der fürsorgliche Opa sein. Die Schwiegereltern im Haus erschienen Alois ein Pfand dafür, dass die Trennung von seiner Frau kein endgültiger Abschied war. So ohne Weiteres wollte auch er vor dem Schicksal nicht klein beigeben.

Der kleine Hellmut fand sich überraschend leicht mit dem Verschwinden der Mutter ab. »Mama ist auf Kur zum Gesundwerden«, wiederholte er wichtig, wie es ihm die Großeltern erklärt hatten. »Homi« fühlte sich auf Omas breitem Schoß wohl und liebte ihren Zwetschgenkuchen über alles. Abends spielte er ausgiebig mit seinem Vater. Den Älteren traf der Verlust heftig. Alarich weinte nicht mehr. Er verkroch sich. Er schrieb in ein Heft kleine Gedichte, in denen für einen Zehnjährigen das Wort Tod viel zu häufig vorkam, und illustrierte sie mit Häusern ohne Fenster und Figuren, denen der Kopf, ein Arm oder ein Bein fehlten. Alois entdeckte es durch Zufall, doch er scheute sich davor, Ali darauf anzusprechen, und legte es genauso wieder hin, wie er es zwischen zwei Kinderbüchern versteckt gefunden hatte.

Manchmal, wenn sein Vater ihm übers Haar strich, drückte sich Ali so fest an ihn, dass es beinahe schmerzte. Meist aber wich er vor jeder Berührung zurück, als fände er sie ungehörig, wandte sich mit einem Blick, der ein stummer Vorwurf war, vom Vater ab und begab sich in sein Zimmer oder in die Arme der Großmutter. »Wann kommt Mama zurück?«, fragte er sie dann, »ich möchte, dass Mama zurückkommt.« Das Beben in der Stimme seines Sohns machte Alois jedes Mal unglücklich. »Bald, du wirst sehen, bald«, antwortete die Oma, doch in Alis traurigen Augen war zu lesen, dass er ihr schon längst nicht mehr glaubte.

Die Hoffnung, Mizzis Verwirrtheit sei vorübergehend, wurde Tag für Tag, Woche für Woche, Monat für Monat geringer. Wenn Alois sie besuchte, starrte sie ihn an wie einen Fremden oder musterte ihn mit einer Mischung aus Angst und Abscheu, als sehe sie in ihm einen Überläufer in das Heer ihrer Feinde. Die Ärzte in der Nervenklinik zuckten im Gespräch mit Alois die Schultern und wiesen immer wieder darauf hin, dass ihre Anstalt nach modernen medizinischen und wissenschaftlichen Prinzipien geführt werde, es den Patienten, damit also auch der gnädigen Frau – »beileibe nicht der problematischste Fall im Haus, Herr Notar« – an nichts fehle. »Unter den gegebenen Umständen natürlich«, wie sie hinzufügten.

Nur zu einem seiner auf den Rat der Ärzte spärlichen Besuche hatte Alois die Kinder mitgenommen. Er spürte, dass er sich davor fürchtete und gleichzeitig hoffte, der Anblick der Kinder könnte Mizzi in die Wirklichkeit zurückbringen. Alarich und Hellmut waren aufgeregt gewesen. Der Kleine hatte sich am Morgen freiwillig die Zähne geputzt. Ali hatte seiner Mutter ein Gedicht geschrieben, es seinen Vater aber nicht lesen lassen. Alois sah nur, dass über den ersten Zeilen eine Girlande aus roten Herzchen gemalt war sowie ein buntes Haus und eine Sonne im Himmel darüber.

Mizzi traf ihre Familie im Besuchszimmer der Anstalt. Die Tür bewachte ein kräftiger Mann mit verschränkten Armen. Er versuchte so dreinzuschauen, als wäre er nicht da. Sobald Hellmut die Mutter sah, lief er mit ausgebreiteten Armen auf sie zu und rief: »Mama, Homi kann schon Fahrradfahren, ohne dass Papa ihn hält!« Mizzi antwortete nicht. Als der Vierjährige ihre Knie umklammerte, hob sie ihn nicht zu sich empor. Alarich ging ihr zögernd entgegen. Er lächelte ein unsicheres Lächeln. »Da, Mama«, sagte er, gab ihr das Blatt Papier mit den Herzchen in die Hand. Seinen Augen und seinem Körper war anzumerken, wie sie sich nach einer Umarmung sehnten, nach einem Strahlen in Mutters Gesicht, einem glücklichen Ausruf, danach, dass alles wieder gut sein würde. Mizzi schaute auf das Gedicht, ohne es zu lesen. Sie strich erst Hellmut abwesend übers Haar, der seinen Kopf an ihre Beine presste. Dann Ali, dessen Lächeln verwelkte. Sie nickte und zog die Mundwinkel leicht nach oben. »Huldvoll«, dachte Alois, »die Königin von Thule gewährt eine Audienz.« Es tat so weh.

Mizzi steckte das Gedicht beiläufig in die Tasche ihres Anstaltskittels, entzog sich fast achtlos Hellmuts Ärmchen, und drehte sich weg. Die Audienz war beendet. Die Frage von Alois: »Wie geht es dir, Mizzi?«, die er entsetzlich banal fand, doch glaubte, stellen zu müssen, schien sie schon nicht mehr zu hören. Sie begab sich zum Ausgang, heim in ihre Welt. Der kräftige Mann an der Tür schaute Alois fragend an. Alois nickte. Der Mann ließ Mizzi passieren und folgte ihr dann. Auf dem Rückweg fragte Hellmut seinen Vater: »Warum hat Mama nicht mit mir gespielt? Sie ist doch gar nicht krank. Sonst würde sie doch im Bett liegen.« Sein Bruder sprach kein einziges Wort. Von da an fuhr Alois nur noch allein zur Anstalt.

Hatten die Kinder noch eine Mutter? Hatte er noch eine Frau? So oft stellte sich Alois diese Fragen, wenn er nachts allein im Doppelbett aufwachte. Vor dem Gesetz war und blieb er verheiratet. »Was Gott verbunden hat, kann der Mensch nicht trennen«, so die Bibel. Dies hatten die österreichischen Kaiser gegen die zunehmende Gottlosigkeit rundum bis zu ihrem Abgang aufrechterhalten. Der im allgemeinen liberale Nationalstaat Tschechoslowakei hatte die Scheidungsgesetze der ungeliebten Habsburger Monarchie zwar abgeändert, sah aber nur eine unheilbare Geisteskrankheit als legitimen Grund für eine Scheidung an. Unheilbar. War Mizzi unheilbar?

Und stand in der Bibel nicht auch, gleich am Anfang, als Gott das Weib aus Adams Rippe schuf, dass Mann und Frau »ein Fleisch« sein sollten? »Ein Fleisch«, dachte Alois bitter, »wenn meine Frau im Irrenhaus ist und ihr Geist im Königreich Thule.« Er war ja nie besonders gläubig gewesen. Schon als Student sah er im Kruzifix daheim im Herrgottswinkel eher den Ausdruck einer vertrauten Welt als ein stärkendes Symbol des Glaubens. Trotzdem fand er es jetzt erleichternd, dass selbst die Kirche in der Ehe den Leib ganz vorne hinstellte. Mizzi und er waren nicht mehr ein Fleisch. Zwar war sie die Mutter seiner Kinder. Er hatte sie und ihre weißen Handschuhe geheiratet aus freien Stücken. »Dass ich sie nicht so liebe, wie man es müsste, um sie auch noch als Verrückte zu lieben, dafür kann sie nichts«, sagte sich Alois. Er würde immer für sie da sein. Sein Gewissen würde ihr die Treue halten. Aber konnte er das auch von seinem Körper verlangen?

Großfürstin Anastasia

Die Großfürstin mochte Alois, ein Kunde, der kam, um mit ihr zu schlafen, nichts weiter. Kein Student voll romantischer Bekehrungsphantasien, der sie und das Laster für sich allein und für immer erträumte. Kein verklemmter Ehemann auf Abwegen, um der Öde im heimischen Bett zu entfliehen. Alois mochte die Großfürstin auch. Sie hatte große, harte, weise Augen und einen schönen Mund. Beim schummrigen Licht der Nachttischlampe mit dem roten Rüschenschirm in ihrem Zimmer über der Reichenberger Nachtbar »Kolibri« sah man die Fältchen um Augen und Mundwinkel kaum.

Die Großfüstin war die kinderlose Witwe eines zaristischen Feldwebels, den sie Alois gegenüber nur »der Trottel« nannte, weil er so lange auf Seiten der Kommunistenfeinde gekämpft hatte, bis ihn die Bolschewiken füsilierten. Sie war dann aus der soeben etablierten Sowjetunion emigriert, hatte sich in Pilsen der linguistischen Verwandtschaft zwischen Tschechisch und Russisch wegen niedergelassen und in Ermangelung einer besseren Idee sowie moralischer Bedenken der käuflichen Liebe zugewandt.

Ihre Tätigkeit als »Ausdruckstänzerin« verlagerte sie nach wenigen Jahren in den deutschsprachigen, stark industrialisierten Teil der Tschechoslowakei, auch wenn sie anfangs mit der Sprache Probleme hatte. »Die Deutschen haben mehr Geld und verrsuchen nicht, beim Preis zu hanndeln«, sagte sie mit ihrem harten Akzent, »und außerdem, wenn Männer erst einmal reden, hören sie sowieso nicht mehr auf, und ich muss bloß nicken und sage ›ja, ja‹, ob ich habe alles verstanden oder nicht.« Selbst die reichen Bauern aus der Umgebung misstrauten inzwischen den Geschichten von Luxus, Trauer und Verlassenheit, mit denen die Feldwebelswitwe Anastasia Wassilowa im »Kolibri« ihre großfürstliche Vergangenheit glauben machen wollte. Aber sie bestand darauf und wies Freier, die ihre Zweifel laut äußerten, ohne Rücksicht auf finanzielle Verluste indigniert ab.

Anfangs hatte Alois sich schuldig gefühlt, wenn er nach dem Abendessen unter dem bekümmerten Blick seiner Schwiegereltern aufstand, etwas von »muss ein bisschen rauskommen« murmelte, den beiden Söhnen einen Gute-Nacht-Kuss gab und dann mit seinem neuen Tatra, den er sich jetzt als Notar im Wartestand leisten konnte, ins eine Autostunde entfernte Reichenberg fuhr. Je länger Mizzi in der Anstalt war, desto geringer wurden seine Schuldgefühle. Seine Frau war weggeschlossen. Sie lebte in einer anderen Welt. Sollte sie von dort jemals wieder zurückkehren, konnte sie ihm keine Vorwürfe machen, so wie auch er sie sich selbst kaum mehr machte. Er hütete sich davor, für die Großfürstin mehr zu entwickeln als die Wertschätzung, die man einer erfreulichen Bekanntschaft entgegenbringt, und ließ sich auch durch die Momente sexueller Ekstase nicht dazu verleiten. »Ich betrüge dich nicht, Mizzi«, dachte er manchmal, wenn er spät in der Nacht heimfuhr, »ich stehle dir nichts. Du müsstest nur gesund werden.«

Bei ihrem zweiten Zusammensein hatte die Großfürstin Alois gefragt, ob auf ihn zu Hause jemand warte. Sie machte das stets bei neuen Kunden mit der Aussicht auf Stammkundschaft, um deren Diskretion und Solvenz einschätzen zu können. »Zwei Kinder«, antwortete Alois, »aber ich bin kein Witwer. Oder vielleicht doch. Ein Witwer im Wartestand.« Er erzählte kurz von Mizzi und ihrem Königreich im Irrenhaus. Die Großfürstin schaute ihn mit ihren harten, weisen Augen forschend an. Sie zuckte kurz die Schultern, stieß einen scharfen, schnaubenden Ton durch die Nase aus, der wohl ihren Unwillen gegenüber den Kapriolen des Schicksals bekundete, setzte sich, nackt wie sie gerade war, auf die Bettkante und klärte Alois über ihr wahres Vorleben auf.

Nach diesen Bekenntnissen sparten sie Privates jenseits der Kammer über dem »Kolibri« bei ihren Treffen weitgehend aus. Doch Alois, des Privilegs wohl bewusst, nannte sie jetzt Anastasia. Und sie titulierte ihn nicht mehr unverbindlich routiniert »Mein Herr«, sondern sagte französisch angehaucht »Louis« zu ihm. Nach dem Bett unterhielten sie sich noch ein paar Minuten über die Jagd, über den Fortgang des kommunistischen Experiments in Russland – »ein Fall von blutigem Idealismus«, wie Anastasia urteilte –, die schlechte diesjährige Hopfenernte oder den Tolstoi-Roman »Krieg und Frieden«, den Alois nie zu Ende gelesen hatte, sie hingegen schon – aus dieser Quelle schöpfte sie vornehmlich ihre Großfürstenattitüde. Meist fuhr er leichten Herzens von ihr weg und schämte sich erst ein wenig, wenn er zu Hause auf Zehenspitzen am Kinderzimmer vorbeischlich.

Gut ein Jahr nach ihrer Einlieferung in die Anstalt kam Mizzi überraschend doch wieder heim. Eine fortschrittliche Schule der europäischen Seelenkunde vertrat die Ansicht, ein vertrautes Umfeld und vertraute Verrichtungen könnten sich auf kranke Gemüter möglicherweise heilsam auswirken. Die geborgene Routine im Schoß der Familie sei da am besten geeignet. Die Bezirksnervenheilanstalt Reichenberg hing seit Kurzem dieser fortschrittlichen Psychiatrie an. Mizzi wurde nicht im geschlossenen Kastenwagen nach Rumburg zurückgebracht. Alois hatte sie, als ersten Schritt hin zur Normalität, im eigenen Auto abzuholen, so die Empfehlung der Ärzte.

»Versuchen Sie, Ihre Frau Gemahlin so weit wie möglich in das Familienleben einzubinden«, eröffnete ihm der Oberarzt. Er räusperte sich: »Wie soll ich sagen, seien Sie Ihr ein echter Gatte.« Alois schaute irritiert. Der Oberarzt räusperte sich noch einmal. »Physische Befriedigung, ohne Ihnen zu nahe treten zu wollen, Herr Notar, scheint auch schwer angeschlagene Gemüter zu beruhigen.« »Sie meinen, ich soll mit meiner Frau das Bett teilen?«, fragte Alois, »auch wenn sie so ist? Wenn sie die Königin von wer weiß was ist? Sie wissen doch am besten, dass sich ihr Zustand so gut wie gar nicht geändert hat!« Der Oberarzt wand sich: »Nicht unbedingt, allerdings ist die Patientin friedlicher, weniger aggressiv. Gerade deswegen scheint uns Nähe, körperliche Nähe, ein weiterer Schritt auf dem Weg vorwärts.« Bei Alois brach jetzt der Böhmerwald ganz durch. »Ich kann doch, Herrgottsakra, nicht auf eine Verrückte springen!« Was für ein ordinärer Mensch! Pikiert versetzte der Doktor: »Niemand behauptet, dass es leicht sei, Herr Notar. Aber kann Liebe nicht Berge versetzen?« »Wenn sie nicht zu hoch sind, Herr Doktor.« Alois resignierte vor dem geballten Sachverstand: »Sie müssen es ja wissen. Also dann lassen Sie jetzt bitte meine Frau holen.«

Der Stationspfleger, der Mizzi und ihre Koffer zum Auto brachte, küsste ihr grinsend zum Abschied die Hand. Sie begrüßte Alois mit dem unpersönlichen Nicken, das Herrschaften für Mietwagenchauffeure bereithalten. »Sie erkennt mich, aber sie nimmt keine Notiz von mir«, dachte er bitter. »Die Kinder freuen sich auf dich«, sagte er während der Fahrt, ohne die Augen von der Straße zu nehmen, »und deine Mutter hat Mohnstrudel für dich gebacken, den magst du doch so gern.« Mizzi schaute hoch in die schon kahlen Wipfel des Spätherbstwaldes, der an ihnen vorbeizog. »Die Kinder«, sagte sie versonnen. Dann blieb ihr Blick an der funkelnden Messinghupe unten an der Windschutzscheibe des Tatra hängen. »Was für ein schönes Jagdhorn. Hat Mime, der Nibelunge, es geschmiedet?« Alois wollte weinen.

So lebte Mizzi also wieder zu Hause. Sie war da, und sie war nicht da. Alarich und Hellmut versuchten anfangs, in ihr die Mutter wiederzuerkennen. Wenn Hellmut mit ihr »Mensch ärgere dich nicht« spielen wollte, schien Mizzi manchmal bereit dazu, ja sogar Feuer und Flamme. Aber nach kurzer Zeit brach sie unvermittelt das Spiel ab und zog sich murmelnd in ihr Zimmer, das ehemalige Gästezimmer, zurück. »Mama, du bist ja noch nicht fertig, du hast ja noch zwei Männchen draußen.« Hellmut verstand die Welt und seine Mutter nicht mehr.

Alarich war jetzt schon elf. Ihm war bewusst, dass der Geist seiner Mutter weit weggewandert war. Er bemühte sich auf kindliche Art, ihn zurückzuholen. Er umarmte sie und hoffte auf einen Gegendruck ihrer Arme, er las ihr vor, und obwohl er das mäßige Gehör seines Vaters geerbt hatte, kam er zu ihr ins Zimmer, sah sie manchmal verträumt, manchmal verstört am Klavier sitzen und fragte, ob sie nicht für ihn eines der Lieder aus dem Musikunterricht in der Schule spielen könne, das er tapfer und ziemlich falsch anstimmte. Meist ignorierte Mizzi diese Therapieversuche ihres großen Jungen. Wenn sie, selten genug, darauf reagierte, tat sie es mit einem ungesund aufflammenden Überschwang, der dann schnell wieder in undurchdringliche Lethargie umschlug. Langsam gab auch Alarich auf. Doch er litt. Alois sah es in seinen Augen, wenn Mizzi abwesend und unerreichbar durch die Wohnung geisterte. »Als du im Krieg warst, hatte er die ersten drei Jahre nur seine Mutter«, dachte Alois, »deswegen hängt er wohl so besonders an ihr.«

Einmal kam Hellmut von draußen zurück und sagte zu seiner Großmutter: »Du, Oma, der Paul hat gesagt: ›Deine Mama ist ja plemplem.‹ Das stimmt doch nicht, oder?« Noch bevor die Großmutter etwas Tröstendes antworten konnte, rief Alarich dazwischen: »Wer hat das gesagt? Der Paul?« Er rannte hinaus, griff sich den ahnungslosen kleinen Nachbarjungen, der seine Bemerkung längst vergessen hatte, und ohrfeigte ihn mit Tränen in den Augen. »Meine Mutter ist nicht plemplem«, schluchzte er, »merk dir das, sie ist nicht plemplem. Meine Mutter ist ...« Er fand kein Ende für den Satz und lief, noch immer schluchzend, ins Haus zurück.

Mizzi hielt sich viel in ihrem Zimmer auf, eingesponnen in den Kokon ihrer Obsessionen. Sie brauchte keine Pflege. Sie achtete sehr auf sich, schminkte sich Tag für Tag sorgfältig, vergaß nie, sich zu kämmen, liebte es aber, auch untertags nur mit Bademantel oder Morgenrock bekleidet herumzulaufen. Manchmal zog sie sich ihren Fuchspelz über, auch wenn draußen Sommer war. Sie trug den Pelz wie eine Königin ihren Hermelinmantel. Stundenlang lag sie in der Badewanne, sang vor sich hin, lachte manchmal unvermittelt und freudlos. Alois war froh, dass die Wohnung so geräumig war.

Mizzi hatte trotz der Unterbrechung durch die Anstalt das Klavierspielen nicht verlernt. Ihr Lieblingsstück war neben Schumanns »Träumerei« jetzt die »Tannhäuser«-Ouvertüre, für das Piano bearbeitet. »Auf mich wartet der Venusberg«, sagte sie gerne mit verzücktem Lächeln, bevor sie anfing. Doch meist verhedderte sie sich nach dem schwebenden, wehmütigen Beginn bei den virtuosen Läufen zur Mitte des Stücks und ließ ihr Spiel in schrillen, wirren Improvisationen ohne ein Ende versanden. Alois musste den Ausflug in Tannhäusers Liebesgrotte mit seinem misstönenden Ausgang und Mizzis anschließend besonders verstörtes Vorsichhinbrüten so oft miterleben, dass er zeit seines Lebens gegen Ouvertüren aller Art allergisch war. Er nannte sie in einem mäßig geglückten Wortspiel »Ofentüren« und drehte am Radio schnell weiter, wenn eine solche »Ofentüre« auch nur angekündigt wurde.

Alois fürchtete jede Nacht an ihrer Seite. Die Schwiegermutter brachte ihre Tochter abends ins eheliche Schlafzimmer. Sie sprach so gedämpft und fürsorglich zu ihr wie zu einer Schwerkranken, die man schon lange nicht mehr fragt, wie es ihr denn heute gehe. Alois hatte für Mizzi das Lavendelparfüm gekauft. Oder hatte er es für sich selbst gekauft? Sie roch gut und vertraut. Es half nicht. Er lag neben ihr, als befinde sich jenes Schwert zwischen der Königin von Thule und ihm, das unziemliche fleischliche Gelüste im Zaum hält.

Von ihrer Seite aus machte sie nie Anstalten, sich ihm zu nähern. Manchmal blickte sie misstrauisch um sich, kicherte voller Genugtuung etwas wie: »Ihr kriegt mich nicht, nein, ihr nicht, ihr werdet schon sehen«, redete dabei aber an Alois vorbei, über ihn hinweg, als wäre er nicht da. Und schlief dann überraschend schnell ein.

Wenn er endlich auch schlief, träumte er viel zu häufig, dass Mizzi mit erhobenem Beil mitleidig lächelnd über ihm stand oder weiß behandschuht im wehenden Nachthemd auf seinem Prachatitzer Schimmel, die beiden weinenden Kinder vor sich im Sattel, in eine rabenschwarze Nacht hineinritt, bis er sie endlich nur noch als langsam verglühenden Funken sehen konnte. Dann wachte er auf, Mizzi schlummerte und sah wie ein Engel mit einer etwas zu langen Nase aus. Das Schwert war immer da.

Einmal, als sie vor dem Einschlafen neben ihm im Bett ungewöhnlich unruhig war – »Hagen verfolgt mich, er will mir Gewalt antun und mich dann auf seine Lanze spießen« –, versuchte Alois, der Forderung des Oberarztes Genüge zu tun. »Fürchte dich nicht, Krimhild«, sagte er und wälzte sich an sie heran, »dein Siegfried ist bei dir.« Es war ein Desaster. Mizzis Körper reagierte so wenig wie sein eigener. Lange starrte Alois gegen die Zimmerdecke. Er kam sich so kläglich und lächerlich vor wie nie. Er verfluchte den Doktor, die moderne Seelenkunde und den lieben Gott, den es nicht gab. Er und Mizzi waren nicht mehr Mann und Frau. Und doch lag sie neben ihm und schlief jetzt. Solange seine Frau in der Klinik gewesen war, hatte er sich halbwegs frei gefühlt. Jetzt aber waren sie nicht mehr getrennt von Tisch und Bett, auch wenn das Bett kalt war. Er würde Mizzi nie mehr anrühren. Alois fühlte ohnmächtige Wut. Er wusste keinen Ausweg.

Alois fing an, noch mehr zu rauchen, als er es gegen die Schrecken des Krieges getan hatte. Er fuhr weiterhin häufig nach Reichenberg ins »Kolibri«, aber die Treppe zu Anastasias

Zimmer stieg er seltener hoch. Er konnte sich nicht dagegen wehren, jetzt seine Besuche bei der Großfürstin als eine Art Verrat zu empfinden. Deshalb blieb er lieber unten im Lokal sitzen, sah mit einem tauben Gefühl dem Beineschwingen der bubiköpfigen Tänzerinnen in ihren glitzernden, kniefreien Charleston-Röckchen zu, bestellte die zweite Flasche »Bernkastler Doctor«, den Moselriesling seiner Wahl, seit er genug Geld verdiente, und wunderte sich, wie gut die tschechische Kapelle, an Polka, Walzer und Operettenliedgut geschult, die Negermusik gelernt hatte.

Die Animiermädchen, die aus dem teuren Riesling auf seinem Tisch Schlüsse zogen, schickte er mit einer abwehrenden Handbewegung weg. Anastasia begrüßte er. Sie dankte, sah seine hängenden Schultern, traf mit ihren wissenden Augen seinen freudlosen Blick und ging wieder. Irgendwann hatte er versucht, zu fortgeschrittener Stunde mit einem diskreten Geldschein die Kapelle zu animieren, das Böhmerwaldlied für ihn zu spielen. Der Chef der Gruppe hatte die Achseln gezuckt: »Tut mir leid, kennen wir nicht.« Doch er sah den Geldschein.

Bei Alois' nächstem Besuch war das Lied in ihrem Repertoire. Die geschätzten Damen und Herren im »Kolibri« horchten befremdet auf, als die Kapelle anstelle von Swing oder Charleston plötzlich eine völlig überholte, gefällige Melodie anstimmte und ein einzelner, einsamer Mann halb betrunken laut und falsch dazu etwas von seiner Wiege im Böhmerwald sang. Im Hinblick auf den zu erwartenden Schein gewöhnte sich die Kapelle schnell an, in vorauseilender Geschäftstüchtigkeit das Böhmerwaldlied jedes Mal schon zu intonieren, wenn Dr. Alois Fiedler, der mit dem »Bernkastler Doctor«, das Lokal betrat. Alois hatte eine Hymne für seine Leere.

Zum Abendessen saß Mizzi meist mit am Tisch. Sie handhabte Messer und Gabel stets zierlich, blieb aber völlig unbeteiligt. Sobald Alois dann aufstand, um sich nach Reichenberg zu verabschieden, wurde es drückend still. Die Schwiegereltern schauten kummervoll, Hellmut hörte auf zu plappern, weil auch sonst niemand mehr redete, Alarich, dem schon der erste Flaum auf der Oberlippe wuchs, hob den Blick vom Teller und blickte mit offener Verachtung zu seinem Vater. »Er hasst mich«, dachte Alois, »und er hasst sich selbst.« Auf Mizzi, deren verdunkeltes Gemüt sonst so wenig jenseits ihrer Wahnwelt wahrnahm, wirkte das bleierne Unbehagen im Raum wie ein Katalysator für ihre Ängste. Sie wusste nicht, wohin er ging. Sie spürte nur, dass er von ihr fortging, und begann zu weinen: »Gehst du wieder zu ihnen? Liegst du wieder bei ihren Buhlen?« Buhlen, mein Gott, Buhlen! Alois antwortete nicht. Manchmal folgte ihm seine Schwiegermutter und fragte bittend im Flur: »Ja ich weiß, Alois, aber ist sie nicht doch deine Frau? Könntest du nicht einmal zu Hause bleiben?« »Nein«, antwortete er, grober als er eigentlich wollte. »Gute Nacht!«

Eines Abends lehnte Alarich sich auf. Er warf Messer und Gabel auf den Teller, dass die Reste von Omas vorzüglicher Sauerbratensauce auf das weiße Tischleinen spritzten, sprang hoch und schrie seinem Vater mit dem krächzenden, pubertären Bruch in der Stimme »Du Schuft!« ins Gesicht. Alois traf der Aufschrei seines Sohns wie ein Peitschenschlag. Seine Antwort war eine klatschende Ohrfeige. Er fühlte sich verkannt, ertappt, erniedrigt, vor allem aber hilflos. »Untersteh dich, noch einmal so etwas zu deinem Vater zu sagen!« Alarich lief aus dem Zimmer. Seine Backe glühte. »Ali!«, dachte Alois, »ich wollte das doch nicht, Ali, ich will das alles doch nicht.« Aber er sagte nichts und ging – und bereute die Ohrfeige sein Leben lang. Viele Jahre später, als Alarich bei einem Fronturlaub am Morgen seines Abschieds zurück nach Stalingrad dem Vater seine Seele bloßlegte, gestand er, dass er sich damals habe das Leben nehmen wollen. Mit einer von Vaters Schrotflinten sei er in den Wald gegangen, habe dann aber nicht den Mut gefunden, abzudrücken.

An dem Abend, an dem er Alarich geschlagen hatte, hielt Alois sich nicht lange mit der »Kolibri«-Bar auf. Er blieb kurz auf der Schwelle stehen, suchte Anastasia, sah sie am Ende des Tresens, wo sie gerade einem lüstern starrenden Hopfenhändler ihre tiefe Freundschaft mit Prinzessin Tatjana, der schönsten der hingemordeten Zarentöchter, ausmalte. Alois eilte auf sie zu, nahm die aufklingende Böhmerwaldmelodie kaum wahr, vergaß zum unwilligen Erstaunen der Kapelle sogar den gewohnten Geldschein. Er riss die Großfürstin aus ihrem hübsch ausgedachten Tatsachenbericht, knurrte dem Hopfenmillionär ein »Verzeihung« ins verdutzte Gesicht und führte Anastasia am Arm die Treppe hoch. »Ich weiß nicht mehr weiter«, sagte er, »ich weiß nur, so geht es nicht.« Er erzählte kurz den Zusammenstoß mit Alarich. »Du hast keine Frau mehr, Louis, ganz egal, was die Ärzte sagen«, meinte die Großfürstin, »du musst ganz neu anfangen, du musst es tun.« In ihren großen, sonst so harten Augen sah Alois zum ersten Mal Mitgefühl, mehr als nur die Sympathie, die man einem angenehmen Geschäftspartner entgegenbringt. Er wollte sie an sich ziehen. Sie schob ihn sanft zurück.

»Nein, Louis, du brauchst etwas für Körper, Geist und Seele.« Sie lächelte und hob den Zeigefinger wie eine Lehrerin. »Und Seele«, wiederholte sie mit Nachdruck, »von mir kriegst du nur den Körper.« Sie lachte ihre aufsteigende Sentimentalität weg: »Na ja, und vielleicht auch ein bisschen Geist.« Sie küsste ihn auf den Mund. Dann schritt sie ohne Zögern die Treppe hinunter, wo der Hopfenhändler begeistert ob ihrer unverhofften Rückkehr sie mit ausgebreiteten Armen empfing. Alois folgte langsam. Er kramte einen Hundert-Kronen-Schein aus der Westentasche, gab ihn dem Stehgeiger und sagte beim Vorbeigehen: »So, jetzt spielt mein Lied noch einmal richtig.« Die Melodie begleitete ihn zur Türe hinaus. Er hörte sie bis zum Auto. Er fühlte das dringende Bedürfnis, nach Hause zu kommen. Tief drin im Böhmerwald.

Der Fortschritt

Alois schoss. Der Knall brach sich am Hang des Libin, des Rohner Hausbergs, und kam dumpf zurück. Jetzt schossen auch die anderen. Die Gefahr, dass die Kinder des Brautpaars einmal stumm zur Welt kommen würden, war mit dem Geballer gebannt. Alois musste lächeln. Ihm gefiel der alte Böhmerwälder Hochzeitsbrauch. Als Jäger gefiel er ihm besonders. Er lud seine Schrotflinte nach. »Aber sicher ist sicher«, dachte er und drückte noch zweimal ab.

Um ihn herum sang und lachte sich die Hochzeitsgesellschaft in Richtung Heimatdorf. Viele Gäste torkelten, man war ja schon auf dem Rückweg von Prachatitz. Dort hatte im Wirtshaus »Zum Schwarzen Kreuz« am Marktplatz das Essen nach der Trauung des jungen Paars stattgefunden. Es war natürlich nicht beim Essen geblieben. Alois fühlte sich so beschwingt wie lange nicht mehr. Er spürte den Alkohol im Kopf und in den Beinen. Er war wieder der Sohn des Rohnmüllers, auch wenn ihn viele Leute respektvoll als »Herr Notar« anredeten, was er sich vergebens verbat. Die Braut war ein Nachbarskind, hatte seinen Viel-Glück-Kuss herzhaft zurückgegeben und dem Bräutigam, einem gut aussehenden Bauern aus der nahen Gemeinde Zuderschlag, dem sein Anzug mit Weste und Krawatte sichtlich Unbehagen bereitete, erklärt: »Das ist der Dr. Fiedler, aber eigentlich ist es der Loisl!«

Kurz vor den ersten Häusern hatte die Dorfjugend eine Art Triumphbogen aus jungen Birkenbäumchen errichtet, in dem eine Holztafel hing: »Hoch lebe das Brautpaar.« Rechts davon baumelte eine Puppenwiege, links ein Säuglingshäubchen, was den Zug zu eindeutigen Zweideutigkeiten animierte. Der Wirt der Rohner Schmiede vollführte glucksend mit seinem Becken stoßende Bewegungen. Der Drechslerbauer röhrte in Richtung Bräutigam: »Gleich richtig probieren heut nacht!« Der Prachatitzer Stadtpfarrer, dessen weihevolles Auftreten als Spender des heiligen Sakraments der Ehe nach den Umtrunk im »Schwarzen Kreuz« schon heftig an Würde verloren hatte, rang sich angesichts der ihn umgebenden fröhlichen Unzucht gerade noch ein milde tadelndes »Ts, ts« ab. Dann zahlte er wie alle anderen auch den Wegzoll, um passieren zu dürfen. Das Geld würde wie gewohnt gemeinschaftlich beim Schmied-Wirt versoffen werden. Dort warteten schon die Eimer mit Bier und eine Tanzkapelle. Der erste Eimer war frei. Viele Gäste, so erinnerte sich Alois, beließen es nicht beim Freibier, tranken munter auf eigene Rechnung weiter und zettelten zu später Stunde eine handfeste Rauferei an, was allgemein als krönender Abschluss einer gelungenen Hochzeit galt.

»Für Mizzi wäre das nichts gewesen, ganz sicher nicht«, dachte Alois. Mizzi hatte sich schon zum Nachtmahl nie gerne an den großen Tisch gesetzt, wo die Fiedlers gemeinsam mit dem Gesinde saßen, damals direkt nach seiner Rückkehr aus dem Krieg. Sie mochte die Unterhaltungen über bald kalbende Kühe, schmerzende Frostbeulen oder ungerecht niedrige Preise für Eichenholz so wenig wie das Schmatzen beim Löffeln der Brennsuppe und den Stallgeruch, der nie ganz aus der Wohnstube zu vertreiben war. Er selbst war stets gerne mit den Knechten und Mägden eng zusammengerückt.

Mit seinen beiden Söhnen war er für die Ferien heimgekommen nach Rohn. Mizzi, entrückter und unzugänglicher denn je, hatte er in der Obhut ihrer Eltern in Rumburg gelassen. Für ihn war es kein Urlaub. Es war ein Abschied. Die Großfürstin hatte recht: Er musste sein Leben neu ausrichten. Jetzt wollte er erst einmal Abstand gewinnen und Atem schöpfen. Er würde Mizzi nie hängen lassen, das war er sich, ihr und den Kindern schuldig. Sie würde ihm immer nahe bleiben, doch in der Art von Nähe, wie man sie eben für einen vertrauten Menschen empfindet, der ohne Fürsorge nicht überleben könnte. Die Gefährtin seiner Tage und Nächte aber war sie längst nicht mehr. Im nächsten Jahr wurde er vierzig. An seinen Schläfen färbten sich die ersten Haare grau.

Seines Vaters Haare waren inzwischen so hell wie seine Augen. So hell wie sein Verstand noch immer war. »Ich bin ja jetzt ein alter Mann«, liebte er zu kokettieren, sobald er ein wenig schwerer atmend am Abend in die Rohner Stube trat. Dabei hatte er, Sonne, Regen oder Schnee, den ganzen Weg von Prachatitz zu Fuß gemacht. Sein Überzieher sah inzwischen verbrauchter aus als er mit seinen gut siebzig Jahren. »Gehen ist gesund«, pflegte er zu sagen, wenn eins der Kinder ihn leicht tadelnd fragte, warum um Gottes willen er bei diesem Sauwetter nicht die Kutsche mit dem Verdeck genommen habe. Die Kutsche benutzte er nur für die Stadt, vor allem, das war der Verdacht, den Alois hatte, um die wohlanständigen Bürger mit diesem überraschenden Anblick zu ärgern. Vater wohnte jetzt mit Mutter und Karl, dem jüngsten Bruder von Alois, der in Kürze das Sägewerk am Bahnhof übernehmen sollte, in Prachatitz. Der Rohnmüller hatte gleich hinter den ersten Bretterstapeln eine Villa erworben, und bei diesem Einkauf in die Bürgerwelt hatte ihn zum ersten Mal sein Instinkt verlassen.

Das Haus war stattlich, durchaus standesgemäß für den Hauptaktionär und Geschäftsführer der Holzfabrik Jungbauer. Aber es fehlte ihm die Seele. Vater hatte sich sogar ein paar Nippesfiguren im jetzt in Prag vorherrschenden expressionistischen Stil aufdrängen lassen. Diese meist in wilden Gebärden erstarrten Gestalten auf Kommoden und Kredenzen wirkten befremdlich als Kulisse für die dicke Buttermilchsuppe in der blau gepunkteten Terrine und den Tiegel voll dampfender Kartoffeln, die seine Frau auch weiterhin auf den Tisch brachte. Der Alte fühlte sehr schnell, dass er in diesem Haus nicht zu Hause war, und ging heim nach Rohn, so oft er konnte. Dort wohnte inzwischen sein Sohn Dori, der Hof und Säge übernommen hatte, mit Frau und drei Töchtern. Die übrigen Kinder waren bereits ausgezogen, gut versorgt, gut verheiratet. Nur halt der Älteste mit seiner verrückten Mizzi …

Als Mizzi in ihre Wahnwelt versunken war, hatte Alois seine Verstörtheit bei den Eltern abgeladen. Alois sah den Kummer in Vaters Augen, doch der Alte sagte nur: »Oft vergeht so was ja wieder. Wollen wir hoffen.« Mutter hatte aufgeseufzt, die Finger wie zum Gebet fest ineinander verschränkt und mehr zu sich selbst als zu ihrem Sohn gesagt, sie werde die Fürbitte der Heiligen Jungfrau anrufen. Trotz seiner Niedergeschlagenheit packte Alois damals ein jäher Ärger. So besonders wirksam könne die Jungfrau Maria ja wohl nicht sein, sonst wäre die Welt nicht voll von Irrenhäusern, wollte er fast zu seiner Mutter sagen, oder auch von Heldenfriedhöfen. Doch weil er sie liebte, nickte er zustimmend und tätschelte ihre Hand.

Inzwischen war beiden Eltern die Hoffnung vergangen, auch wenn, davon war Alois überzeugt, seine Mutter beim Nachtgebet noch immer die Hilfe Marias erbat. »Komm so oft du kannst zu uns herunter. Für deine Kinder ist unser Rohn ein Paradies. Und ganz sicher tut's auch dir gut«, sagte Vater, als er ihn in Kenntnis setzte, dass er seine Ehe für beendet ansah. Vater war ein praktischer Geist, und Mutter freute sich, mit ihrem studierten Sohn ihre Enkel öfter zu sehen.

Mutter fühlte sich alt, viel älter als ihr Mann, auch wenn sie elf Jahre jünger war. Sie spürte einen bohrenden Schmerz unterhalb der linken Hüfte, für den die Ärzte keinen rechten Grund fanden, der es ihr aber immer schwerer machte, so aufrecht zu gehen, wie sie es trotz der vielen Geburten und der schweren Arbeit im Stall ihr Leben lang getan hatte. Vor der Zeit fielen ihr die Zähne aus, und ihre Lippen wirkten schmal und mümmelnd. »Mariandel, lass dir ein Gebiss machen«, befahl ihr Mann. Doch diesmal hörte sie nicht auf ihn, so ein Gestell im Mund tue ihr viel zu weh. Alois betrachtete seine Mutter mit Sorge.

Am Morgen nach dem Hochzeitsfest blinzelte Alois mit schweren Lidern von der Bank an der Hauswand in die Sonne. Das Knirschen und Quietschen des Mühlrads, das Klatschen des Wasserschwalls auf die Radschaufeln, das Kreischen der Sägeblätter und die hellen Kinderstimmen, die aus allen Ecken des Hofes zu gellen schienen, marterten seinen verkaterten Kopf. Er hatte einfach zu viel getrunken und getanzt. Er hatte auch an Jelena gedacht, an ihre Weichheit und Wärme. Jelena. Wahrscheinlich war sie inzwischen füllig und hatte mindestens drei halb erwachsene Kinder.

Hellmut spielte mit seinen Kusinen und führte das große Wort. Die kleinen Mädchen liebten ihren Homi. Er war für Rohn geschaffen. Mit der Tante ging der Neunjährige Eier suchen im Hühnerstall. Onkel Dori setzte er so lange bettelnd zu, bis der ihm erlaubte, die Zügel auf einem der Holzfuhrwerke in die Hand zu nehmen und das Gefährt bis zur Hofeinfahrt zu dirigieren. Homi fing zusammen mit den Mädchen Forellen im Mühlbach, suchte mit ihnen im glasklaren Wasser Flussmuscheln und freute sich über die seltenen Exemplare mit einer Perle drin, und wenn er die Kusinen an den Haaren zog, nahmen sie das nur kurz übel. Er wollte jedes Jahr im Böhmerwald in die Ferien gehen.

Alarich hatte ebenfalls nichts gegen den Urlaub in der Heimat seines Vaters. Die Ohrfeige hatte er nicht vergessen, doch inzwischen begriff er, dass sein Vater kein Schuft war. Jetzt, wo er auf dem halben Weg zum Mann war, kam er ihm wieder näher. Aber Mutters Schatten trübte ihre Beziehung, so sehr sich beide auch bemühten. Die Hoffnung, sie könnte jemals wieder seine richtige Mutter sein, hatte auch Ali begraben. Nur im Traum sah er sich noch mit ihr am Tisch im warmen

Lampenlicht sitzen: Sie las ihm vor, sie lobte ihn für eine gute Klassenarbeit, sie fragte ihn beifällig, wer denn nur das hübsche Mädchen an seiner Seite im Stadtcafé gewesen sei. Manchmal spazierte sie auch mit Vater Arm in Arm durch seinen Traum, und er sagte stolz zu Passanten, die diesem ausnehmend schönen Paar bewundernd nachstarrten: »Das sind meine Eltern.«

Ali übernachtete oft im Stadthaus beim Großvater und schaute auf dem Rathausplatz lieber mit schlecht verborgener Begehrlichkeit den kichernden Bürgermädchen unter ihren bändergeschmückten Hüten nach als den handfesten Mägden von Rohn, die allesamt Kopftücher und Holzschuhe über selbst gestrickten Wollsocken trugen. Er las Rilke, rezitierte dessen Verse laut, doch scheinbar tief versunken, wenn eine seiner Flammen in der Nähe war, und gab sich als Weltmann. Er rauchte. Alois fand nichts dabei. Er war ja selbst ein starker Raucher. Was ihn jedoch befremdete, war die Tatsache, dass sein Sohn eine vergoldete Zigarettenspitze benutzte, die er nonchalant zwischen Zeige- und Mittelfinger klemmte. Er selbst packte die Zigaretten nach Bauernart mit Daumen und Zeigefinger.

Alois ließ schon den Fünfzehnjährigen hier im Böhmerwald hin und wieder ans Steuer seines Automobils. Er schluckte als Beifahrer mit väterlicher Nachsicht das Aufkreischen des gepeinigten Getriebes und die Beule im Kotflügel bei einem missglückten Lenkversuch in einer scharfen Kurve der Straße von Rohn nach Prachatitz, die jetzt kein holpriger, ausgewaschener Karrenweg mehr war, sondern gut befestigt und fast eben.

Denn ganz allmählich war der Fortschritt auch nach Rohn gekrochen. Zwar mussten im Winter bei strengem Frost noch immer die Schaufeln des Mühlrades von Eis freigehackt werden, sonst wäre beim Rohnmüller die Säge stillgestanden und das elektrische Licht ausgegangen. Jeden zweiten Tag kam aus

Alois nach dem Abitur, 1910

Die Fiedler'sche Sägemühle im Böhmerwald

Mittagspause in Rohn

Still-Leben mit Brautpaar, Schwiegereltern und dunklen Wolken

Vater Isidor Fiedler, Mutter Mariandel und vier von Alois' Geschwistern

Der Reserveoffizier und Mizzi, seine elegante Gattin

Oberleutnant Fiedler nach vier Jahren an der Front, 1918

Alois, der Jäger, und seine Hündin Alma zwischen den Weltkriegen

Mit Mariechen im Nosadeler Liebesnest

Mit »Tatra« und Kunstbär in der wilden Slowakei

Alarich (links) und Hellmut mit ihrem Vater auf Heimaturlaub, 1943

Das Kriegsende naht, doch Alois ist groß in Fahrt

*Alois und Teja,
sein Jüngster*

*Maria mit
Tankred*

*Teja (links) und Tankred im Frühjahr 1945 –
das Foto, das Alois im Gefängnis bei sich trug*

1942

1946

1948

*Dr. jur. Alois Fiedler
vor und direkt nach der
tschechischen Haft sowie
zwei Jahre später*

Dubá, den 8/5 52.

Geehrter Herr Notar!

Meine erste Aufgabe mit dem heute anbrechenden Tag ist dem Niederschreiben eines Briefes gewidmet, der an eine Seele geht, zu der man sich auch gerne aussprechen möchte u. sich dabei geehrt fühlt. –

Die Erledigung des geschäftlichen Teiles Ihres l. Briefes u. s. w. war

Dankesbrief der jüdischen Frau Reichmann aus Dauba an den vertriebenen »Herrn Notar«, 1952

*Nach 1945 nur noch Erinnerung:
die Villa der Familie Fiedler in Dauba*

*Neue Heimat
Niederbayern:
Vater mit Gewehr,
Sohn mit Fußball*

Familie Fiedler auf der »Blöß« in Plattling, 1954

»Die beste Ehefrau unter mindestens 10 000«

Prachatitz der »Butter-Karl« mit seinem Korb auf dem Rücken ins Dorf, ein Kriegsinvalide, dem die linke Hand fehlte. Er kaufte den Bauersfrauen Butter, Eier und Geflügel ab. Besonders scharf war er auf zarte Täubchen für die feinen Restaurants in Prag. Nicht jedes Täubchen war auch eins. Ganz Rohn wusste, dass er auch ein paar Heller für Jungkrähen zahlte, die von der Dorfjugend aus den Nestern geraubt wurden. »Gerupft und geköpft sehen sie aus wie Täubchen. Und auch der Geschmack ist gleich«, sagte er verschmitzt. Tauben, die Krähen waren, brachten ihm einen deutlich höheren Gewinn im ahnungslosen Prag.

Wie zu k. und k. Zeiten führten die Freiwilligen Feuerwehren der Umgebung augenrollend und wild gestikulierend zu Herzen gehende Theaterstücke auf. In den Weihnachtsferien sah Alois mit seinen Söhnen im Wirtshaus beim Schmied die Moritat: »Vater Lorenz oder der Mord an der roten Buche.« Hellmut quietschte vor Vergnügen, als der Schurke durch einen letzten Dolchstoß des schon tödlich getroffenen Helden verdientermaßen und unter großem Beifall des bierseligen Publikums in einem See aus Ochsenblut verendete. Ali schüttelte müde den Kopf. Er hatte vor Kurzem im Reichenberger Stadttheater mit seiner Gymnasialklasse »Der gestohlene Gott« von Hans Henny Jahnn gesehen und meinte zu seinem Vater, Expressionismus sei etwas anderes als diese läppischen Hauruck-Dramen, bei denen die Bauernbuben dann auch noch dauernd im Text stecken blieben.

Der Personenzug Prachatitz-Wallern hielt jetzt in Rohn, wenn auch nur auf Handzeichen. Alois' Bruder Dori kaufte sich das erste Motorrad im Ort, dann auch noch die erste Mähmaschine, was viele ältere Einwohner für Hoffart oder gar Versündigung an Sichel und Sense hielten. Der Volksschullehrer Franz, ein aufs Land verschlagener Stadtmensch, ging bis zum Äußersten: Er installierte einen der neuen Wunderschränke namens Rundfunkapparat im Schulhaus. Anfangs durften sich nur Auserwählte die klobigen Kopfhörer über die Ohren zwängen und hörten dann durch ein penetrantes Knistern und Rauschen Fetzen von etwas, das wie Musik oder menschliche Sprache klang.

Dank des rasanten Fortschritts der Radiotechnik war der Lehrer zwei Jahre später in der Lage, das Wundergerät mit einem Lautsprecher zu versehen. Bei offenem Fenster kam jetzt das ganze Dorf in den Genuss der Töne aus der Ferne. »Lasst euch doch nicht für dumm verkaufen, da sitzt einer drin in diesem Kasten«, sagte der Schuster Schacherl, ein skeptischer Geist, der sogar den Tod leugnete. Leider konnte der ungläubige Philipp ein im Kasten verstecktes Orchester selbst mit einem zwerghaftem Wuchs aller Musiker nicht überzeugend erklären. Und er starb auch, allerdings erst hochbetagt.

Die meisten Rohner waren nur im Krieg als Soldaten jemals aus der Heimat herausgekommen. Jetzt öffneten sie sich zögernd der großen, weiten Welt. Im August 1930 reiste etwa der Annerl Bauer wegen ständiger Magenbeschwerden zum Doktor Zeileis bis ins österreichische Gallspach. Mit seinem Strahlenstab, der ihm schon Weltberühmtheit und täglich viele Patienten eingebracht hatte, fuhr der Wunderdoktor drei Mal täglich über den drückenden Magen. Den Fachleuten zufolge sandte das Ding elektromagnetische Wellen aus – und war so wirkungs- wie harmlos. Dem Bauern aus Rohn schien es ein Zauberstab. Merklich gesundet kehrte er nach zehn Tagen zurück und war für Wochen das Ortsgespräch. Im November wiederholte er die Strahlenkur. Diesmal begleitete ihn Doris Frau Franziska, ebenfalls von einem Magenleiden geplagt. Die Schwägerin von Alois wollte auch ihre Schwiegermutter wegen deren ominösen Hüftschmerzen zum Besuch beim Wunderheiler überreden. Aber Mutter bevorzugte weiterhin himmlische Hilfe: »Da bete ich lieber zum heiligen Franziskus. Und das solltest auch du tun, noch dazu, wo du Franziska heißt.« Alois fand ihre Zuflucht beim Schutzpatron der Lahmen diesmal angebracht. Weniger als der Doktor Zeileis konnte der Heilige auch nicht bewirken. Und er tat es umsonst. Seine Schwägerin kam so magenkrank zurück, wie sie gegangen war. Der Annerl Bauer gesundete weiter, jedoch nur bis zum März. Da starb er an Magenkrebs.

Jedes Mal, wenn er in Rohn einfuhr, erschien Alois sein grüner Tatra zwischen Misthaufen, Brennholzstapeln und Ochsenfuhren ein Fremdkörper. Aber nur fünf Kilometer weiter in Prachatitz herrschte inzwischen munterer Autoverkehr. Vor dem Weltkrieg hatte nur der Apotheker, Ferdis Vater, ein Automobil besessen, wenn er sich recht erinnerte. Ferdi. Sie hatten sich zufällig auf dem Marktplatz getroffen und Wiedersehensfreude geheuchelt. Der Frauenheld mit Weltstadtweihen war schwammig geworden und seine einst verwegene Brillantinetolle schütter. Mit dem dicken Monokel im rechten Auge – warum trug er nur noch immer ein Monokel? – sah er aus wie ein einäugiger Frosch. Ferdi drückte falsches Bedauern über Mizzis Gesundheitszustand aus, von dem er beiläufig gehört habe. Sehr betrüblich, sicherlich ein schwerer Schlag für den armen Loisl, eine Frau so von Sinnen. Alois dankte angemessen für die Anteilnahme, fasste Ferdis Begleitung ins Auge und sagte mit dem wölfischen Lächeln, das sein Gesicht annehmen konnte: »Und dies ist ja wohl die bezaubernde Frau Gemahlin?«

Die bezaubernde Frau Gemahlin war himmelweit von den wüsten, wunderschönen Weibern entfernt, die Ferdis Schilderungen wilder Berliner Studentennächte bevölkert hatten. Sie grüßte schmallippig. Alois nickte und verbeugte sich leicht. Ferdi rieb sich verlegen die Hände. Ihm fielen wohl auch seine Erzählungen aus Berlin ein. Er verabschiedete sich hastig. Einen Moment blieb bei Alois das wölfische Grinsen noch im Gesicht stehen. Wahrscheinlich hatte Ferdi zu Hause eine Sammlung unanständiger Fotos. Oder er erzählte am Stammtisch Herrenwitze. Dann verschwand Alois' Grinsen. Immerhin hatte Ferdi eine Frau. Eine Frau, die bei Trost war.

»Mein Gott, wie hat sich die Welt verändert«, dachte Alois, mit den Kindern wieder einmal auf dem Rückweg von den Ferien nach Nordböhmen. Er hatte gerade das lärmende, wimmelnde Prag passiert, als der Schatten eines großen Vogels über die neuerdings nicht mehr gepflasterte, sondern geteerte Landstraße vor ihm glitt. Dann hörte er das Brummen der schweren Motoren über sich. Der große Vogel war ein Passagierflugzeug, der letzte Schrei der Luftfahrt, wie er aus der Zeitung wusste. Ein Meisterwerk holländischer Ingenieurkunst mit drei Motoren, das zehn Fluggäste mit der unvorstellbaren Geschwindigkeit von 180 Stundenkilometern befördern konnte und von Prag aus täglich Berlin und Rotterdam ansteuerte. Flugzeuge waren nicht so majestätisch wie die Luftschiffe des Grafen Zeppelin, die über den Himmel schwebten, während die Flugzeuge den Äther eher durchpflügten. Doch seit der Amerikaner Charles Lindbergh 1927 den Atlantik ohne Zwischenlandung überflogen hatte, war die Welt von Flugzeugen mehr fasziniert als von den silbrigen Riesenzigarren.

Amüsiert erinnerte sich Alois an seine ersten Begegnungen mit der Aeronautik, an die italienischen Flugmaschinen des Weltkriegs, bizarre Gebilde aus Leinwand und einem Holzgerippe. Ihr knatterndes Erscheinen über der Front wurde mehr als Abwechslung in der Schützengrabenmonotonie gesehen denn als Bedrohung. Anfangs hatten die Piloten mit der Hand stählerne, zugespitzte Bolzen abgeworfen, deren Wucht die Soldaten durchbohren sollten. Zur Abwehr reichte es, das Sturmgepäck über den Kopf zu halten, die Bolzen blieben darin stecken. Später ließen die Herren der Lüfte Handgranaten und kleine Bomben von oben fallen oder deckten die Gräben mit Maschinengewehrfeuer ein. Da musste man sich schon mehr in Acht nehmen. Doch als echte Gefahr hatte Alois angesichts des blutigen Grabenkampfs den Krieg von oben nie empfunden. Die Piloten schienen ihm stets zu sehr damit beschäftigt, ihre Apparate in der Luft und sich die feindlichen Flugzeuge vom Leibe zu halten.

Doch jetzt flogen die Knatterkisten von einst bis nach Australien, wurden immer schneller, immer größer und fielen erstaunlich selten herunter. Alois begriff sein Leben lang nicht, wie diese schweren Dinger, die ja mindestens so viel wogen wie ein Elefant, überhaupt fliegen konnten Unfassbar. Man musste es einfach hinnehmen. Man musste es hinnehmen wie die unglaublichen Thesen von diesem Professor Albert Einstein, der ja zu Alois' Studentenzeiten in Prag gelehrt hatte. Er hatte ihn persönlich nie gesehen, weil den Burschenschafter Fiedler die Mensur und Mizzi damals mehr interessierten als geniale Geister. Der Professor lebte jetzt in Berlin und war inzwischen Nobelpreisträger. Klügere Köpfe als Alois nannten Einsteins Schriften revolutionär. Wieso aber sollte ein Eisenbahnzug schwerer werden, wenn er ganz schnell fuhr? Oder so ähnlich? Einsteins Theorien verstand Alois heute so wenig wie damals, aber das teilte er mit einem Großteil der Menschheit. Er verstand nur eins: Nichts steht fest in dieser Welt, nichts ist sicher.

Der blaue Engel

Alois stellte seinen Tatra neben drei, vier nachlässig geparkten Autos mitten auf dem Stadtplatz zu Füßen der Gottesmutter Maria ab, die flankiert vom heiligen Josef und Böhmens Schutzpatron Sankt Nepomuk auf einem hochragenden barocken Monument versteinert gegen Himmel strebte. »1726« stand am Sockel und der Name einer tschechischen Gräfin als Stifterin. Gegenüber erhob sich das stattliche Rathaus, geschmückt mit einem Wappen, das nur aus Eicheln und Eichenlaub bestand. »Sicher ein Symbol für Standfestigkeit und unwandelbare Treue«, dachte er. An einer Ecke des weiten, rechteckigen Platzes wartete ein Autobus. »Dauba-Hirschberg« war in Blockbuchstaben auf das Schild hinter der Windschutzscheibe geschrieben. Und darunter auf Tschechisch »Dubá-Doksy«. Der Fahrer grinste Alois freundlich an, die Tür des Busses stand offen, die Sitze waren leer.

Das also war Dauba. Das war seine neue Heimat. Morgen, am 1. September 1931, würde er hier sein Amt antreten. Endlich, nach acht Jahren als Anwärter bei den Notariaten Rumburg, Schluckenau und Saaz, hatte er sein eigenes Notariat. Hörte sich gut an: Dr. Alois Fiedler, Notar auf Lebenszeit. Wie Rumburg, Schluckenau und Saaz lag Dauba nördlich von Prag weit weg vom Böhmerwald. »Daubaer Schweiz« und »Wenzel von Dauba« waren die zwei Begriffe, die Alois nach längerem Nachdenken eingefallen waren, als er den Namen in seiner Ernennungsurkunde las. Na ja, wenn er sich jetzt so umschaute, brauchte es schon einigen guten Willen, die steilen, begrünten

Hügel und verwitterten Sandsteinfelsen rund um den Ort als eine zweite Schweiz zu bezeichnen. Aber hübsch war die Landschaft jedenfalls.

Was den Daubaer Wenzel anging: Ein Graf Wenzel erwarb für Dauba und sich in den Schulbüchern ewigen Ruhm, da er Jan Hus 1414 nach Konstanz zum Konzil begleitet und dort energisch, allerdings letztlich vergeblich, gegen die öffentliche Verbrennung des tschechischen Reformators als Ketzer protestiert hatte. Ansonsten gab es über Dauba nicht viel zu sagen: Knapp 2000 Einwohner, neunzig Prozent davon deutsch und laut Brockhaus eine Stadt mit »hohem Anteil von Ackerbürgern«, von Bauern also. Kein Gymnasium, nur eine Mittelschule, hier hieß sie Bürgerschule. Keine Zugverbindung, die nächste Eisenbahnstation fünfzehn Kilometer weiter in Hirschberg am gleichnamigen See. Dass ein Ort fast ohne Eigenschaften dennoch den Kreissitz, ein Amtsgericht und vor allem, das fand Alois verständlicherweise besonders schätzenswert, ein Notariat hatte, waren wohl Nachwehen der historischen Rolle des wackeren Wenzel.

»Gahn Se ocke do nuff«, sagte der Busfahrer, den Alois nach dem Notariat fragte, und deutete an dem Marienmonument vorbei. Alois verstand. Seine notariellen Lehr- und Wanderjahre hatten ihn in nordböhmischen Dialekten sattelfest gemacht. Gehen Sie einfach da hinauf. »Bei uns daheim hätte er ›Gängan'S einfach da auffe‹ gesagt«, dachte er amüsiert. Zu Hause sprach man eine Art Bayrisch, das hier hatte eine andere Färbung. Böhmen war sprachlich ein weites Feld. Er dankte und ging »do nuff«.

Das Notariat war im Erdgeschoss eines grauen Eckhauses untergebracht. Neben dem Eingang hing noch das Emailleschild seines verstorbenen Vorgängers in Frakturlettern: »Dr. Walter Bitterlich – Notar«. Alois rückte die Krawatte zurecht, straffte seine Schultern in dem wie üblich nicht richtig sitzenden Jackett, überlegte einen Moment, ob er anklopfen sollte – nein – und seinen grauen Filzhut schon jetzt abnehmen sollte – ebenfalls nein, schließlich war er ja der neue Chef. Dann trat er ein. Vier Augen schauten den Eindringling überrascht und ein wenig tadelnd an. »Guten Tag, ich bin der Dr. Fiedler, der neue Notar, Dr. Alois Fiedler.« Er deutete eine Verbeugung an und zog nun den Hut. Das blaue Augenpaar strahlte auf. Das braune schien verwirrt, aber ebenfalls erfreut.

Die blauen Augen gehörten zu einer jungen, dunkelblonden Frau, ziemlich groß, ziemlich kurvig in ihrem geblümten Sommerkleid, mit einer hübschen, frechen Nase und einer Spur Rouge zu viel auf den Lippen. Die braunen Augen blickten unter ordentlich zurückgekämmtem brünettem Haar aus einem weichen, heiteren Gesicht über einer Nase, die eine Spur zu lang war, bei Weitem nicht so viel zu lang wie die von Mizzi, dachte Alois, ohne zu wissen warum ihm das gerade jetzt einfiel. Als das Mädchen mit dem brünetten Haar vom Schreibtisch aufstand, sah er, dass sie eher klein war und sehr schöne Beine hatte.

«Ich bin Christine Minks, Herr Notar, alle nennen mich Tini, herzlich willkommen«, lächelte die große Blonde. »Maria Konrath, guten Tag, wir freuen uns ja so, dass Sie da sind«, sagte die kleine Brünette. Sie schlug die Augen nieder. Alois schüttelte beiden die Hände, schaute sie wohlgefällig an und sagte: »Da hab ich ja wohl Glück gehabt. Und Sie auch, meine Damen, so hoffe ich wenigstens für Sie.« Er lachte. Die zwei Frauen strahlten zurück. »Gibt es denn in Dauba eine Eisdiele?«, fragte Alois. »Ja? Kommen Sie, da gehen wir jetzt hin, und Sie erzählen mir, wie das hier so läuft.« Seine zukünftigen zwei Büromädel strahlten noch mehr, hatten aber auch eine gewisse Ungläubigkeit im Blick, als seien sie die Zeugen eines Wunders.

Erst viel später erfuhr Alois den Grund ihrer Verblüffung. So wie er einfach hereingeplatzt sei, mir nichts, dir nichts, und dann die Einladung zu Himbeereis und einem Schwätzchen, sagte Tini, als sie ihn wie jede Woche zum Amtstag nach Hirschberg begleitete. Ganz ehrlich, sie hätten beide erst daran gezweifelt, ob er auch wirklich der neue Notar sei. Dem Herrn Dr. Bitterlich wäre so was nie, nie eingefallen. Der sei immer korrekt gewesen, sehr würdevoll – also Eisessen mit ihnen, um Gottes willen! Das sei nie über die Formel: »Wie geht es Ihnen, meine Damen?« und »Ich hoffe, Ihre Familie ist wohlauf« hinausgegangen. Eine Antwort darauf habe er nicht erwartet, wahrscheinlich hätte er sie sogar als ungehörig empfunden.

Der Bitterlich habe einen Glatzkopf gehabt, so glatt und glänzend wie ein Ei, erzählte ihm später seine andere Bürokraft, außerdem habe er jedes Wochenende nachgezählt, wie viele Bleistifte und Farbbänder für die Schreibmaschine sie verbrauchten, dieser Knicker. Und dann erst der junge Aushilfsnotar, der nach dem plötzlichen Hinscheiden des Eierkopfs für ein paar Monate bis zum Eintreffen des neuen Notars die Geschäfte führte! Der hätte ihnen richtig leid getan mit seinem lila Anzug und der immer gleichen grünen Krawatte, auf der das gelbliche Geklecker vom Frühstücksei im Hotel »Sonne« stetig zugenommen habe. Wie der sich kaum getraute, die Augen zu heben vor Verlegenheit, und seine Anweisungen irgendwohin in die Weite des Büros raunte! Da hätten Tini und sie schon das Schlimmste befürchtet im Hinblick auf den neuen Notar.

Doch dann sei er gekommen. Und sie habe am ersten Tag dieses Anschreiben tippen müssen, habe sich gleich beim Briefkopf vertan, einen strengen Verweis wie zu Bitterlichs Zeiten erwartet und sich mit heißen Wangen für ihr Versehen entschuldigt. Er habe nur gelacht und gesagt: »Was ist denn da so schlimm? Dann schreiben Sie es noch einmal, diesmal halt richtig!« Von dem Moment an ... Als die zweite Notarhelferin Maria Konrath Alois das lebhaft und mit Zärtlichkeit in den Augen erzählte, war sie für ihn bereits »Mariechen« und seine Geliebte.

Der neue Notar fand sich schnell ein im Städtchen. Alois kaufte ein Haus am Waldrand, dem eine Veranda und ein säulengestützter Balkon etwas Herrschaftliches gaben. Die Straße hieß »Am Tampel«. Er fand nie heraus, woher der seltsame Name stammte. Nach ein paar Wochen kamen seine Schwiegereltern nach. Sie schienen den Daubaern ein ältliches Paar, unter deren etwas gezierter Freundlichkeit ein stiller Kummer wohnte. Sie brachten zwei Jungen mit sich. »Meine Söhne, Alarich und Hellmut«, stellte Alois sie in der Kanzlei vor. Der Kleinere lachte viel, ging das erste Jahr in die Bürgerschule und war in wenigen Tagen mit der halben Klasse gut Freund. Der Ältere, der diesen seltsamen Vornamen hatte, fuhr jeden Tag im Bus zum Gymnasium nach Böhmisch Leipa. Das Wehmütige in den Augen des jungen Mannes gefiel Maria Konrath. Alarich aber blieb ihr und Tini gegenüber distanziert und misstrauisch.

Bevor sie sich zu der Frage durchgerungen hatten, wann denn nun auch die Frau Gemahlin eintreffe, nahm ihr neuer Chef die Antwort vorweg: »Meine Frau ist wegen einer Gemütskrankheit zurzeit in Behandlung. Das kann noch länger dauern.« Er sagte das in einem sehr bestimmten Ton, der jede weitere Nachfrage verbot. Marias zwanzigjähriges Herz machte einen kleinen Satz. In ihren Wachträumen nannte sie den Herrn Notar schon seit Längerem Loisl, kam sich dann aber schändlich vor und trat jedes Mal die sündige Glut in ihrer Phantasie aus, bevor die Flammen so recht aufflackern konnten. Zumindest hier gab es diese Frau aber nicht. Vielleicht nie mehr? Außerdem hatte der Herr Notar einfach keine gemütskranke Frau verdient. Er tat ihr so leid, und er gefiel ihr so gut, ihr Traum-Loisl mit den grauen Schläfen, der so anders war als der Notar Bitterlich und so anders als der junge Sparkassenkassierer, ihr hartnäckiger Verehrer. Sie wollte ihn gerne trösten, den Herrn Notar, aber das durfte sie nicht, auch wenn er ihr noch so gut gefiel. Schließlich war sie ja doch noch da, die Gattin, und sie, Marie Konrath, war keine Ehebrecherin. Sie fühlte sich beflügelt und verworfen zugleich.

Alois lernte bald den Arzt, den Tierarzt und den Pharmazeuten kennen, dessen Apotheke »Zur Mutter Gottes« hieß, was eher der Lage seines Ladens nahe der Säule mit der Marienstatue als seiner religiösen Tiefe zuzuschreiben war, und durch den Apotheker auch den Stadtpfarrer, einen gemütlichen Mann, mit dem er manchen Abend die Liebe zum »Bernkastler Doctor« teilte. Im Grundbuchamt des Kreises bekam er fast täglich mit Herrn Hawranek zu tun, einem dünnen, melancholischen Tschechen. Herr Hawranek hatte eine mollige Frau und sechs Kinder – oder sieben? Er hätte viel lieber die Kataster in einer tschechischsprachigen Stadt geführt. Doch wie den Amtsgerichtspräsidenten, die Postboten, die Lehrer der chronisch an Schülermangel leidenden, wesentlich durch Frau Hawraneks Fruchtbarkeit am Leben gehaltenen tschechischen Volksschule hatte ihn der Staat ins deutschsprachige Grenzgebiet geschickt.

Als braver Nationalist konnte Hawranek sich kaum sträuben, seinen Teil zur Tschechisierung der Randregionen beizutragen, hielt sich im Allgemeinen vom deutschen Leben fern und widmete die Abende dem Lesen und der Vergrößerung seiner Familie. Obwohl er sehr gut Deutsch sprach, war Hawranek froh, im neuen Notar einen deutschen Menschen kennenzulernen, der ordentlich Tschechisch konnte. Er machte Alois auf den zu früh verstorbenen Prager Dichter Franz Kafka aufmerksam, der – wie er meinte – »deutsch schrieb, tschechisch fühlte und jüdisch dachte«, begeisterte sich an der »beklemmenden Auswegslosigkeit« dieses Autors. Alois las lieber historische Schinken wie »Ein Kampf um Rom« oder Abenteuergeschichten von Jules Verne bis Friedrich Gerstäcker. Von den Zeitgenossen beeindruckte ihn am meisten Joseph Roth und sein eben erschienener Roman »Radetzkymarsch«, in dem er glaubte, ein Stück von sich selbst zu finden. Zwar nahm er sich vor, auch diesen Kafka zu lesen, aber »beklemmende Ausweglosigkeit, die habe ich genügend mit Mizzi«. Den Hawranek jedenfalls schätzte er sehr.

Auch von Dauba aus war es mit dem Auto kaum mehr als eine Stunde nach Reichenberg. Ab und zu besuchte Alois noch immer das »Kolibri«. Die Kapelle hatte das Böhmerwaldlied nicht vergessen, und auch Anastasia bediente ihn durchaus zufriedenstellend, allerdings ohne Enthusiasmus. Er erzählte ihr, dass seine Frau seit ein paar Monaten wieder »eingeliefert« sei, ein schwerer Rückfall, dieses Mal habe man ihr gerade noch rechtzeitig ein Röllchen Schlaftabletten aus dem Magen gepumpt. Diesmal sei es allerdings nicht die Bezirksnervenklinik, sondern ein diskretes Sanatorium für Gemütskranke nahe Prag. Das konnte er sich jetzt als selbstständiger Notar leisten. Auch die dortigen Ärzte wollten sich nicht festlegen, ob Mizzi unheilbar geisteskrank sei oder doch noch kurabel. Er persönlich sei inzwischen von Ersterem überzeugt, die Ehe mit ihr am Ende. Doch bevor die Experten ihre Krankheit nicht amtlich bescheinigten, das wusste er inzwischen, konnte er sich nach geltendem Gesetz nicht scheiden lassen.

Die Großfürstin zuckte die Achseln. Scheidung hin, Scheidung her, Louis, ich habe es dir ja schon einmal gesagt, fang was Neues an. Im Übrigen sei dies heute sein letzter intimer Besuch bei ihr gewesen, der Hopfenhändler wolle sie heiraten. »Er sagt, er liebt mich. Und ich komme hier raus. Viel Glück, Louis.« Sie küsste Alois auf beide Wangen und nach kurzem Zögern auf den Mund. Auch heute vergaß sie nicht, mit einem schnellen Blick die Kronen-Scheine zu zählen, die Alois unter den Fuß der Nachttischlampe geklemmt hatte. Sie war noch immer eine stattliche Frau.

Im Sommer 1932 kam der Film »Der blaue Engel«, der schon ein Jahr lang ganz Europa begeisterte, endlich auch nach Dauba. Alois liebte Kino, die Schwarz-Weiß-Welt auf der Leinwand, die großen Gebärden, die großen Gefühle, die knisternden, künstlichen Stimmen des neuerdings um sich greifenden Tonfilms, die ihm wegen seines schlechten Gehörs allerdings oft Mühe machten. Er ging häufig ins plüschige, einem kleinen Rokokosaal halbwegs nachgeahmte Kino an der Straße nach Böhmisch Leipa, lachte über den noch stummen Charlie Chaplin – sein Lieblingsschauspieler, nicht nur wegen des Bärtchens über der Oberlippe, der seinem glich – oder erregte sich über den froschäugigen Kinderschänder Peter Lorre in »M – eine Stadt sucht einen Mörder«.

Ein paar Mal hatte er die flotte Tini mitgenommen. »Was, Herr Notar, Sie wollen heute Abend in ›Die Sehnsucht jeder Frau‹ gehen? Oh, das wollte ich auch unbedingt sehen!« Tini zeigte großes Interesse an Filmen, besonders dann, wenn Alois es auch zeigte. Manchmal hatte er nicht nur auf die Leinwand geschaut, sondern aus den Augenwinkeln zu seiner Begleiterin. Groß, verlockend, im Sessel leicht zu ihm herüber gerutscht. Sie hatte ihn ebenso verstohlen von der Seite angeblickt, den Notar mit der lebendigen, menschlichen Art und einem sehr soliden Einkommen. Schon 43 und angegraut, also ein bisschen verschlissen für eine 25-Jährige, aber unter dem Strich... Vielleicht würde er ja bald geschieden sein. Alois hütete sich, Tini zu einer Ausfahrt nach Reichenberg oder Prag einzuladen.

Beim »Blauen Engel« aber saß die kleine Konrath neben ihm. Sie hatten sich zufällig an der Kasse getroffen. Braunäugelchen, wie er sie für sich selbst nannte, war leicht errötet. Immerhin sollte der »Blaue Engel« ein Film sein, der mit einem so schlüpfrigen Thema wie Hörigkeit zu tun hatte. Alois wusste schon länger, dass das brave, gescheite, gewissenhafte Fräulein Konrath in ihn verschossen war. Sie wurde zu oft verlegen, sobald er sie nur ansah oder er einen seiner kleinen Scherze machte. Wenn er ihr routiniert die Paragrafen eines Erbschaftsvertrages diktierte, schaute sie mit unangemessener Bewunderung zu ihm auf. Zwanzig Jahre war sie erst alt, und nie hätte sie wie Tini gewagt, sich bei ihrem Chef zum Kino einzuladen. Kein Objekt der Begierde für einen Mann mittleren Alters, der noch dazu zwei Kinder und eine ungeklärte Ehe am Bein hatte. Er wäre sich äußerst schäbig vorgekommen.

Alois und Maria Konrath, darauf bedacht, sich nicht an Knien oder Ellenbogen zu berühren, schauten gebannt dem Untergang des liebestollen Professor Unrat auf der Leinwand zu, hörten die Femme fatale aus dem Bumslokal »Blauer Engel«, die den Professor ruiniert, das skandalumwitterte Lied singen: »Ich bin von Kopf bis Fuß auf Liebe eingestellt, denn das ist meine Welt und sonst gar nichts.« Alois bewunderte die langen Beine der Darstellerin, einer durch diese Rolle zu jähem Weltruhm gekommenen Berlinerin namens Marlene Dietrich, und für einen Moment fielen ihm die Großfürstin und das »Kolibri« ein. In den Haselaugen seiner Begleiterin, das sah er selbst im Halbdunkel, wuchs ungläubige Empörung. Als das Fräulein Dietrich mit verrucht rauchiger Stimme bei der Zeile »Männer umschwirr'n mich wie Motten um das Licht, und wenn sie verbrennen, ja dafür kann ich nicht« anlangte, entfuhr dem Fräulein Konrath halblaut: »Wie kann eine Frau nur so sein!« Sie blickte Alois voll ins Gesicht. Und da sah er in ihren Augen: So etwas würde sie nie tun, lieben könne sie nur einen, von Kopf bis Fuß und aus ganzem Herzen. Koste es, was es wolle. Den einen – und der eine, sagten die Augen, sei er.

Die Bedingungslosigkeit ihres Blicks erschreckte Alois fast. Doch er konnte sich ihm nicht entziehen. Als Professor Unrat am tiefsten Punkt seiner Erniedrigung in einem lächerlichen Hahnenkostüm erbärmliche Kikeriki-Laute ausstieß, fasste er die Hand seiner tüchtigen Bürokraft. Sie erwiderte den Druck seiner Finger. Tristan und Isolde, durchfuhr es ihn, der Zaubertrank, der die beiden zu ewiger, verbotener Liebe verurteilt. Er kannte schließlich seinen Wagner, dafür hatte Mizzis verdammte Schwärmerei gesorgt. Doch im Kino von Dauba gab es nur Isolde. Eine Isolde, die keinen Zaubertrank brauchte. Denn du bist kein Tristan, mein lieber Alois, kannst du überhaupt jemanden lieben? So wie sie, rückhaltlos?

Wenn er jetzt nicht sofort seine Hand zurückzog... Er zog seine Hand nicht zurück. Er kapitulierte – und fühlte sich nicht mehr verantwortungslos. Er würde dieses unschuldige Mädchen nicht verführen. Sie hatte sich schon längst preisgegeben, denn sie liebte ihn. Dieser Alois war ihr Schicksal, ihre Bestimmung, der Rest der Welt spielte keine Rolle.

Alois begleitete sie nach der Vorstellung heim. Viele Leute grüßten ihn beim Verlassen des Kinos mit einem unauffällig interessierten Blick auf seine Begleiterin. Er hielt anfangs Abstand von ihr, die Hände in den Manteltaschen. Doch dann nahm er die Rechte aus der Tasche und fasste wieder ihre Hand. Es war ziemlich dunkel auf der Unteren Kirchgasse. Doch Alois glaubte, noch immer die interessierten Blicke im Rücken zu spüren. Beim nächsten Treffen schlief er in einem diskreten Reichenberger Hotel zum ersten Mal mit seinem Mariechen.

Keine zweite Schweiz

Das Dorf lag im hintersten Winkel der Republik. Dort, wo die Kirchen vergoldete Zwiebeltürme hatten, orthodoxe Kreuze mit Doppelbalken und Inschriften auf Kyrillisch, was Alois an Serbien und den Krieg erinnerte. Ein paar Kilometer weiter nach Osten begann die Sowjetunion. Die Wirtsstube des einzigen Gasthauses – »Fremdenzimmer mit kaltem und warmem Wasser« – war laut und rauchig. Die Männer tranken Wodka und unterhielten sich in einer Sprache, die er für Russisch hielt. Das Gasthaus war die entlegenste Anlaufstelle bei der Sternfahrt 1933 quer durch die Tschechoslowakei, wie jedes Jahr im Mai ausgerichtet vom Nordböhmischen Automobilclub, an der Alois mit seinem neuen, viertürigen Wagen der Marke »Z« teilnahm. Der Wirt hatte einen Stempel des Clubs. Er knallte ihn wichtig in Alois' Fahrtenbuch. Zu häufig verirrten sich Automobilisten aus Böhmen sonst nicht in den äußersten Zipfel der Slowakei.

Alois war hungrig und müde nach sechs Stunden Fahrt über Schlaglöcher und Bodenwellen. Er ging auf sein Zimmer im Obergeschoss, wusch sich und wechselte das Hemd. Jetzt noch ein Bier, ein Schnitzel, dann nur noch das Bett. Er stieg die Treppe hinunter, fingerte eine Zigarette aus der Packung, wollte sie in den Mund stecken – und erstarrte auf der vorletzten Stufe. Da drüben saß der Rauchenstein. Alois kniff die Augen zusammen. Kein Zweifel, da drüben im Eck saß, durch die Tabakschwaden ein wenig milchig und verschwommen, doch eindeutig, der Drogist Rauchenstein Und er war nicht allein. Ihm gegenüber saß Händchen haltend mit liebestrunkenem Blick das Fräulein Berger, Religionslehrerin an der Daubaer Bürgerschule.

Gerade spitzte Rauchenstein seine Lippen und näherte sich den ihren verlangend. Was scherten ihn die Hinterwäldler! Der Rauchenstein. Daubas Kirchenvorstand Gottlieb Rauchenstein! So salbungsvoll, so moralisch, so glücklich verheiratetet. Und dann hier mit einer anderen Frau, und noch dazu der Religionslehrerin! Alois fühlte, nein, Alois überschwemmte freudige, grimmige Genugtuung. Ausgerechnet der Mann, der sich dauernd über Mariechen und ihn entrüstete. Natürlich nur hinter seinem Rücken, ihm ins Gesicht grüßte er überfreundlich. »Wie kann man nur! Als verheirateter Mann, noch dazu als Notar, da hat man Vorbild zu sein! Auch wenn seine Gattin geisteskrank ist, verheiratet ist verheiratet. Die arme Frau! Und wie kann sich dieses Mädchen bloß so wegwerfen, sich so der Sünde hingeben! Dabei kommt sie doch aus einem anständigen Haus. Man müsste die Aufsichtsinstanzen einschalten!«

Alois zündete die Zigarette an, hängte sie sich lässig in den Mundwinkel und tauchte aus den Tabaknebeln der Gaststube wie Nosferatu vor dem Paar auf. »Guten Abend, Fräulein Berger. Guten Abend, Herr Rauchenstein!« Er lächelte sein wölfischstes Lächeln. Rauchenstein blickte unwirsch hoch. Wer störte da? Er brauchte einen Augenblick. Dann öffnete er den noch gespitzten Kussmund, und seine Augen weiteten sich. »Wie ein Karpfen, der nach Luft schnappt«, dachte Alois. »He…, He…, Herr Notar, was tun denn Sie hier?«, brachte er mühsam heraus. Die Religionslehrerin schlug sich eine Hand vor den Mund und erbleichte. »Sternfahrt vom Automobilclub«, antwortete Alois leichthin, »wunderbare Gelegenheit, meinen neuen ›Z‹ auszuprobieren. Prima Auto. Allerhand, wie groß doch unsere Tschechoslowakei ist. Und da treffe ich Sie, welcher Zufall. Was bringt Sie denn hierher ans Ende der Welt?«

In Rauchensteins Augen metastasierte die Panik. »Ich…, wir…, ich meine Fräulein Berger und ich… machen eine Studienfahrt, eine, eine Wanderschaft verwandter Seelen, ich meine, wir…, wir…« Er schwieg unglücklich, hinter der schwitzenden Stirne schienen seine Gedanken wirr und vergeblich zu rasen. »Aber wir haben zwei Zimmer genommen«, platzte er plötzlich in einem letzten idiotischen Versuch heraus. Natürlich. Alois nickte.

Er setzte sich, tat so, als verstehe er die verstörte Gelähmtheit der beiden nicht, und erzählte minutenlang von den Tücken und Freuden des Automobilismus auf tschechoslowakischen Straßen. »Ich sage Ihnen, einmal habe ich sogar einen Plattfuß mit einer Briefmarke geflickt, weil ich keine Gummilösung dabei hatte. Und stellen Sie sich vor, das hat bis zur nächsten Werkstatt gehalten. Hervorragende Qualität, unsere Briefmarken, besonders der Klebstoff.« Rauchenstein und Fräulein Berger starrten ins Leere. Sie hatten kein Wort aufgenommen. Erkannt. Erwischt. Erledigt. Und dabei waren sie so weit gefahren.

Alois bat den Kellner um ein Glas und goss sich aus der Flasche auf dem Tisch slowakischen Tokajer ein. Er hielt das Glas gegen das Licht und sah durch dessen Wölbung die Gesichter der beiden rubinrot verzerrt. Die Augen Rauchensteins schienen ihm wie die brechenden Lichter eines waidwunden Rehbocks. »Herr Rauchenstein«, sagte Alois nach ein paar Sekunden Schweigen freundlich, »durch mich wird niemand etwas von diesem, hm, Ausflug, erfahren. Das ist ihre Privatsache und geht mich nichts an.« Er nickte auch zu Fräulein Berger hin. »So wie mein Privatleben andere Leute nichts angeht. Ich glaube, wir verstehen uns. Gute Nacht.« Er trank aus und ging auf sein Zimmer. Am nächsten Morgen war das Paar schon abgereist. Drogist Rauchenstein führte weiter ein frommes Leben und eine glückliche Ehe. Traf er Alois auf der Straße, grüßte er mit ausgesuchter Freundlichkeit. Durch sein beflissenes Lächeln schimmerte allerdings eine gewisse Bangnis. Aus seinem Mund kamen nie wieder abfällige Bemerkungen.

Ganz Dauba wusste inzwischen, dass der Notar es mit dem Konrath Mariechen hatte, auch wenn sie ihn im Büro noch immer mit »Herr Notar« ansprach und er sie dort »Fräulein Konrath« nannte. Ihr war das keineswegs gleichgültig, sie war ja immer ein braves Mädchen gewesen. Doch es war ihr nicht so wichtig wie ihre Liebe zu Alois. »Sie hätte sich im Mittelalter für ihre Liebe auch an den Pranger gestellt«, dachte Alois gerührt. Sie hatte ihren Eltern mit bebender Stimme, doch innerlich stählern entschieden, klar gemacht, dass der Notar der Mann ihres Lebens sei. Daran sei nichts zu ändern, schon gar nicht durch das Gerede der Leute. Erstaunt erfuhr Alois zum ersten Mal, wie unbeirrbar dieses sonst so nachgiebige Mädchen sein konnte, wenn etwas wirklich für sie zählte.

Ihr Vater, ein verbitterter Mann, der als junger Tischlergeselle bei einem Unfall an der Kreissäge die rechte Hand verloren hatte und seither mit der Linken in einem Versicherungsbüro Schreibarbeiten verrichtete, brüllte sie erst an, ergab sich dann aber wie üblich dem Schicksal. Die Mutter, eine stille, unterwürfige Frau, schüttelte nur immer wieder trostlos den Kopf. Tini schmollte ein wenig, als der Notar nun nicht mehr sie, sondern Maria zum Amtstag nach Hirschberg mitnahm, und fragte sich mit einem prüfenden Blick auf ihre pralle Bluse, warum der Dr. Fiedler ausgerechnet auf ihre brave Kollegin hereingefallen sei. Dann sah sie die pure Verliebtheit in Mariechens Augen und gönnte ihr als gutmütige Natur den Notar mit der verrückten Frau.

Auch die Schwansees begehrten nicht auf. Sie wohnten inzwischen in Dauba im Oberstock. Der Schwiegervater hatte sein Italienisch fast vergessen, außer dem Schimpfwort »Cazzo« und dem Kosenamen »Tesoro« für seine Frau. Er züchtete jetzt im Garten hinter dem Haus sehr erfolgreich Erdbeeren. Alois lebte mit den beiden Jungen im Parterre. In seinem Schlafzimmer stand noch immer Furcht einflößend das ausladende Ehebett. Schwiegermama hielt daran fest, zwei Kopfkissen zu beziehen. »Wenn Mizzi zurückkommt«, hatte sie einmal zu Beginn ihrer Zeit in Dauba gesagt, in dem Ton, an dem sich auch die Mütter vermisster Soldaten festhalten. Als die Schwansees nach und nach von der Liaison ihres Schwiegersohns erfuhren, baten sie ihn jedoch nur, »dieses Fräulein« nicht ins Haus zu bringen. Das täte doch zu weh. Alois versprach es. »Bis die Situation mit Mizzi klar ist.«

Er hatte ein Jagdrevier rund um den winzigen Weiler Nosadel gepachtet, der zwanzig Kilometer von Dauba entfernt gerade jenseits der Sprachgrenze im Tschechischen lag. Die Jagdhütte – ein Blockhaus in der landesüblichen Bauweise, schwarz und weiß gestrichene waagerechte Balken wechselten sich ab – stand einsam wie verwunschen am Waldrand. Dorthin fuhr er mit Mariechen, die bei ihren Eltern wohnte, an den Wochenenden. Die Bauern der Umgebung scherten sich nicht sonderlich darum, dass der Notar aus Dauba offensichtlich nicht nur durch die Wälder pirschte. Angeblich sollte er zu Hause eine Wahnsinnige zur Frau haben. Da konnte man schon verstehen, wenn er sich eine Junge zum Bettwärmen mitbrachte.

Alarich lehnte zuerst »die Neue« in seines Vaters Leben ab – diese Frau war nur drei Jahre älter als er, aber 23 Jahre jünger als Papa. Doch dann sah er die Ehebrecherin öfter. Sein Vater versteckte sie nicht vor ihm und Hellmut. Widerwillig musste Ali sich eingestehen, dass dieses Fräulein Konrath aus dem Notariat seinen Vater nicht angeln wollte, sondern ihn von Herzen liebte. »An der ist eigentlich nichts Falsches«, gestand er sich irgendwann ein, »auch wenn ich Mama nicht vergessen kann. Papa kann es offensichtlich. Arme Mama.« Er beschloss, diese Frau, die Vater »Mariechen« nannte, zu akzeptieren. Mutter würde nicht wieder gesund werden. Für seinen kleinen Bruder war sie sowieso nur noch ein Schatten, eine blasse

Erinnerung. Hellmut fand die junge Frau von Anfang an gut. »Mit seinen zwölf Jahren findet er jede junge Frau gut«, dachte Alarich leicht geringschätzig.

In diesem schönen, heißen Sommer 1933 brachte Alois außer den beiden Jungen auch Maria zum Urlaub in den Böhmerwald mit. Eltern und Geschwister nahmen sie freundlich abwartend auf. Alois musste allerdings für sie ein Zimmer in einer Prachatitzer Pension buchen und sie Abend für Abend dorthin bringen. Seine Mutter bestand darauf. Sie musste inzwischen fast den ganzen Tag im Bett verbringen. Die nagenden Schmerzen unterhalb der Hüfte hörten nie auf.

Mutter lächelte nicht mehr mit den Lippen, weil sie sich scheute, ihren zahnlosen Mund aufzumachen. Sie lächelte nur noch mit den Augen, die größer und größer wurden in ihrem immer winzigeren Gesicht. Am hellsten strahlten sie, sobald ihre Töchter und Söhne mit den Enkeln zu ihr ins Zimmer traten. Glücklich registrierte Alois, dass sie auch Mariechen anlächelte. Mutter wurde immer weniger, immer durchsichtiger. Sein Vater saß jetzt oft am Bett seiner Frau. Er hielt ihre dünn gewordene Hand in seiner, die noch immer kräftig und schwielig war. Meist schwiegen sie. Beide wussten es. Dabei war Mutter erst 67.

»Eigentlich wäre doch ich dran mit meinen fast achtzig Jahren«, sagte Vater zu Alois, »aber der liebe Gott misst halt nicht jedem die gleiche Zeit zu.« Er lächelte bekümmert. Gottes unerforschlichen Ratschluss hatte er nie verstanden. Er hatte ihn auch nie sonderlich interessiert. Alois wollte ihn von seinem stillen Gram ablenken und erzählte aus dem Notarsleben. Wie in Saaz zu den Zeiten der Wirtschaftsblüte die Hopfenbauern ihre Zigarren – »Zigarren aus Kuba, Vater« – vor ihm mit Hundert-Kronen-Scheinen anzündeten. Wie er in Dauba gelernt hatte, bei Hofübergaben sehr ins Detail zu gehen. »Es reicht nicht, in den Übergabevertrag zu schreiben, den Alten im Ausgedinge stehe jeden Tag ein Liter Milch zu, nein, es muss heißen »ein Liter frischer, nicht entrahmter Kuhmilch«. Sonst kann es passieren, dass die eigenen Kinder ihre Eltern mit Magermilch, mit Ziegenmilch oder schon leicht angesäuerter Milch abspeisen. Man muss auch schriftlich festhalten, dass sie im Winter weiterhin auf der warmen Ofenbank sitzen dürfen. Andernfalls lassen manche Jungen Vater und Mutter nicht mehr in die geheizte Stube.

»Und in der Kanzlei?«, fragte Vater. Ach, sein Mariechen! Wie sie Bescheid wisse in der Materie, Verträge oder Beglaubigungsschreiben selbstständig verfasse – außer den komplizierteren natürlich –, und er müsse dann nur seine Unterschrift daruntersetzen. Sie könne das in beiden Sprachen, da sie das letzte Jahr Bürgerschule freiwillig in Melnik gemacht habe, also im tschechischen Teil Böhmens. Und da habe sie als fünfzehnjähriges Mädchen einfach richtig Tschechisch lernen müssen, weil niemand in ihrer Klasse auch nur ein Wort Deutsch sprach. »Nicht ein einziges Wort – das stimmt nicht ganz«, lachte Alois, »eine Mitschülerin konnte etwas auf Deutsch, es war sogar ein Reim: »Arsch ist keine Trillär, Schillär, Arsch ist keine Flötä, Goethä!«

Der Alte schmunzelte und erzählte seinerseits von den alten Zeiten, in denen er am Kauderwelsch der tschechischen Fuhrleute fast verzweifelte und oft nicht wusste, ob daran deren mangelnde Deutschkenntnisse oder doch nur ein paar Gläschen Schnaps zu viel schuld waren. Damals, als der Doppeladler noch über dem Prachatitzer Rathaus flatterte und das Bild von Kaiser Franz Joseph mit dem riesigen Backenbart in jeder Amtsstube hing. »Eigentlich haben wir uns alle aber immer ganz gut vertragen, irgendwie.« Dann wurde er ernst: »Anders als heute. Ich habe Masaryk vertraut, der noch im Krieg dem amerikanischen Präsidenten Wilson versprochen hat, aus der Tschechoslowakei eine zweite Schweiz zu machen. Dass hier Tschechen, Slowaken und Deutsche unter einem Dach leben sollten wie dort Franzosen, Deutsche, Italiener. Unter einem gemeinsamen Dach, aber jeder in seiner eigenen Wohnung. Du weißt ja selber, wie es ist bei uns. Wir sind kein zweite Schweiz. Es gibt keine wirkliche Autonomie für uns. Masaryk hat mich enttäuscht. Er meint es ja gut, aber er ist halt doch ein Nationalist.«

Alois stimmte seinem Vater zu. Er hatte gut verstanden, dass die Tschechen nach dem Krieg einen eigenen Staat wollten und nicht so richtig wussten, was sie mit den drei Millionen Deutschen in Böhmen anfangen sollten. Sie steckten in einem unlösbaren Dilemma: Einerseits war ein Staat ohne die deutsch besiedelten Ränder nicht lebensfähig. Andererseits machten drei Millionen Deutsche einen echten tschechischen Nationalstaat unmöglich. Die Tschechen misstrauten ihren Deutschen. Irgendwie zu Recht. »Wir Deutsche wären ja wirklich lieber ein Teil des neuen Österreichs geworden und wurden in die tschechoslowakische Republik hineingezwungen«, dachte Alois. Wie oft hatte er darüber mit Wenzel diskutiert!

Masaryk und vor allem sein Adlatus Beneš entschieden sich gegen das angekündigte Schweizer Modell. Sie redeten der Welt – und wahrscheinlich auch sich selbst – erfolgreich ein, die Tschechoslowkei sei ein Nationalstaat, gut, mit einer verstreuten deutschen Minderheit, aber im Großen und Ganzen ein homogenes Land. Dies war eine Lüge. Schon die Slowaken waren im neuen Staat nur halbherzig dabei. Die tschechische Politik behandelte sie wie einen kleinen, unverständigen Bruder. Und wir Deutschen, dachte Alois, sind Bürger zweiter Klasse. Zugegeben, das waren die Tschechen in den k. und k. Zeiten schon auch gewesen. Es sah für ihn nach Vergeltung aus.

»Ich habe als einer der Ersten bei der Tschechischen Volksbank Prachatitz ein Darlehen aufgenommen, sehr seriöse Herren übrigens, und bin dafür Verräter genannt worden«, sagte Vater, »ich wähle seit den Zwanzigerjahren den ›Bund‹,

aber ich fange auf meine alten Tage an, mir das zu überlegen.«
Der Bund war der »Bund der Landwirte«, die Partei der deutschen Bauern in der Tschechoslowakei. Der »Bund« hatte wie auch die Sozialdemokraten schon sehr früh den Status quo akzeptiert und die Zusammenarbeit mit der tschechischen Mehrheit befürworte. Er stellte sogar Minister in Prag. »Was hat der Bund erreicht?«, Vater schüttelte heftig den Kopf. »Nichts hat er erreicht. Für die Regierung ist er nur ein Feigenblatt in der Deutschenfrage. Man redet schön und tut nichts. Im Gegenteil. Bei uns ist die Arbeitslosigkeit noch immer hoch, vier Jahre nach dem Schwarzen Freitag, über zwanzig Prozent. Eine bedauerliche Folge der Weltwirtschaftskrise, sagen die in Prag. Aber alle Staatshilfen, alles Regierungsgeld geht weiterhin in die tschechischen Gebiete der Republik, dort hat es gerade noch fünf Prozent Arbeitslose. Die haben ja längst vergessen, dass es einmal einen Schwarzen Freitag gab. Und du weißt es ja am besten, wer Beamter wird und wer nicht. Dich haben sie nicht Richter werden lassen.« In Vaters hellen Augen stand Entrüstung. Für den Augenblick hatte er das langsame Siechtum seiner Frau vergessen. Er redete sich in Fahrt. Das tat er selten.

»Weißt du, Loisl, wie viele Tschechen es heute in Prachatitz gibt? Über zweitausend. Fast die Hälfte aller Einwohner. Zu Kaisers Zeiten waren es nur ein paar Hundert. Die Republik schickt einen Tschechen nach dem anderen zu uns. Sicher, wir liegen auch direkt an der Sprachgrenze. Aber alle Staatsdiener, vom Fahrkartenkontrolleur bis zum Fleischbeschauer, sind zugewanderte Tschechen; junge tschechische Familien aus dem Innern, die sich bei uns niederlassen, bekommen staatliche Beihilfen. Dafür haben sie schon längst das deutsche Gymnasium Prachatitz, dein Gymnasium, geschlossen. Unsere deutschen Schüler müssen für die Matura bis nach Krumau fahren. Für mich ist das Tschechisierung und keine zweite Schweiz.«

»Und wen willst du dann wählen?«, fragte Alois. »Die Kommunisten? Oder die Nationalsozialisten, die den Anschluss an Deuschland fordern, jetzt, wo dort der Hitler, der Führer, regiert?« »Die Kommunisten? Nein, die ganz sicher nicht«, antwortete Vater. »Kommunismus ist ja eine wunderbare Sache – auf dem Papier. Alle sind gleich und alle haben alles. Aber schau dir Russland an. Den Herrn Stalin. Danke!« Er lachte kurz auf. »Außerdem, ich bin ja selber Kapitalist, ein sehr alter Kapitalist inzwischen, das kannst du von mir nicht verlangen. Und die Nationalsozialisten mit ihrem Hitler?« Der Alte blickte seinen Sohn zweifelnd an. »Durchsetzen kann er sich, der Führer, rücksichtslos durchsetzen. Und er kann die Leute begeistern. Da drüben ruft alles ›Heil Hitler!‹ Frag die Kommunisten und Sozialdemokraten aus Deutschland, die jetzt in Massen zu uns in die Tschechoslowakei emigrieren. Ich weiß nur nicht, wo der haltmacht. Ob der überhaupt haltmacht.«

Vater stand auf, ein wenig schwerfälliger als noch vor ein paar Jahren. »So, jetzt muss ich wieder nach der Mutter schauen«, meinte er und ging leicht gebeugt auf die Schlafzimmertür zu. Er hatte schon die Klinke in der Hand, als er über die Schulter zu Alois sagte: »Er hat kein Gewissen, dieser Herr Hitler.« Sein Ton war so traurig sachlich wie der eines Arztes, der sich zu einer höchst unangenehmen Diagnose in einem sehr ernsten Fall durchgerungen hat. Alois kannte diesen Ton. Genau so hatte Vater vor langer Zeit gesagt: »Eine verlorene Sache, mein Sohn.« Damals, als Alois begeistert in den Krieg zog.

Im Oktober 1933 gründete der Turnlehrer Konrad Henlein die »Sudetendeutsche Heimatfront« als Sammelbecken der Deutschen in Böhmen. Drei Tage vorher hatte sich die Nationalsozialistische Deutsche Arbeiterpartei der Tschechoslowakei selbst aufgelöst, um einem Verbot durch die Prager Regierung zuvorzukommen. Dem greisen Masaryk war die

Forderung der Nationalsozialisten nach einem Anschluss an Hitlers Deutschland zu Recht staatsgefährdend erschienen. In ihrem Gründungsmanifest bezeichnete die »Heimatfront« ihre Hauptaufgabe »in der Sicherung und dem Aufbau unseres Volksbesitzstandes, unseres Heimatbodens, unserer kulturellen Einrichtungen, unserer Wirtschaft und unseres Arbeitsplatzes«. Ausdrücklich innerhalb der Tschechoslowakei. Alois und sein Vater waren mit diesen Zielen einverstanden und traten der Partei bei.

Zwei Wochen zuvor war Mutter gestorben, still und unauffällig. Eines Morgens war sie einfach tot, als Vater sie wecken wollte. Der Doktor hatte Mühe, eine Ursache zu finden. Er trug ins Formular »allgemeine Erschöpfung« ein. Vater ließ mit dem Doktor auch den Stadtpfarrer kommen. Der Pfarrer salbte Mutters schon erkaltende Stirn mit der Letzten Ölung. Vater stand stumm daneben. Trotz seines Schmerzes lächelte er. Sein Mariandel, seine gute Frau, hätte auf diesen letzten geistlichen Beistand Wert gelegt, das wusste er. Obwohl sie ja das Sterbesakrament jetzt gar nicht mehr mitbekam. Dann strich er ihr zärtlich über die Wangen.

»Heim ins Reich«

In der Nacht auf den 14. September 1937 starb 87-jährig Thomas Masaryk. Alois las in der Morgenzeitung die Eilnachricht und einen ausführlichen Nachruf auf den größten tschechischen Politiker, den seine Landsleute den »Präsidenten-Befreier« nannten. Keine Trauer, keine Freude, eine seltsame Leere packte ihn. Es war das gleiche Gefühl von tauber Endgültigkeit, das ihn vor zwanzig Jahren im Schützengraben am Pellegrino-Pass befallen hatte, als die Nachricht vom Tod Franz Josephs eintraf. Damals wie heute war mehr als nur ein Leben zu Ende gegangen.

Mit dem greisen Kaiser, das hatte im Weltkrieg jeder geahnt, war auch der Habsburger Vielvölkerstaat verschieden. Mit dem ebenso greisen Masaryk, der ein Menschenalter lang die tschechische Politik bestimmt hatte, wurde jetzt die Hoffnung zu Grabe getragen, aus der Konkursmasse der k. und k. Monarchie könnte doch noch etwas anderes entstehen als eine Handvoll fragiler Nationalstaaten »Masaryk war ein aufrechter, liberaler Mann«, sagte Alois im Büro zu Mariechen, »er war tschechischer Nationalist, aber gleichzeitig auch Weltbürger, irgendwie hielt er uns Deutschen die Tür für eine ›zweite Schweiz‹ offen. Unter Beneš als Präsident ist sie endgültig zugeschlagen.« Er bat seine beiden Fräulein, das vorgeschriebene Foto des Präsidenten-Befreiers über seinem Schreibtisch mit einem Trauerflor zu versehen.

Zwei Jahre vor Masaryks Tod hatte die ehemalige Sudetendeutsche Heimatfront, die inzwischen Sudetendeutsche Partei hieß, einen Erdrutschsieg bei den Parlamentswahlen errungen. Zwei Drittel der drei Millionen Deutschen in Böhmen, die Fiedlers darunter, hatten für Henleins neue Partei gestimmt. Inzwischen lautete ihre Forderung: komplette Autonomie für die deutschsprachigen Gebiete. Die Regierung lehnte dies natürlich ab. Die Republik sei der lange ersehnte und schwer erkämpfte Nationalstaat der Tschechen und Slowaken. Die Deutschen seien, bitte schön, gleichberechtigte Individuen, nicht aber ein zweites Staatsvolk.

Das war den Sudetendeutschen, wie sich die Deutsch-Böhmen nun bezeichneten, eigentlich nie genug gewesen. Nach dem Weltkrieg hatte sie der Versailler Vertrag in ihre Minderheitenrolle gezwungen. Das schwache Österreich, das deutschsprachige Überbleibsel des Habsburger Reichs und selbst ein Staat von Siegers Gnaden, konnte ihnen nicht helfen. Sie mussten sich wohl oder übel mit dem neuen Staat arrangieren. Inzwischen war die Lage anders: Die Sudetendeutschen schauten in ihrer Mehrheit nicht mehr nach Wien. Sie schauten nach Berlin. Dort saß Adolf Hitler, der Mann, dem sogar Churchill widerwillig zugestand, Deutschland aus dem Desaster der Niederlage wieder in die Reihe der respektierten europäischen Staaten zurückgeführt zu haben – wenn auch mit unschönen Mitteln.

Parteiführer Henlein verabschiedete sich Schritt für Schritt von seinen Autonomieplänen für das Sudetenland. Kurz nach Masaryks Tod trug er Hitler im November 1937 erstmals die deutschen Gebiete in Böhmen und Mähren an und bekannte sich zum Nationalsozialismus. Doch Hitler zögerte noch, offen den Anschluss des Sudetenlands zu betreiben. Er verfolgte erst ein anderes Ziel: Ohne Gegenwehr besetzte er im März 1938 Österreich. Die dortige Bevölkerung jubelte ihm zu. England und Frankreich, die in Versailles ein unabhängiges

Österreich festgeschrieben hatten, griffen nicht ein. Die Tschechoslowakei sah sich nun im Norden und im Süden von Deutschland eingekeilt. Den meisten Sudetendeutschen schien die neue Lage erfreulich. Überall ringsum war jetzt Deutschland. Österreich, das Jahrhunderte die deutschen Kaiser gestellt hatte, gehörte wieder zum Reich, und sie, die 1918 zu Österreich hatten kommen wollen, setzten nun darauf, auch ein Teil dieses Großdeutschland zu werden.

Die Tschechen hingegen fühlten sich im Würgegriff des mächtigen Nachbarn. Nach der Österreich-Erfahrung war ihr Vertrauen in die Bündnistreue von England und Frankreich erschüttert. So boten sie jetzt »ihren« Deutschen Zugeständnisse an, die sie ihnen zwanzig Jahre verweigert hatten: Selbstverwaltung, Ende der schleichenden Tschechisierung, Gleichbehandlung im öffentlichen Dienst. Es war zu spät.

Henlein lehnte auf Hitlers Geheiß ab. Autonomie war der Wunsch von gestern. »Heim ins Reich!« hieß jetzt das Schlagwort, seit Henlein am 15. September 1938 im Radio erstmals ohne Umschweife den Anschluss des Sudetenlandes an Deutschland gefordert hatte. Die Menschen riefen es mit der gleichen gläubigen Inbrunst, wie die Kreuzfahrer »Gott will es!« vor dem Zug ins Heilige Land gen Himmel geschrien hatten. Es gab nur noch wenige Stimmen dagegen. Der Bund der Landwirte, der so lange den Ausgleich mit den Tschechen gesucht hatte, war zur Henlein-Partei übergelaufen. Lediglich die Sozialdemokraten und Kommunisten bekannten sich weiter zur Republik. Ihre Parteifreunde in Deutschland wurden seit 1933 erbarmungslos verfolgt. Sie befürchteten für sich ein ähnliches Schicksal. Besonders aber bangten die tschechoslowakischen Juden, die sich bis dahin – ausgerechnet – überwiegend zum Deutschtum bekannt hatten. Sie ahnten, was ihnen bei einem Anschluss bevorstand. In Deutschland waren sie längst als »Volksschädlinge« stigmatisiert.

Am Abend des 26. September verzichtete Alois trotz des

schönen Wetters darauf, nach Nosadel zur Rehbockjagd zu fahren. Er saß mit Schwiegerpapa im Wohnzimmer vor dem Radioapparat, aus dem in voller Lautstärke ein Potpourri schmissiger Märsche tönte. Schwansee war im Alter fast so schwerhörig geworden wie Alois es seit je war. Die Fenster standen weit offen. Die schmissigen Märsche klangen aus allen Häusern. Radio Leipzig. Gleich würde man in den Berliner Sportpalast schalten. Dort sollte der Führer sprechen. Ganz Dauba wollte ihn hören. »Das Radio bringt wahre Wunder fertig«, dachte Alois, »und selbst in Rohn glaubt jetzt niemand mehr, dass in dem Kasten einer drinsitzt.«

An einer leiseren Stelle des sonst recht lärmenden Badenweiler Marsches, angeblich Hitlers Lieblingsstück, vernahm Alois gedämpft Wasserrauschen aus dem Oberstock. Mizzi ließ sich die Badewanne ein. Sie war wieder einmal zurückgekommen, war in den vergangenen fünf Jahren zwei Mal zwischen dem Sanatorium nahe Prag, dieser diskreten Irrenanstalt, und dem Haus in Dauba hin und her gewechselt. Ihre Krankheit schwoll an und ab, in den moderaten Phasen schickten die Ärzte sie nach Hause, vielleicht sei es ja diesmal der Beginn einer Rückkehr in diese Welt.

Mizzi lebte dann in einem Raum mit ihrem Klavier, nebenan ihre Eltern und das Badezimmer. Sie behandelte die Hausbewohner, Alarich und Hellmut eingeschlossen, mit flüchtiger, zielloser Freundlichkeit, wie Fremde in einem Zugabteil, die nach zwei Stationen wieder aussteigen. Zur Erleichterung von Alois waren die Prager Ärzte nicht ganz so fortschrittlich wie die in Reichenberg; die körperliche Nähe seiner Frau im gemeinsamen Ehebett hätte er nicht mehr ertragen können. Die Mediziner lehnten es ab, seine Frau für unheilbar geisteskrank zu erklären, auch wenn Mizzis Geist nie mehr ganz in der Realität ankam. Zu Hause war sie nur in ihren Königreichen. Sobald die Schrecken der Götterdämmerung sich vor ihrem umnachteten Geist wieder unerträglich auftürmten, holte sie das Santorium zurück. Ihre Eltern kümmerten sich um die Tochter längst wie um ein großes, unverständiges Kind. Mutter Schwansee ließ eines Tages ohne viel Aufhebens das zweite Kopfkissen aus dem Doppelbett ihres Schwiegersohns verschwinden.

»Fünfundzwanzigtausend Volksgenossen warten hier im Sportpalast von Berlin voller Spannung auf den Führer und seine Worte zum Opfergang unserer sudetendeutschen Brüder«, tönte nach den letzten Marschmusiktakten eine Stimme mit dem markigen Enthusiasmus aus dem Radio, der in den Rundfunksendungen des Großdeutschen Reichs üblich war. Für ein ein paar Sekunden klang wieder der Badenweiler Marsch auf. Dann brausten im Sportpalast »Sieg Heil«-Rufe wie eine Woge über die Musik hinweg und durch die offenen Fenster hinaus in die leeren Daubaer Straßen. Der Führer war eingezogen.

Was hielt er eigentlich von diesem Adolf Hitler, der ein ähnliches Bärtchen über der Oberlippe trug wie er selbst oder Charlie Chaplin? Alois war sich nicht sicher. Nach der Machtergreifung Hitlers in Deutschland hatte er »Mein Kampf« angelesen, doch nie zu Ende gebracht. Seinem ordnenden Juristenverstand erschien diese Bibel des Nationalsozialismus etwas wirr und geschwätzig. »Meise geht zu Meise, Fink zu Fink, Feldmaus zu Feldmaus, Storch zu Störchin« hieß es da etwa, und das sollte die naturgegebene Reinheit der Rassen belegen. Schön, aber Schäferhund geht nicht bloß zu Schäferhund, dachte Alois, der Jäger, sondern auch zu Langhaardackel, wenn man ihn nur lässt, und was dann da als Mischung herauskommt, ist meist klüger und zäher als der reinrassige Nachwuchs.

Hitlers Obsession mit den Juden. Verhängnis für das deutsche Blut. Verschwörer, kapitalistische Wucherer, Drahtzieher des Bolschewismus. Der Jude ist an allem schuld. So stand es in »Mein Kampf« zu lesen. Woran der Jude genau schuld war? Verhängnis für das deutsche, das arische Blut? Weil Feldmaus nur zu Feldmaus gehen dürfe? Ziemlich lächerlich. Kapitalisten? Ja, es gab viele jüdische Kapitalisten. War aber der Kapitalismus deswegen jüdisch? Es gab schließlich auch viele »arische« Kapitalisten. Sicher, jüdische Intellektuelle hatten die bolschewistische Revolution mitgetragen. Aber weder Lenin noch Stalin waren Juden und der angebliche Judenknecht Stalin hatte die meisten der angeblichen jüdischen Drahtzieher inzwischen eliminiert.

Alois war, noch vor dem Krieg, als k. und k. Leutnant bei einer Wehrübung in Galizien durch jüdische Dörfer marschiert. »Ich habe noch nie so ärmliche Menschen gesehen, Mizzi, noch nie in meinem Leben«, hatte er später oft zu seiner Frau gesagt, damals, als man noch mit ihr reden konnte. Und sie, als Wagnerianerin, hatte dagegengehalten, der Jude vergifte das deutsche Geistesleben. Aber wer sollte das sein, »der Jude«? Die, die er kannte, waren so verschieden wie alle anderen.

Andererseits, Männer wie der in Wien hochverehrte Bürgermeister Dr. Lueger oder Georg von Schönerer, einer der Mitbegründer von Alois' Burschenschaft »Teutonia«, hatten den Antisemitismus schon zu k. und k. Zeiten gepredigt. Irrten sie? Oder war doch etwas dran? Vielleicht sollte man den jüdischen Bankiers wirklich auf die Finger klopfen. Die Juden überhaupt etwas in die Schranken weisen? Aber musste man deswegen den Juden auch das Wahlrecht nehmen oder ihnen die Ehe mit Nichtjuden verbieten? Und den außerehelichen Geschlechtsverkehr zwischen Juden und Ariern mit Zuchthaus bestrafen, wie es die Nürnberger Gesetze befahlen? Er selbst kannte jedenfalls keine jüdischen Blutsauger.

Er fand, Hitler trieb es da zu weit. Aber schließlich: Nichts wird so heiß gegessen, wie es gekocht wird, beruhigte er sein Gewissen, und wo gehobelt wird, da fallen eben auch Späne.

In Großdeutschland galten immer noch Gesetze. Hitler war als Reichskanzler jetzt in der politischen Verantwortung, da konnte er sich nicht mehr wie der Pamphletschreiber von einst aufführen. Und ganz sicher war vieles, was man den Nationalsozialisten an Bösem nachsagte, nichts weiter als Propaganda. Der tschechische Rundfunk berichtete ja immer nur sehr einseitig und abwertend über das Dritte Reich, wenn überhaupt. Dem konnte man nie glauben. Und die emigrierten Kommunisten und Sozis? Arme Teufel. Aber Politiker. Denen konnte man auch nicht alles abkaufen, was sie aus dem Exil in ihren Parteiblättchen über Deutschland und Hitler schrieben.

Der Mann brachte doch unbestreitbar etwas fertig. Wie stand Deutschland heute da, verglichen mit der Weimarer Zeit? Oder auch mit dieser unserer Tschechoslowakei? Keine Arbeitslosen. Kein Parteiengezänk. Alle zogen an einem Strang. Eine Wehrmacht, die Respekt einflößt. Österreich endlich heimgeholt. Dann diese Autobahnen, Straßen wie es sie sonst wohl nur noch in Amerika gab, Straßen, auf denen man zügig vorankam. Die Olympischen Spiele vor zwei Jahren in Berlin, die ganze Welt hat sie gelobt.

Der Staat jenseits der Grenze, auch Alois schien er eine bessere Welt. Die Tschechoslowakei hatte versagt. Sie hatte ausgedient. Großdeutschland war eine schimmernde Verheißung, »Heim ins Reich« keine bloße Parole, sondern ein Zauberspruch. Sesam öffne dich. Unter dem Strich war der Hitler für ihn als Sudetendeutschen doch gar nicht so schlecht.

Jetzt sprach der Führer. Mit rollendem R geißelte er »Herrn Beneš«, malte die Schrecken der tschechischen Herrschaft und die Leiden der armen Sudetendeutschen aus – etwas übertrieben, wie Alois fand – und ließ seine Rede in den Sätzen gipfeln: »Herr Beneš wird am 1. Oktober uns das Sudetengebiet übergeben müssen. Er hat jetzt die Entscheidung in der Hand! Frieden oder Krieg.« Jubel und »Sieg Heil« aus dem

Radio. Jubel aus den Fenstern den Daubaer Wohnstuben. Und auch hier »Sieg Heil«-Rufe. »Das ist Hochverrat, juristisch gesehen«, kam Alois in den Sinn, »aber was bedeutet ›juristisch‹ heute schon noch, diese Republik kann das nicht mehr einklagen. Sie ist am Ende. Wir werden deutsch, endlich.«

Schwiegerpapa Schwansee schaute erschrocken. Er war hoch in den Siebzigern, und seine Gemüsebeete beschäftigten ihn inzwischen mehr als die Weltlage. Doch das Wort Krieg verstörte ihn: »Krieg, sagt der Hitler, Alois, gibt es Krieg?« Alois schüttelte den Kopf. »Nein, ich glaube nein. Die Engländer wollen keinen Krieg, die Franzosen wollen ihn nicht, und auch Stalin hält sich raus. Chamberlain hat doch schon längst anerkannt, dass er die Abtretung des Sudetenlands an Deutschland für gerechtfertigt hält. Und Beneš hat ja zähneknirschend im Prinzip auch schon zugestimmt. Da kann er jetzt mobil machen, so viel er will. Er wird sich wundern über seine Freunde, der Herr Beneš. Nichts werden sie für ihn tun. Wir haben nicht 1914.« Hoffentlich behalte ich recht, dachte er bei sich, hoffentlich löst die tschechische Mobilmachung nicht doch dieselbe Kettenreaktion aus wie die serbische Mobilmachung vor dem Weltkrieg. Aber nein, anders als damals schreit heute in Europa niemand »Hurra!«, und der englische Premierminister Chamberlain ist ein vernünftiger Mann, und Hitler weiß, wie weit er gehen kann. Hatte er nicht eben im Radio gesagt, das Sudetenland sei seine letzte territoriale Forderung?

Die Wochen zuvor waren dramatisch gewesen. In mehreren Städten – Reichenberg, Aussig, Teplitz – hatten sich Deutsche und Tschechen bekämpft. Es setzte nicht nur Prügel. Es gab Tote. Die tschechische Regierung verhängte das Standrecht. Einige Rädelsführer der aufrührerischen Sudetendeutschen wurden unter manchmal dubiosen Umständen erschossen. Daraufhin setzte man in Deutschland 150 im Reichsgebiet wohnende Tschechen als Geiseln fest und drohte mit Vergeltung.

Am 15. September sagte sich Henlein dann offiziell von der Tschechoslowakei los, die Sudetendeutsche Partei wurde verboten, gegen Henlein Haftbefehl erlassen. Er floh nach Deuschland, mit ihm gingen Tausende meist junge Sudetendeutsche. Sie wollten für den Anschluss kämpfen oder auch nur einer Einberufung zur tschechoslowakischen Armee entgehen. Henlein stellte mit Hitlers Segen ein Freikorps auf »zum Schutz der Deutschen im Grenzgebiet«. Es kam zu blutigen Scharmützeln. Die Freischärler verschleppten tschechische Zollbeamte und Wachsoldaten, aber auch deutschstämmige Kommunisten und Juden. Die Zahl der Toten auf beiden Seiten wuchs. Mit ihnen wuchs der Hass.

Im idyllischen Dauba blieb es trotzdem vergleichsweise ruhig. Die Grenze zum Reich war weit weg. Alois fuhr wie gewohnt am Samstagnachmittag mit Gewehr, Hund und Mariechen zu seiner Jagdhütte ins tschechischsprachige Nosadel. Niemand zerstach ihm, dem Deutschen, dort die Reifen. Die Bauern von Nosadel fragten den »Pane Notar« höchstens, wie er die Lage beurteile. In ihren Gesichtern lag Spannung und beginnende Resignation. Beneš schien dem Drängen Chamberlains nachzugeben, alle Gebiete, in denen die Deutschen mehr als fünfzig Prozent ausmachten, an Hitler abzutreten. Alois antwortete ihnen auf Tschechisch, dass es nach Teilung aussehe. Er bemühte sich, in seiner Stimme keine Genugtuung durchklingen zu lassen.

»Weißt du was, Mariechen«, meinte er zu seiner Angestellten und Geliebten, als sie vor der Jagdhütte beim Kaffee saßen, »ich bin gespannt, ob ich das Jagdrevier hier weiter behalten kann. Vielleicht verläuft ja dann die Grenze genau zwischen Dauba und Nosadel. Und die Tschechoslowakei ist Feindesland, macht die Grenze dicht, und ich komme nicht mehr in mein Revier.« Alois wiegte besorgt den Kopf hin und her. Keine Jagd mehr, das würde ihm wehtun. »Mein Gott Loisl«, sagte das sanfte Mariechen mit überraschender Schärfe, »als ob das jetzt das Wichtigste wäre.« Sie wippte ungeduldig mit ihren schönen Beinen, die in weißen Kniestrümpfen steckte. Weiße Kniestrümpfe galten als Kennzeichen der »Heim ins Reich«-Bewegung. Alois schaute Mariechen mit einem Lächeln an. Wie eifrig sie doch für den Anschluss war! Auch aus Überzeugung, sicher. Doch es gab noch einen sehr persönlichen Grund. Im Dritten Reich mit seinem Kult um eine gesunde, arische Rasse war die Scheidung von einer Geisteskranken überhaupt kein Problem. Die Auflösung seiner Ehe würde für Maria den Weg zur Frau an seiner Seite frei machen. Endlich hätte dieses Versteckspielen ein Ende, das sie, Maria Konrath, der Verachtung preisgab. »Ich kann dich verstehen, Mariechen«, dachte er, »du hast bis heute allerhand auf dich genommen. ›Das Verhältnis‹ vom Notar bist du für ganz Dauba, nicht nur für den Rauchenstein.« Er strich ihr zärtlich übers Haar: »Ja, schon wahr, Mariechen, es gibt Wichtigeres.«

Am selben Abend verkündete Beneš die allgemeine Mobilmachung. Zwar hatte er Chamberlain gegenüber im Grundsatz der Aufgabe des Sudetenlands zugestimmt. Doch jetzt drohte Hitler, er werde und wolle die »befreiten Gebiete« sofort durch die deutsche Wehrmacht besetzen lassen. Prag fand das erniedrigend und wollte sich wehren. Alois und Mariechen kehrten noch in der Nacht nach Dauba zurück. Zu Hause erwartete Alarich seinen Vater. Er war soeben aus Prag gekommen. Alarich hatte vor Erregung rote Flecken im Gesicht. »Papa, ich rück nicht ein. Ich denk nicht daran. Ich schieß für diese Scheißrepublik doch nicht auf Deutsche, auf meine Volksgenossen.« Alarich war 23 und studierte Recht an der Deutschen Universität Prag, die noch immer bestand, wenn auch vom tschechischen Nationalismus als isolierter Hort des radikalen Deutschtums feindselig beäugt. Alois hatte sich sehr gefreut, dass sein älterer Sohn wie er Jura in Prag gewählt hatte. Vielleicht konnte er in seinem Vater inzwischen doch so etwas wie ein Vorbild sehen?

»Hier kannst du nicht bleiben, Ali«, sagte Alois, »ich bin noch immer, wie du weißt, Reserveoffizier der tschechoslowakischen Armee. Mit meinen 49 Jahren werden sie mich kaum noch einziehen wollen, aber Fahneneid ist Fahneneid. Ich bin für den Anschluss, keine Frage, doch ich kann nicht diesem Staat offen in den Rücken fallen und einen Fahnenflüchtigen verstecken.« Alois hatte nie verstanden, warum gerade er zu den wenigen deutschen Reserveoffizieren der k. und k. Armee gezählt hatte, die 1919 von der Tschechoslowakei für die neuen Streitkräfte übernommen wurden. Er hatte aber auch nie erwartet, dass dies irgendwann einmal eine Rolle spielen würde. »Du meinst, ich soll einrücken? Du meinst das wirklich, Papa?« In Alarichs Augen keimten Wut und Empörung. »Ich meine gar nichts, mein Junge«, sagte Alois sanft, »hau ab, und sag mir nicht, wohin. Und pass gut auf dich auf. In ein paar Tagen ist hoffentlich der ganze Spuk vorbei.« Alarichs Miene entspannte sich. Er umarmte kurz seinen Vater und lief dann die Treppe hoch, um sich auch von seiner Mutter am Klavier zu verabschieden – ihr x-tes Bemühen, den Walküren-Ritt pianistisch durchzustehen; sie nahm ihn kaum wahr.

Am nächsten Morgen meldete der tschechische Rundfunk, die Truppen der Republik hätten planmäßig die vorsorglich errichteten Befestigungswerke an der Grenze besetzt und die sogenannten sudetendeutschen Freischärler vom Boden der Tschechoslowakei vertrieben. Das reichsdeutsche Radio hingegen erwähnte das Freikorps mit keinem Wort, berichtete jedoch über wilde Ausschreitungen der Tschechen und triumphierte, dass die meisten deutschstämmigen Soldaten der tschechoslowakischen Armee der Einberufung nicht Folge geleistet, sondern sich entweder über die Grenze abgesetzt oder in Böhmens Wälder verkrümelt hätten. Am Abend hielt Hitler dann seine Krieg-und-Frieden-Rede.

Drei Tage später einigten sich in der Nacht vom 29. auf den 30. September 1938 Hitler, der italienische Diktator Mussolini, der französische Ministerpräsident Daladier und Chamberlain in München auf den Anschluss des Sudetenlandes an das Großdeutsche Reich. Sie einigten sich über die Köpfe der Tschechen hinweg. Deren Delegation war nach München angereist, stand dort aber draußen vor der Tür und wurde nicht angehört. Von Frankreich und England verlassen, blieb der Tschechoslowakei nichts anderes übrig, als unter Protest zuzustimmen, »im Bewusstsein, dass die Nation erhalten werden muss«, wie Beneš es verbittert formulierte. In London wurde Premierminister Chamberlain am Nachmittag bei seiner Rückkehr auf dem Flugplatz von einer jubelnden Menge begrüßt. Er winkte mit dem Münchner Vertrag: »Peace for our time«, der Frieden ist für unsere Zeit gerettet.

Heil Hitler, Herr Notar!

Herr Hawranek musste gehen. Er stand vor dem Lastkraftwagen, der schon mit den Möbeln der Familie beladen war, und stemmte jetzt noch eine letzte Kiste auf die Ladefläche. Sein persönlicher Bürokrimskrams, sicher war auch das gerahmte offizielle Masaryk-Porträt dabei. Seine Wangen waren noch blasser als sonst, und seine melancholischen Augen hatten einen rötlichen Rand. Aus den Fenstern des Bezirksamts hinter seiner schmalen Gestalt wallten rot und siegreich Hakenkreuzfahnen. Herrn Hawraneks Dienste im Grundbuchamt des Bezirks Dauba waren nicht mehr erwünscht. Auf dem Marktplatz warteten seine Frau und die vielköpfige Kinderschar auf die Abfahrt des Busses zur Bahnstation Hirschberg für den Zug nach Prag. Auf der Anzeigetafel oben hinter der Windschutzscheibe war die tschechische Information »Dubá-Doksy« mit einem Pappstreifen provisorisch überklebt.

Alois kam auf dem Weg vom Notariat zum Rathaus auf den Lkw zu. Er sah von der Seite, wie sich Hawranek abmühte, die Kiste hochzuwuchten, machte ein paar schnelle Schritte und packte mit an. Hawranek drehte den Kopf, erkannte, wer ihm da half, nickte und murmelte: »Danke, Herr Notar.« Alois nickte zurück. »Es tut mir leid, Herr Hawranek, aber so ist es nun mal«, meinte er linkisch, »vielleicht kommen wir ja besser miteinander aus, wenn Deutsche und Tschechen nicht mehr in einem Staat zusammenleben.« »Sind wir nicht immer gut miteinander ausgekommen, Herr Notar?«, fragte Hawranek zurück. »Ja schon«, sagte Alois, »wir beide, wir schon, aber es geht nicht um uns beide, es geht um zwei Völker.« »Ja, zwei Völker«, murmelte Hawranek . Dann hob er den Kopf und die Stimme: »Viel Glück, Herr Notar, jetzt, wo ihr endlich nur noch Deutsche unter Deutschen seid und einen großen Führer habt. Ich hoffe, ihr habt euch nicht verrechnet. Ich hoffe das wirklich. Leben Sie wohl. Es war mir stets ein Vergnügen. Ich werde übrigens wahrscheinlich in Prag in der Justizverwaltung arbeiten.« Er verzog seinen Mund zu einem kleinen, schiefen Lächeln. »Unser neuer, kleiner tschechischer Staat braucht nicht mehr so viele Grundbuchführer.« Er drückte kurz Alois' Hand. Der Bus hupte schon, und Hawraneks zahlreiche Kinder winkten aufgeregt ihren Vater heran.

Alois sah ihm hinterher, bis er im Bus verschwand. Er hätte gerne noch etwas Persönliches zu ihm gesagt, etwas, das ihrer gegenseitigen Sympathie gerecht geworden wäre. Etwas über diesen Kafka zum Beispiel, dessen beklemmende Auswegslosigkeit Herr Hawranek so schätzte. Doch er hatte Kafka noch immer nicht gelesen. In diesem Moment, so tröstete er sich, wäre beklemmende Auswegslosigkeit im Werk eines tschechischen Juden deutscher Sprache wohl auch nicht gerade das geeignete Thema gewesen. Langsam ging er aufs Rathaus zu.

Auf dem Uhrtürmchen über dem Wappen mit Eicheln und Eichenlaub, diesen Symbolen von Treue und Beständigkeit, wehte nicht mehr die weiß-blau-rote Flagge der Republik, sondern das Hakenkreuzbanner. Genau genommen wehte es nicht, sondern hing schlaff am Mast nach unten. Dieser Oktobertag im Jahr 1938 war sonnig und windstill. Aus den Fenstern des Rathauses schauten gut aufgelegte Menschen. Die neue Verwaltung wollte sich sehen lassen. Neu? Alois kniff die Augen zusammen. Er war schwerhörig, aber kurzsichtig war er nicht. Er kannte einige dieser Gesichter. Manche nur zu gut.

Da oben rechts im ersten Stock saß jetzt der Hempel in seinem braunen Uniformrock mit der Hakenkreuzbinde am Arm. Was hatte so einer im Rathaus zu suchen? Hempel war in mehrere Kreditaffären verwickelt gewesen, bei denen verschuldete Handwerker in den Konkurs getrieben wurden. »Eigentlich müsste der noch immer im Gefängnis sitzen«, dachte Alois. Und dann links im zweiten Stock der Gelegenheitsarbeiter Krampe, ein ständig betrunkener Raufbold. Und das Mondgesicht vom Kleinhans Schuster im Fenster unter dem Wappen. Der ausgerechnet! War Kleinhans nicht bis vor Kurzem immer bei der tschechischen Polizei herumscharwanzelt, um sich durch das Denunzieren republikfeindlicher Aktivitäten lieb Kind zu machen?

So hatte also das Großdeutsche Reich in Dauba Einzug gehalten, das Land der Verheißung, das Land, in dem den Sudetendeutschen endlich Gerechtigkeit widerfahren sollte! Alois blieb an der Mariensäule stehen. Das musste er erst verdauen. Aus dem Rathausportal traten zwei Männer. Einer war groß und fremd, der andere war Rauchenstein.

Rauchenstein zuckte leicht zusammen – noch immer –, als er Alois sah. Der Große im tadellos gebügelten braunen Rock mit Hakenkreuzbinde starrte Alois an, reckte den rechten Arm hoch: »Heil Hitler!« »Guten Morgen«, antwortete Alois wie gewohnt. Der Große runzelte leicht die Stirn. »Der deutsche Gruß heißt ›Heil Hitler‹ oder ›Sieg Heil‹«, sagte er süßsauer, »das wisst ihr Sudetendeutschen doch. Wenn nicht, dann werdet ihr es sehr schnell lernen.« Er lachte schmal mit seinem kleinen Mund und den dünnen Lippen. »Ich bin Landrat Dr. Krämer. Darf ich Sie fragen, wer Sie sind?« »Herr Rauchenstein kennt mich«, antwortete Alois, »ich bin der Notar Dr. Fiedler.« »Der Herr Notar ist ein treuer Kämpfer für das deutsche Volkstum«, bemerkte der nervöse Rauchenstein. »Ich habe Henlein gewählt«, sagte Alois, und nach einer kurzen Pause: »Aber erlauben Sie mir die Frage, welche Funktion Herr Hempel im Rathaus ausübt?«

Dr. Krämer drehte sich zum Rathaus um. »Herr Hempel, ja. Volksgenosse Hempel war wegen seines aktiven Eintretens für deutsche Kreditgeber massiver tschechischer Willkürjustiz ausgesetzt, so war es doch, Herr Rauchenstein? Als standfester, unverbrüchlich treuer Nationalsozialist wird er im Gewerbeamt tätig sein.«

Den Gauner hätten die Tschechen noch viel länger einsperren sollen, dachte Alois. Rauchenstein, Rauchenstein, du Modellchrist. Du bist mir so einer. Vormals bigott und jetzt hat dir die göttliche Vorsehung den Hitler geschickt. »Wir sehen uns sicher noch öfter, Herr Landrat«, sagte Alois. »Einen guten Morgen, Herr Rauchenstein. Grüßen Sie ihre Gattin.« »Guten Morgen, äh, Heil Hitler, Herr Notar«, antwortete Rauchenstein. »Sieg Heil, Herr Landrat«, sagte Alois, »Sie sehen, wir lernen schnell, nicht wahr, Herr Rauchenstein?« Er ging. »Mariechen, im Rathaus machen sich die größten Lumpen und Tagediebe von Dauba und Umgebung breit. Ich würde es nicht glauben, wenn ich es nicht mit eigenen Augen gesehen hätte«, erzählte Alois in der Kanzlei. »Und der Landrat aus dem Reich ist ein arroganter Kerl. Nein, so habe ich mir eigentlich Großdeutschland nicht vorgestellt.«

Wie hatten sie vor dem Radio gesessen am Nachmittag des 3. Oktober, an dem Hitler auf dem Marktplatz von Eger in einen Chor von »Sieg Heil«-Rufen hinein ekstatisch die Stimme erhob: »Niemals mehr wird dieses Land dem Reich entrissen!« Maria hatte Alois' Hand gefasst und fest gedrückt. Beide konnten sich dem Rausch nicht entziehen – und wollten es auch nicht. Die Begeisterung für den triumphalen Einzug des Führers im befreiten Sudetenland war allerorts so groß, dass die Reichskanzlei anordnen musste, das Werfen von Blumengebinden in Hitlers offenes Auto sei unbedingt zu unterlassen. Ein enthusiastisch geschleuderter Rosenstrauß hatte den Erlöser des Deutschtums leicht im Gesicht verletzt.

Wie hatten alle gejubelt, als deutsche Soldaten – nur in Kompaniestärke, schließlich war Dauba ein kleiner Ort – ein paar Tage danach in die Stadt einmarschierten! Viele Daubaer hatten Tränen in den Augen. Auch er hatte zusammen mit Maria vor der Kanzlei gestanden und den Arm zum Deutschen Gruß hochgestreckt. Zuvor hatte er das Masaryk-Foto von der Wand genommen; Masaryks Nachfolger Beneš hatte nie einen Platz in der Kanzlei gefunden. Aus und vorbei. Eine neue Ära hatte begonnen, ein neues Leben. Und er würde endlich seine Scheidung durchbringen.

An diesem Abend war Alarich wieder nach Hause gekommen. Er hatte seinen Vater umarmt, dann zum ersten Mal auch Maria. Die Zeit bis zum Einmarsch der Wehrmacht war er im Böhmerwald bei Prachatitz untergetaucht, Alois hatte das schon vermutet. Dort hatte Alarich sich den jungen Männern aus Rohn und Umgebung angeschlossen, die sich, wie Hunderte andere deutschsprachige Wehrpflichtige, als »Grüne Armee« in den Wäldern versteckten, um der tschechischen Wehrpflicht zu entkommen. Im Gegensatz zum Freikorps war die Grüne Armee kaum bewaffnet und fühlte sich wie Robin Hoods vogelfreie Schar oder Karl Moors Räuberbande. Die Mädchen aus den umliegenden Dörfern brachten den jungen Männern nachts Speise und Trank, unter anderem.

Aus ihren Verstecken beobachteten die jungen Leute, wie Soldaten der Republik die Bunker an der Grenze bemannten. »Und wir sahen von den Höhen aus zu, wie sie nach dem Münchner Abkommen die Bunker wieder räumten.« Alarich begeisterte sich beim Erzählen. »Manche weinten, manche sangen trotzig die Tschechenhymne, manche lachten. Wahrscheinlich waren sie froh, dass sie nicht kämpfen mussten. Oder es waren Deutsche, die der Mobilmachung gefolgt waren. Diese Verräter!« Hellmut schaute seinen älteren Bruder bewundernd an. Er war siebzehn und wäre gerne dabei gewesen beim Abenteuer Grüne Armee. Auch wegen der Mädchen. Hellmut besuchte die Handelsakademie in Reichenberg und wohnte während der Woche bei Onkel Jakob, dem jüngeren Bruder von Alois, der dorthin geheiratet hatte. Hellmuts

Beitrag zur Befreiung des Sudetenlands hatte im nächtlichen Pinseln von Hakenkreuzen an die Schulmauer bestanden, keine besondere Heldentat, da die große Mehrheit der deutschsprachigen Lehrer diesen subversiven Aktivitäten wohlwollend gegenüberstand.

Und jetzt war Großdeutschland da. Das Tausendjährige Reich. Mit Hempel, Rauchenstein und diesem Landrat Dr. Krämer. Alois fühlte sich hintergangen. Aber nein, sagte er sich, man muss das große Ganze sehen. Dafür musste man wohl auch hinnehmen, dass die tschechische Krone gegenüber der neuen Währung Reichsmark stark abgewertet wurde. Die einmarschierten Soldaten kauften die Geschäfte leer. In die Cafés der ehemaligen Grenzorte fielen die Kaffeetanten aus dem Altreich ein, so lautete jetzt der Ausdruck für Deutschland vor dem »Anschluss«, und schaufelten Torten und Sahne in sich hinein. Schlagsahne gab es dem Vernehmen nach im Altreich kaum mehr, wie die eingefallenen Fresshorden mit gezückter Kuchengabel berichteten. Die Männer schütteten sich mit Bier und Schnaps zu: War doch alles fast geschenkt hier!

Am Tag, an dem das Sudetenland anstelle des tschechoslowakischen Linksverkehrs den großdeutschen Rechtsverkehr einführten, was anfangs zu einer Häufung von Zusammenstößen führte, verließ das jüdische Ehepaar Reichmann seine Heimatstadt Dauba. Hopfenhändler Alfred Reichmann und seine Frau hofften, durch die Emigration in die Rest-Tschechoslowakei den nationalsozialistischen Repressalien gegen Juden zu entkommen. Zurück blieb ihre sehr stattliche Villa in der Wiesenstraße.

Alois hatte die Reichmanns über Maria kennengelernt. Sie waren Nachbarn ihrer Eltern. Die Reichmanns zeigten Verständnis für das Verhältnis ihres Nachbarkinds mit dem so viel älteren Notar. Frau Reichmann, eine lebhafte, dunkelblonde Dame, spielte gut und gern Klavier. Sie hatte großes

Mitgefühl für Alois, seit er ihr im Verlauf eines anfangs fröhlichen Abends im Hotel »Sonne« zu fortgeschrittener Stunde die traurige Geschichte von seiner ebenfalls exzellent Klavier spielenden, doch leider geistig zerrütteten Gattin erzählt hatte.

Am Tag vor ihrem Weggang kamen die Reichmanns in die Kanzlei. »Herr Notar, wir gehen. Das Deutsche Reich hasst uns Juden. Noch können wir gehen«, begann Herr Reichmann. »Und da es ja tausend Jahre bestehen wird, werden wir wohl nie mehr zurückkehren«, versuchte Frau Reichmann einen ironischen Ton anzuschlagen. Es glückte ihr nicht ganz. »Wir konnten in der Eile unser Haus nicht verkaufen, zumindest nicht für einen vernünftigen Preis. Würden Sie es für uns versteigern? Samt Inventar? Wir geben Ihnen die Vollmacht. Würden Sie das tun?« Alois hätte gerne irgendetwas Beruhigendes gesagt, irgendetwas wie »so schlimm wird es schon nicht werden« oder »aber Ihnen tut doch keiner was, Sie haben ja auch niemandem etwas getan«. Doch er wusste, dass das nicht stimmte. Er fühlte sich schuldig dem Ehepaar Reichmann gegenüber. Er hatte ja auch für den Anschluss und Hitler gestimmt. Die Reichmanns. Nachbarn. Liebenswürdig. »Das mach ich, Frau Reichmann«, sagte er, »das mach ich gerne.« Warum kannte er lediglich die anständigen Juden?

Zwei Wochen danach brannten überall in Deutschland die Synagogen, wurden jüdische Geschäfte und Gaststätten zerstört und geplündert. »Ein berechtigter Ausbruch des Volkszorns«, hieß es in der Presse und im Radio, ein Akt spontaner Vergeltung für den Tod des deutschen Gesandtschaftssekretärs vom Rath in Paris, den ein 17-jähriger Jude erschossen hatte. Tausende Juden wurden verhaftet. »Der Ruf ›Juden raus‹ wird jetzt harte, unerbittliche Wirklichkeit werden«, schrieben die Zeitungen.

Auch Dauba war schnell »judenfrei«. Die sechs Familien im Städtchen emigrierten in den tschechischen Reststaat oder sonst in Länder, in denen sie sich vor den Nationalsozialisten sicher glaubten. Notar Dr. Fiedler bereitete die Versteigerung des Reichmannschen Besitzes vor, als er Besuch vom Landrat bekam. Alois war Dr. Krämer bisher so weit wie möglich aus dem Weg gegangen. »Heil Hitler, Herr Notar«, grüßte der Landrat, der jetzt nicht mehr die Uniformjacke, sondern Anzug und eine dezente Hakenkreuznadel am Revers trug. »Sieg Heil und guten Morgen«, grüßte Alois zurück. Er bemerkte Krämers raschen Blick an ihm vorbei auf das Hitler-Foto an der Wand, wo bis in den Herbst Masaryks Platz gewesen war. »Ja, er hängt schon, du Reichsheini, keine Sorge«, dachte Alois. Und laut: »Was kann ich für Sie tun, Herr Landrat?« »Ich komme in einer eher persönlichen Angelegenheit«, begann Dr. Krämer, »so viel ich weiß, hat das Judenpaar Reichmann das Deutsche Reich verlassen, ihm freiwillig den Rücken gekehrt.« Alois nickte. So konnte man das sehen. Allerdings nach dem, was bei den Tumulten Anfang November, die jetzt in der Presse »Reichskristallnacht« hießen, geschehen war, hatten die Reichmanns wohl gut daran getan. »Der jüngste Ausbruch des Volkszorns hat endgültig gezeigt. Der Jude ist dem deutschen Volk verhasst«, meinte Dr. Krämer, »wir werden es von dieser Plage befreien. Der jüdische Geschäftemacher Reichmann und seine Frau werden nicht wieder zurückkehren. Sie, Herr Notar, habe ich gehört, kümmern sich um seinen Besitz?« Der Landrat schaute Alois forschend an. »Ja, ich habe die Vollmacht. Ich werde das Haus notariell versteigern, samt Inventar.«

Dr. Krämer nickte. »Versteigern, sicher, versteigern«, sagte er. »Aber haben Sie, werter Herr Doktor, schon einmal überlegt, ob eine Versteigerung überhaupt die Mühe lohnt? Der ganze Aufwand, nur dass diese Juden noch einmal abkassieren? Unter uns Deutschen: Könnten wir nicht eine einfachere, befriedigendere Regelung finden?« Alois fragte: »Einfacher? Was meinen Sie mit ›einfacher‹?« »Nun, Sie setzen einen Preis fest, einen den Umständen angemessenen Preis, und dafür verkaufen Sie das Anwesen.« Dr. Krämer räusperte sich: »Ich wäre an dem Haus interessiert. Das Reich hat mich hierher geschickt. Eine standesgemäße Wohnung für einen Landrat ist doch nicht zu viel verlangt.« In Alois stieg Verachtung hoch. Dieser Dr. Krämer war schamlos. »Herr Landrat, tut mir leid«, sagte er freundlich, »ich habe einen Amtseid geleistet. Das Gesetz sieht in einem solchen Fall Versteigerung vor, und so viel ich weiß, gelten auch im Großdeutschen Reich die Gesetze. Ich muss und werde das Haus versteigern. Tut mir wirklich leid. Es steht Ihnen natürlich frei, mitzubieten.« Dr. Krämer ging mit einem sehr knappen Gruß. Freunde fürs Leben werden wir zwei nicht mehr, dachte Alois.

Am Abend klingelte das Telefon. Ein Jägerfreund und Stadtrat. »Alois, sei doch nicht so stur, verkauf dem Landrat die Reichmann-Villa. Kein Mensch fragt später einmal danach, wie das gelaufen ist. Beim Haus von einem Juden, der eh nie wiederkommt. Und wir Daubaer haben beim Krämer einen Stein im Brett. Der Mann hat im Reich Beziehungen bis ganz weit nach oben. Schau, bei den Reichmanns steht doch ein wunderschöner Flügel. Das wäre doch was für deine arme Frau, die so gern Klavier spielt. Du behältst ihn als Ausgleich für deine Bemühungen, lässt dem Landrat seine Villa und allen ist gedient. Sei vernünftig.«

Aha, jetzt will der Landrat mich zum Komplizen machen. Aber weil er zu gerissen ist, schickt er einen anderen vor. Alois musste fast lachen. »Danke sehr, mein Bester, Mizzi hat schon ein Klavier. Ich bin Notar und bereichere mich nicht an anderer Leute Eigentum«, beschied er den Mann, »das Haus wird versteigert und das gesamte Inventar. Auf Wiederhören.« Bei der Auktion erwarb ein »arischer« Textilfabrikant aus Teplitz meistbietend die Villa samt Einrichtung. Er wollte seinen Alterssitz in der idyllischen Daubaer Schweiz nehmen. Der

Flügel gefiel seiner Frau besonders. Landrat Dr. Krämer bot nicht mit. Alois überwies mit einigen bürokratischen Mühen den Reichmanns das Geld, eine ordentliche Summe, ins tschechoslowakische Ausland.

Im Februar 1939 holte Alois seinen Sohn Alarich aus Prag für die Semesterferien ab. Die juristische Fakultät der Deutsche Universität hielt ihren Betrieb nur mit Mühe aufrecht. Das lag nicht an den Tschechen. Viele deutsche Professoren hatten in völkischer Treue nach dem Münchner Abkommen der Prager Regierung die Loyalität aufgekündigt und waren an Hochschulen im Reich abgewandert. Alois wollte die Fahrt nach Prag auch nutzen, um Wenzel zu treffen, seinen alten Freund Wenzel, der sich strikt weigerte, ihn in Dauba oder Prachatitz zu sehen. »In den geraubten Gebieten«, wie er am Telefon sagte. Ihre Freundschaft war abgekühlt, seit Alois ihm gestanden hatte, der Sudetendeutschen Partei beigetreten zu sein. Die letzten Jahre hatten sie sich nur noch gegenseitig Weihnachtsgrüße geschickt. »Was hältst du davon, wenn wir uns in Prag treffen, genau in der Mitte zwischen Dauba und Tabor? Im Bahnhofsrestaurant? So wie damals? Wir können ja Tschechisch reden. Ich kann es immer noch«, hatte Alois vorgeschlagen, »auch wenn ich jetzt schon über ein Vierteljahr Großdeutscher bin.« Er fand seinen Scherz selbst ziemlich flau. »Ha, ha, ha«, antwortete Wenzel und zögerte einen Moment: »Also gut, Notarsch, am kommenden Montag, abends um sieben auf ein Bier im Bahnhof.«

Das Haar von Tierarzt Dr. Wenzel Horvac war noch immer braun, von ein paar grauen Stellen abgesehen, aber schon sehr schütter. Er trug eine Brille mit Metallgestell, ein Masaryk-Bärtchen um Mund und Kinn, hatte kleine Hängebäckchen und tiefe, senkrechte Falten zwischen den Augenbrauen. Wenzel ist in die Jahre gekommen, dachte Alois, und mit leisem Erschrecken kam ihm in den Sinn, dass Wenzel wohl dasselbe über ihn dachte. Sie hatten sich, ohne ein Wort darüber zu verlieren, wieder an den Tisch vor der barbusigen Jugendstildame gesetzt und zwei Budweiser bestellt. Beide sagten: »Gut siehst du aus!« Beide logen nur ein wenig.

Sie zeigten sich gegenseitig Familienfotos aus den vergangenen Jahren, alles so weit in Ordnung bei ihm zu Hause, sagte Wenzel. Alles so weit nicht in Ordnung bei ihm, sagte Alois, auch wenn seine beiden Buben sich gut machten, aber halt Mizzi... Von seinem Elend mit Mizzi wisse Wenzel ja, jetzt aber könne er sich bald scheiden lassen, das Deutsche Reich sei, wie allgemein bekannt, sehr besorgt in Sachen Geisteskrankheit und gesunder Rasse, was ihm ja jetzt zugutekomme. Er werde natürlich immer für Mizzi sorgen, und auch ihre Eltern würden jedenfalls bei ihm im Hause wohnen bleiben, alt und klapprig, wie sie inzwischen seien. Sie hätten auch nichts gegen Maria einzuwenden, seine Neue, schon lange nicht mehr. Auch für sie sei ihre Tochter nicht mehr seine Frau. Alois zeigte Wenzel ein Foto, Maria und er vor der Jagdhütte in Nosadel. Wenzel stutzte einen Moment, als er sah, wie jung die Dame war, und meinte dann: »Sie hat gute Augen.«

Sie redeten sich über mehrere Budweiser hinweg, weil keiner es wagte, die Frage auszusprechen, die jeder in den Augen des anderen lesen konnte. Erst als sie aufstanden und Alois mit einem schon leicht verschwommenen Weißt-Du-Noch-Blick zur blanken Brust der Jugendstildame am Ausgang hochstarrte, fragte Wenzel: »Warum, Fiedlär, warum?« »Weil wir uns nie so richtig zu Hause gefühlt haben in eurem Staat«, antwortete Alois. »Ihr habt es aber auch nie richtig probiert«, sagte Wenzel traurig. »Und ihr habt es uns nie richtig versuchen lassen«, gab Alois zurück, »hör mir auf mit eurem Beneš. Jetzt habt ihr euren Nationalstaat.«

Wenzels Gesicht rötete sich. So wie damals, dachte Alois, als ich mich dann für ihn duellieren musste. »Beneš ist längst weg, das weißt du. Zurückgetreten, weil er in München nachgeben musste. Ja, Fiedlär, jetzt haben wir unseren Nationalstaat. Einen Staat, der keine Industrie hat. Die habt ihr. Einen Staat, den seine Freunde, seine sogenannten Freunde England und Frankreich, im Stich gelassen haben. Einen Staat, der jetzt auch noch denen, die ihn kaputt gemacht haben, in den Hintern kriechen muss, weil er klein und machtlos ist. Wir schmeißen die deutschen Emigranten raus, um euren Führer nicht zu verärgern. Sogar den Rechtsverkehr haben wir eingeführt, weil ihr ihn habt, sogar den Rechtsverkehr.« Wenzel schluchzte fast. »Da musst du doch froh sein, Fiedlär, wir sind jetzt richtig gute Nachbarn, nein viel mehr, wir sind Freunde. Freunde wie das Kaninchen und die Schlange. Du weißt, was dem Kaninchen am Schluss passiert.«

»Wenzel, hör auf, bitte hör auf«, sagte Alois hilflos, »Hitler will die Tschechoslowakei nicht mehr anrühren, das hat er versichert.« »Und das glaubst du?«, antwortete Wenzel. »Sind wir noch Freunde, Wenzel?«, fragte Alois leise. Wenzel zuckte die Achseln. Er schaute Alois mit noch immer feuchten Augen kopfschüttelnd an. Dann ging er wortlos weg. Alois sah ihn nie wieder.

Am 15. März besetzten deutsche Truppen den böhmischen Teil der Tschechoslowakei. Unter großem Druck – unter anderem drohte Hitlers Generalfeldmarschall Hermann Göring mit der Bombardierung Prags – musste der greise Staatspräsident Hacha der Errichtung des »Protektorats Böhmen und Mähren« zustimmen. Hitler versprach ihm »eine Autonomie, die weit über alles hinausgeht, wovon es zu Zeiten Österreichs hätte träumen können«. Die Slowakei spaltete sich als selbstständiger Staat von Hitlers Gnaden ab. Die alten »Freunde« der Tschechoslowakei hielten wiederum still. Sie beließen es bei diplomatischen Protesten. In Prag weinten die Menschen in ohnmächtigem Zorn, als die Wehrmacht einmarschierte. Die Schlange hatte das Kaninchen verschluckt.

Vaters Abschied

Vater lag reglos da und starrte zur Decke. Nicht einmal seine Lider zuckten. Alois stand am Fußende des Betts. Vaters Augen waren noch immer hell. Doch sie schauten nicht wie ein Leben lang wach nach draußen. Sie blickten nach innen. Vater schien auf etwas zu warten. Alois' jüngster Bruder Karl kam leise ins Zimmer. Karl leitete jetzt das Sägewerk am Bahnhof, und seine Frau Hilde führte Vater den Haushalt, seit Mutter gestorben war. Alois sah, wie klein und dünn sich der Körper des Alten unter der Bettdecke abzeichnete. Alois war sofort losgefahren, als ihn das Telegramm erreicht hatte.

Vor einer Woche noch sei Vater wie gewohnt zu Fuß von Prachatitz nach Rohn gelaufen, erzählte ihm Karl, um sich dort auf der alten Säge ein bisschen umzusehen, trotz Sonnenschein im Überzieher, du kennst ihn ja, und nach einem Pfeifchen mit Dori und einem Schwätzchen mit den Arbeitern auch wieder zurück. Doch dann habe er die Mehlsuppe stehen lassen und sei in sein Schlafzimmer verschwunden. Um sechs Uhr nachmittags. »Ich hab keinen Hunger, ich bin einfach nur sterbensmüde.« Drei Stunden später hatte er Fieber. Nicht sehr hoch, 38,6, aber immerhin, für einen 85-Jährigen.

Am nächsten Morgen war das Fieber fast weg. »Willst du nicht probieren aufzustehen?«, fragte ihn Hilde. Nein, das wolle er nicht, habe Vater gesagt, auch morgen nicht. Er werde nie mehr aufstehen, das spüre er, das wisse er. Von da an habe er nur noch wenig gesprochen, noch weniger gegessen, ab und zu ein bisschen warme Milch verlangt. »Er hat nichts mehr vom Geschäft hören wollen. Unser Vater, stell dir das vor, nichts über das Geschäft! Die Untersuchungen des Arztes hat er über sich ergehen lassen, freundlich, teilnahmslos. Der Doktor konnte nichts Rechtes finden, ›Ihr Herr Vater ist eben alt‹, das war alles«, flüsterte Karl, um den Alten nicht zu wecken, falls er mit offenen Augen schliefe, »gestern hat er dann nach euch allen verlangt.«

»Und er fühlte, dass seine Stunde gekommen war«, kam Alois in den Sinn. Das Bibelwort hatte etwas Tröstliches – aber auch etwas Endgültiges. Er trat neben das Kopfkissen, beugte sich ganz weit zu Vater hinunter. Vaters Augen änderten sich nicht. Doch sein Mund lächelte und sagte: »Na, Herr Notar?« Dann schwieg der Alte wieder. Am nächsten Tag waren alle da. Die vier Söhne. Die beiden Töchter. Vater war wach, wacher als am Tag zuvor. Er saß halb aufgerichtet im Bett und schaute matt, aber mit Wohlgefallen von einem seiner Kinder zum anderen. »Und er fühlte, dass seine Stunde gekommen war …« Wieder fiel Alois die Bibelstelle ein. Da meinte Vater mit leiser, mühsamer, aber zufriedener Stimme in die Stille: »Ja ihr, ihr alle, bleibt so, wie ihr seid. Und haltet zusammen.« Sein Greisenhaupt nickte mehrmals. Christine, sein jüngstes Kind und gerade schwanger, konnte die Tränen nicht mehr zurückhalten. »Vater, du darfst noch nicht gehen. Nein, du darfst noch nicht.« »Aber hörst, Tini«, sagte der Alte, »nicht weinen. Deine Mutter wartet doch da droben schon auf mich. Aber ob mich der Petrus durch die Himmelstür lässt? Ich bin mir da nicht sicher.« Er kicherte in sich hinein. Christine schluchzte lauter, und auch Alois schluckte schwer. Vaters Augen wurden feucht. Doch er sagte munter: »Hört auf zu heulen, ist ja höchste Zeit, dass ich alter Knacker mich endlich davonmache.« Dann verlor sein Gesicht die Heiterkeit: »Um mich müsst ihr euch keine Sorgen mehr machen, ich mach mir Sorgen um euch. Schwere Zeiten werden kommen. Der Hitler kennt kein Maß und keine Skrupel, und die anderen lassen sich so was wie den Einmarsch in die Tschechoslowakei nicht noch einmal gefallen. Es wird Krieg geben. Ich beneide euch nicht, meine Kinder.«

Nein, Vater, dachte Alois, nein, diesmal täuschst du dich. Es wird keinen Krieg geben. 1914, ja da hast du recht gehabt. Aber zwischen damals und heute liegen zehn Millionen Tote. Wir alle wissen, wie schrecklich der Weltkrieg war. Auch Hitler hat doch nur gepokert, als er während der Sudetenkrise von Krieg oder Frieden sprach. Hoch gepokert und gewonnen, weil Chamberlain schlechtere Nerven hatte. Aber wirklich Krieg, nein Vater, das hätte auch Hitler nicht riskiert. Und ich habe zwei Söhne, beide im Soldatenalter. Es darf einfach keinen Krieg geben.

Der Alte hielt die Augen halb geschlossen. Seine Hände lagen schlaff auf der Bettdecke. Er nickte noch ein paar Mal bekümmert, als wollte er seine Worte bekräftigen. Das Reden hatte ihn sehr angestrengt. »Schlaf jetzt, Vater«, sagte Karl, »morgen sieht die Welt vielleicht wieder anders aus.« Der Alte hatte nun die Augen ganz geschlossen und schien in einen leichten Schlummer hinüberzudämmern. Doch der bekümmerte Ausdruck blieb in seinem Gesicht, das nun schon mehr einer Totenmaske glich, wie ein trauriges Vermächtnis festgeschrieben. Drei Tage später starb Isidor Fiedler, der Mann mit dem Überzieher und dem hellen Blick, ohne noch einmal die Augen geöffnet zu haben.

Nach Vaters Tod war Alois der Familienälteste und zwei Mal nicht verheiratet. Mit Mizzi nicht mehr, de facto, mit Mariechen noch nicht, de jure. Er ging begeistert jagen in Nosadel, und behauptete, nie einen so klugen Hund – »nein, auch mein alter Rex nicht« – wie seine Vorstehhündin Alma besessen zu haben, deren einziger Fehler aus waidmännischer Sicht es sei, jede Katze erbarmungslos zu töten, derer sie habhaft werden konnte. Das habe ihm schon manche Freundschaft und einigen Schadenersatz gekostet. Nach Reichenberg ins »Kolibri«

fuhr er längst nicht mehr, die Großfürstin hieß jetzt Frau Barosch und war angeblich treu sorgende Hopfenhändlersgattin. Alois gehörte weiter dem Automobilclub an, der nach dem Anschluss dem Nationalsozialistischen Kraftfahrkorps eingegliedert wurde, was ihn nicht weiter störte. Die Mitglieder blieben dieselben, und dass der Landrat Krämer, einer der wenigen Neueintritte bei der Daubaer Sektion, den »Sieg Heil«-Gruß einzuführen versuchte, nun, das musste man hinnehmen. Dass Alois damit einen großen Fehler machte, ahnte er in diesem Sommer 1939 nicht.

In diesem Sommer erhielt Alois die amtliche Bescheinigung, dass Maria Fiedler, geborene Schwansee, unheilbar geisteskrank sei. Alois leitete die Scheidung ein, er wollte Fräulein Konrath heiraten. Doch er lehnte das Angebot des Gesundheitsamts ab, Mizzi als hoffnungslosen Fall auf Dauer in eine Heil- und Pflegeanstalt einzuweisen. Sie gehörte für ihn weiter zur Familie, genauso wie ihre Eltern. Mizzis Krankheit hatte die Schübe von Selbstzerstörung und Aggression verloren, die so bedrohlich gewesen waren. »Sie ist das, was man eine harmlose Irre nennt«, dachte Alois mit dem wehmütigen, doch vagen Gefühl, das man auch für eine nur noch schwach erinnerte Jugendliebe empfindet.

In diesem Sommer zerbrach Alarichs erste große Liebe. Wie hatte sein Ali von Gertrud geschwärmt, der Schwester eines Prager Kommilitonen. Dieser reinen, tiefen Seele, wie er mit Leuchten in den Schwansee-Augen seinem Vater erzählt hatte, dieser hehren Schönheit, der er Rilke nachempfundene Gedichte widmete, die sie mit ähnlich bebender Seele erwidere! Alarich versuchte sogar, seiner Mutter sein Liebesglück nahezubringen, wenn auch ohne Erfolg. Mizzi hörte seiner Begeisterung unbewegt zu – hörte sie überhaupt zu? –, raffte den Bademantel fest um sich und sagte kein Wort. Alarich sprach schon von Verlobung, von einer großen, einer deutschen Ehe. »Oh Ali, was hängst du nur alles immer so hoch«, dachte Alois, »dein Bruder ist da anders. Der trabt durchs Leben wie ein junger, schnüffelnder Hund, den es schwanzwedelnd dorthin zieht, wo es aufregend riecht.«

Doch eines Tages stand Ali vor der Tür, umarmte seinen Vater, den er sonst kaum je umarmte, klammerte sich an ihm fest. Für Sekunden blieb er stumm. Dann brach es aus ihm heraus. Gertruds Vater, Facharzt für Inneres mit gut gehender Praxis in Aussig, hatte dem werten Herrn Alarich Fiedler in einem Brief mitgeteilt, er möge in Zukunft davon absehen, mit seiner Tochter Gertrud zu verkehren. Zu seinem Bedauern habe er erfahren, dass Alarichs Mutter an einer unheilbaren Geisteskrankheit leide. Deshalb sei eine mögliche eheliche Verbindung Gertruds mit dem sehr geehrten Herrn Fiedler gerade für ihn als Mediziner erbgesundheitlich untragbar. Menschlich tue ihm das sehr leid, habe er doch von Gertrud nur das Beste über ihn gehört, doch unter rassenhygienischen Gesichtspunkten bleibe keine andere Wahl. Mit freundlichen Grüßen und Heil Hitler. »Als ob ich geisteskrank wäre!« Sein Vater ließ hilflos die Arme fallen: »Und das Mädchen?« »Gertrud hat geweint, aber... Ihr Vater wisse besser als sie, was richtig sei. Sie hat mir meine Briefe zurückgegeben. Mit einem rosaroten Band.« Alarich ging mit hängenden Schultern auf sein Zimmer. Sein Vater fand das Leben ausgesprochen ungerecht.

Am 1. September 1939 wurde ab fünf Uhr fünfundvierzig zurückgeschossen. So dröhnte gegen zehn Uhr morgens der Führer aus dem Radio. Danzig und die uneinsichtigen Polen. »Feldzug« hieß der Angriff der deutschen Wehrmacht auf breiter Front. Doch auch wenn dieser Feldzug ohne Kriegserklärung erfolgte, es war ein Krieg. Krieg! Der letzte lag gerade einmal zwanzig Jahre zurück. Wie beim Anschluss vor einem Jahr gehe es darum, freche Unterdrücker von deutschen Volksgenossen in die Schranken zu weisen. »Wirklich?«, begann Alois sich zu fragen.

Was wollte Hitler wirklich? Erst die große Befreiung von den Tschechen, dann kassiert er den tschechischen Reststaat und wir sind wieder mit den Tschechen beisammen. Über Jahre eifert er gegen den jüdisch-bolschewistischen Todfeind. Und jetzt schließt er plötzlich mit Stalin, dem Mörder, einen Nichtangriffspakt. Keine territorialen Forderungen mehr, wann hatte Hitler das gesagt? Das war noch kein Jahr her. Vater, du hattest wieder recht, leider, noch auf dem Totenbett. Hoffentlich siegen wir schnell. Noch bevor Alarich und Hellmut eingezogen werden. Im Radio unterbrach immer wieder lauter Beifall die Rede des Führers aus dem Reichstag. Doch in den Straßen von Dauba blieb es still. 1914 haben sie sicher auch hier Hurra geschrien, dachte Alois, so wie wir in Prachatitz. Wie ich. Und dann hat das große Sterben sie stumm gemacht. Auch Dauba scheint das nicht vergessen zu haben.

Diesmal zuckten die Westmächte nicht zurück wie bei der Tschechoslowakei. England und Frankreich erklärten Deutschland zwei Tage später den Krieg. Lebensmittelkarten wurden eingeführt, Bezugsscheine für Kleidung, private Autofahrten weitgehend verboten. Alois war froh, als Notar eine Sondergenehmigung zu bekommen. Mit dem roten Winkel am Nummernschild konnte er bettlägerige Klienten besuchen oder zum Amtstag nach Hirschberg, seiner Dependance, fahren. Auf dem Rückweg war immer wieder der Abstecher in sein Jagdrevier möglich. Er schämte sich ein wenig für diese der nationalen Benzinknappheit zuwiderlaufende Schwäche, doch in Nosadel gab es die Rehböcke und die Nächte mit Mariechen, die nun bald seine Frau sein und dann auch im ehrbaren Dauba mit ihm unter einem Dach leben würde.

Die deutsche Wehrmacht siegte. Sie hörte gar nicht auf mit dem Siegen. Erst kam Polen, danach Norwegen, dann Frankreich und fast im Vorbeigehen auf dem Weg dorthin Holland und Belgien. Nur die Engländer auf ihrer verdammten Insel leisteten hartnäckigen Widerstand und fingen sogar an, Bomben auf deutsche Städte zu werfen, was etwas erstaunlich war, wie Alois fand, da im Kino in den Wochenschauen nur siegreich heulende deutsche Stukas zu Fanfarenklängen gezeigt wurden und der dicke Göring gehöhnt hatte, man möge ihn Meier nennen, sollte je ein englischer Bomber ins Tausendjährige Reich eindringen.

Trotzdem, es sah so aus, als müssten in Kürze auch die Tommies klein beigeben oder einlenken. Hitler schien sein größtes Vabanquespiel zu gewinnen. Alles würde doch gut werden. Bald würde Frieden sein, hoffte Alois. Gerade noch rechtzeitig für seine beiden Söhne. Er selbst würde jetzt sein zweites Leben beginnen. Hellmut hatte das Abitur. Alarich den Doktor der Jurisprudenz. Außerdem war Ali frisch verliebt – Gott sei Dank, nach der Enttäuschung mit Gertrud – in eine angehende Lehrerin aus Wegstädtl an der Elbe, für die er wieder kleine Liebesgedichte verfasste. »Immer frisch und munter, ein Fiedler geht nicht unter«, kam Alois zum ersten Mal seit Langem in den Sinn, als er eines Morgens vor dem großen Flurspiegel stand. Dr. Alois Fiedler: einundfünfzig Jahre, hager, kurzes, eisgraues Haar, skeptische Augen, leichter Raucherhusten. Ja, sein Motto galt noch immer – aber ein Lächeln darüber schickte er gleich hinterher.

Fünf Monate nach seiner Scheidung heiratete Dr. Alois Fiedler, Notar auf Lebenszeit, im Dezember 1940 Maria Anna Theresia Konrath auf dem Daubaer Standesamt. Sie trug ein taubenblaues Kostüm mit einem kecken Hütchen und ein strahlendes Lächeln. Bei Alois saß der dunkelgraue Anzug mit Weste an den Schultern wieder einmal nicht besonders. Sein Ja war so klar und kräftig wie das der Braut, was der Trauzeugin Christine Minks einen winzigen Stich ins Herz gab. Doch dann küsste sie ihre Kollegin und nun Notarsgattin herzlich auf den Mund und Alois fast so herzlich auf die rechte Wange.

Dr. Alarich Fiedler, der zweite Trauzeuge, gab Mariechen ebenfalls einen Kuss. Sein Bruder Hellmut klatschte im Hintergrund, ließ jedoch seine Augen nach dem Ringetausch des Paares schnell zur beachtlich modellierten Silhouette der Trauzeugin Tini Minks wandern. Auch das Ehepaar Schwansee, alt und gebrechlich, nahm an der schlichten Zeremonie teil. Beide umarmten Alois und gaben der Braut etwas förmlich die Hand. Schwiegermama – Ex-Schwiegermama, dachte Alois, komisches Gefühl, wischte sich mit der schwarz behandschuhten Rechten ein paar Tränen aus den Augenwinkeln. Die neuen Schwiegereltern Konrath standen etwas abseits. Sie schauten eher schuldbewusst. Mizzi war nicht da.

Als Maria ins Haus am Tampel einzog, zog sich Mizzi noch weiter aus der profanen Welt zurück. Sie speiste jetzt allein in ihrem Zimmer. Abneigung oder gar Hass zeigte sie nicht. Wenn Maria und sie sich begegneten, was selten genug geschah, denn die junge Frau Fiedler hielt sich vom Königreich, Mizzis Zimmer im ersten Stock links, tunlichst fern, titulierte Mizzi ihre Nachfolgerin »mein Fräulein«. Ihren Ex-Mann sprach sie nur noch mit »Herr Notar« an. Das war nicht ironisch oder bitter gemeint. Alois schien ihrem krausen Geist jetzt eine wohlwollende Instanz, der sie mit höflichem Respekt zu begegnen geruhte.

Sie hätte nun am liebsten ganze Tage in der Wanne geplätschert. »Wahrscheinlich sieht sie sich als Woglinde oder sonst eine dieser Wagnerschen Wassernixen«, sagte Alois zu Mariechen, die anfangs das Dauerbaden befremdlich fand, »aber immer noch besser so, als würde sie wie eine Walküre durchs Haus galoppieren.« Er bat dann die Schwansee-Schwiegermutter, den Badeofen nicht mehr nachzuheizen, zwei Stunden gelebtes »Rheingold« seien mehr als genug angesichts der kriegsbedingten Kohlerationierung. Frau Schwansee gehorchte seufzend, doch auch erleichtert. Sie hatte Wasser in den Beinen und konnte die Eimer mit den Braunkohlebriketts nur noch keuchend die Treppe hochschleppen. Mizzi blieb auch im lauen Bad noch so lange liegen, bis sie anfing zu frösteln.

An einem Sonntagvormittag im März 1941 stand Frau Schwansee am Herd, ein tschechisches Liedchen summend, um ihren berühmten Sauerbraten zu schmoren. Es war ihr letzter. Noch bevor sie den Rahm zugegossen hatte, fiel sie, vom Schlag getroffen, tot um. Niemand hört sie fallen. Erst als es sehr verbrannt aus der Küche roch, fürchtete ihr Mann um das Gelingen des Sonntagsmahls, schaute nach dem Rechten und fand seine Frau leblos auf den Fliesen. Er stammelte ein paar Mal untröstlich »Tesoro« und rief mit zittriger Stimme um Hilfe. Doch weder Alois noch der von Maria herbeigeholte Hausarzt konnten helfen.

Schwansee erholte sich nie mehr von diesem Verlust. Er kümmerte sich nur noch nachlässig um seine Erdbeerbeete, die gerade anfingen zu sprießen, und ließ sein meckerndes Lachen nicht mehr hören, das Alois im Lauf von dreißig Jahren geradezu ans Herz gewachsen war. Ende April bekam er nach einem Friedhofsbesuch bei schneidend kaltem Frühlingswind eine Lungenentzündung und starb nach wenigen Tagen so bereitwillig, als habe er darauf gewartet.

Alois hatte nach Schwiegermamas Tod einen Grabstein aus schwarzem, poliertem Marmor in Auftrag gegeben. »Für unser Familiengrab«, sagte er zu Maria, die etwas befremdet war, dass dieses Grab die letzte Ruhestätte auch der Schwansees sein sollte. Doch weil sie Alois liebte, schwieg sie. Noch war der Name der Schwiegermutter nicht eingemeißelt. Alois ließ die Inschrift auf »Familie Schwansee« ändern. »Hier wird jeder von uns einmal liegen«, sagte er zu Maria und seinen beiden Söhnen, als sie zusammen am Grab vor der glänzenden Marmorplatte mit den vergoldeten Buchstaben standen. Er schaute die drei an. Drei junge Gesichter. Der nächste müsste ich sein, dachte Alois. Eigentlich. Wenn normale Zeiten wären. Doch es war Krieg. Noch immer. Die Engländer gaben einfach nicht auf. Und Mussolini, dieses italienische Großmaul, musste sich in Afrika und auf dem Balkan von den Deutschen aus der Patsche helfen lassen. Alarich und Hellmut trugen schon Feldgrau. Ali war bei der Infanterie. Homi bei der Panzerabwehr. Maria war im vierten Monat schwanger.

Seine Frau schob schon einen ziemlich dicken Bauch vor sich her – Alois fand ihn ein rührendes Bäuchlein –, als Hitler mit einem Drei-Millionen-Heer Ende Juni die Sowjetunion überfiel. Dieses Mal verkündete der Führer seinen Volksgenossen den Angriff auf die Macht, mit der immerhin ein Nichtangriffspakt bestand, nicht selbst. Er schickte seinen Außenminister Ribbentrop vor. Ribbentrop erklärte wohlgesetzt im Radio und drei Tage später in der Kino-Wochenschau, in deren Bildern die Wehrmacht wie gewohnt siegreich voranstürmte, damit sei man der Invasion Großdeutschlands durch den Bolschewismus zuvorgekommen, der nun wieder jüdisch verseucht und barbarisch war. Alois betrank sich. Alarich und Hellmut standen im Drei-Millionen-Heer.

Er betrank sich nicht allein, sondern mit Freunden im Hotel »Sonne«. Der Hotelier kannte inzwischen die Marotten des Herrn Notar und hielt stets »Bernkastler Doctor« vor. Das war in Kriegszeiten nicht einfach. Der Apotheker Bibus und der Tierarzt Wabra tranken sich den neuen Feldzug schön. »Es wird ein Blitskrieg, Alois, so wie gen Polen, so wie gen Franreisch und Juschlawin«, sagte der Tierarzt schon sehr undeutlich. »Hast du die Russen-Flieger in der Wochenschau gesehen, uralte Kisten, mit denen ist unsere Luftwaffe doch in ein paar Tagen fertig«, artikulierte sich der Apotheker noch wesentlich nüchterner, »und heute, meine Herren, gewinnt man Kriege mit der Luftwaffe.« Der Hotelier nickte, nur halb überzeugt wie der Stadtpfarrer auch, mit dem Alois trotz seiner sündigen Zweitehe und unüberbrückbarer Meinungsverschiedenheiten in Sachen Heiliger Dreifaltigkeit weiterhin herzlichen Umgang pflegte.

Bei Alois dauerte es noch zwei Viertel Bernkastler. Dann brach die Angst um seine Söhne durch: »Napoleon hat ganz

Europa besiegt, und doch ist er mit seiner Armee im russischen Winter untergegangen.« Weil er selbst schwerhörig war, bemerkte er oft nicht, wie laut seine Stimme wurde. »Russland ist so riesig, so unglaublich groß. Und Stalin kommt es auf ein paar Millionen Tote nicht an.« Menschenmaterial, dachte er, Menschenmaterial, wie damals bei uns im Weltkrieg. Menschenmaterial hier, Menschenmaterial dort. »Ich sage euch, das wird kein Blitzkrieg, kein Blitzsieg. Der Hitler hat sich übernommen, diesmal hat er den Bogen überspannt.«

An einem der Tische weiter hinten im Lokal drehten sich Köpfe in die Richtung von Alois. Er war wirklich laut gewesen. Die Heinis aus dem Reich, die Bürohengste aus dem Rathaus und der Kreisverwaltung, dachte er, gut, dass der Landrat nicht dabei ist. Einer der Herren, der Leiter des Amts für die Lebensmittelkarten, stand auf und kam auf Alois zu. Sein Schritt hatte etwas Dienstliches. »Habe ich recht gehört, Herr Notar, Sie zweifeln am deutschen Sieg? Sie zweifeln am Führer?« Alois wurde es mulmig. Er hatte nicht gedacht, dass seine Stimme so weit tragen würde. Wehrkraftzersetzung, eine hochschwangere Frau, Kritik am Führer, Gefängnis, Zuchthaus, Söhne an der Front, zuckte es ihm wirr durch das vom Riesling umnebelte Gehirn. »Sieg Heil«, sagte er, um erst einmal Gesinnung zu zeigen und Zeit zu gewinnen. »Dass Napoleon besiegt wurde, ist eine Tatsache«, fuhr er nach einer Pause fort. Er sprach langsam und sorgfältig. Er war plötzlich sehr nüchtern. »Und sehen Sie, ich war im Weltkrieg. Damals sollten wir Weihnachten zu Hause sein, doch wie Sie wissen, kamen wir nach vier Jahren zurück, und der Krieg war verloren. Das kam mir vorhin eben in den Sinn. Das wird sich diesmal natürlich nicht wiederholen. Ich glaube an den Endsieg, dafür wird unser Führer schon sorgen«, sagte er laut – und »Lügner« zu sich selbst. »Ich habe nur meine Zweifel am Blitzkrieg und befürchte, dass der Führer diesbezüglich eher zu optimistisch ist. Heil Hitler.«

Alois wollte die Rechte heben. Im letzten Moment sah er, dass er noch das halb volle Weinglas in der Hand hielt. Es hätte ausgesehen, als wolle er Hitler zuprosten. Er stellte das Glas schnell ab und verzichtete auf den ausgestreckten Arm. Der Leiter des Lebensmittelkartenwesens sah ihn drohend an. »Ich hoffe, Herr Notar, Sie werden in Zukunft Äußerungen dieser Art unterlassen, man könnte sie leicht missverstehen«, sagte er eisig und ging an seinen Tisch zurück, ohne Alois seinerseits des Hitler-Grußes zu würdigen. Feigling, Loisl, du windelweicher Feigling, sagte Alois zu sich selbst. Aber nein, er war kein Feigling, er war nur kein Selbstmörder. Er wollte leben. Sein zweites Leben.

Am 27. September 1941 gebar Maria einen gesunden Sohn. Alois gab ihm den Namen Tankred. Der Stadtpfarrer zuckte zwar leicht zusammen, trug Tankred aber ins Taufbuch ein. Alois machte ihm klar, dieser schöne Name, der auf Deutsch »Kluger Ratgeber« bedeute, habe nichts mit dem zurzeit herrschenden Arierfimmel zu tun, sondern sei seinem schon immer vorhandenen Geschichtsinteresse zuzuschreiben. Dies zeige der Name seines ältesten Sohns Alarich, geboren 1915 in den Tagen Kaiser Franz Josephs, als Hitler noch ein kleiner Gefreiter in einem Bayerischen Infanterie-Regiment war. Jetzt schickte der ehemalige Gefreite wie Napoleon eine große Armee gegen Moskau. Bald würde der Winter kommen.

Krieg und Frieden

Mady Rahls dunkle Augen hatte Alois schon oft auf der Leinwand bewundert. Jetzt sah er sie in Wirklichkeit. Mady Rahl saß neben ihm. Schon den ganzen Abend. Zwei Meter weiter an der langen, weiß gedeckten Tafel hob Magda Schneider, eine von Hitlers Lieblingsschauspielerinnen, das Glas in Richtung Rudolf Prack. Der jüngste Schwarm aller Kinogängerinnen prostete artig lächelnd zurück. Lampions erhellten die milde Augustnacht. In Dauba wurde nur selten verdunkelt. Dauba war kein Ziel der alliierten Bomber.

»Schade, Herr Landrat«, sagte ein verheißender Mund unter verheißenden Augen, »schade, dass die schöne Zeit hier vorbei ist und wir wieder zurück müssen nach Berlin. So richtig gemütlich ist es dort ja gerade nicht mehr. Bombenalarm, Luftschutzkeller. Immer häufiger. Gut, dass der Endsieg dicht bevorsteht.« Die Ironie in ihrer Stimme beim letzten Satz war leise, doch unüberhörbar. »Ich bin der Notar, gnädige Frau«, antworte Alois lächelnd, »der Landrat sitzt da drüben.« Der Landrat war neu. Großdeutschland hatte Dr. Krämer zu dessen kaum verborgenem Entsetzen zum Militärdienst in Russland abkommandiert.

Alois verzieh dieser überirdischen Erscheinung das Versehen schon, bevor sich Frau Rahl dafür entschuldigte. Wie vielen Männern begegnete sie wohl Tag für Tag, die versuchten, ihr tief in die Augen zu blicken? Da konnte man schon einmal durcheinanderkommen in der Provinz. »Sehr, sehr schade, dass Sie uns wieder verlassen, Sie und all die anderen.

Ja, und wenn wir bald gesiegt haben, kommen Sie doch einmal zur Sommerfrische zurück.« Auch bei ihm klang das nicht ganz ernst. Er machte eine ausholende Geste über den ganzen Tisch, an dem der Filmtrupp aus Berlin zum Abschied mit den Daubaer Honoratioren zusammensaß.

Alois wünschte sich, diese milde Nacht möge niemals enden. Er wünschte sich, dass die Zeit aufgehoben wäre und man für immer so dasitzen könnte im Garten des Hotels »Sonne«, ein Glas Bernkastler in der Hand, Mady Rahls umwerfende Schönheit vor Augen und nichts als Frieden um sich. Vergessen zu können, wie in Stalingrad im vergangenen Winter eine Armee erfroren und verblutet war, wie dieser Demagoge Goebbels den totalen Krieg ausrief, was trotz aller Ekstase in seiner Stimme und im Berliner Sportpalast mehr nach Untergang als Sieg geklungen hatte. Vom Blitzkrieg redete niemand mehr im Sommer 1943. Durchhalten, Schicksalskampf, das waren jetzt die Schlagworte. Und seine beiden Söhne waren an der Front, irgendwo zwischen Don und Dnjepr. Ali hatte Stalingrad überlebt. Leicht verwundet ausgeflogen, bevor dort der Todeskampf begann. Doch so viel Glück hatte niemand auf Dauer.

Und so wartete man als Vater auf die Feldpost der Söhne, und wenn sie eintraf, wusste man auch nur, dass sie vor ein paar Tagen oder Wochen noch am Leben gewesen waren. Und man fürchtete sich vor einem Schreiben auf Einheitsbriefpapier, auf dem, knapp und förmlich, etwas vom Feld der Ehre stand. Nein, es ging nicht, man konnte nicht vergessen. Da halfen auch Mady Rahls Augen und die friedliche Daubaer Nacht nicht. Alois erhob sich, küsste seiner bezaubernden Tischdame die Hand und nahm ihr verheißungsvolles Lächeln als Abschiedsgeschenk mit nach Hause, wo der kleine Tankred und – hoffentlich – seine Frau schon lange schliefen. Sie war zum zweiten Mal schwanger, im achten Monat.

Die Berliner Filmfritzen waren vor Wochen ins stille Dauba

eingefallen, hatten in der »Sonne« Quartier genommen und eine Komödie im ländlichen Milieu namens »Die heimlichen Bräute« gedreht. In diesem Filmchen war der Krieg so weit weg, wie er es in Dauba zu sein schien. Der Führer wollte sein Volk bei Laune halten, ablenken von einem Krieg, der längst ein zweiter Weltkrieg war. In Böhmen wurde inzwischen viel Kino gemacht. Hier waren Bombenangriffe selten und das Essen war trotz Magermilch und Malzkaffee noch immer besser als in anderen Teilen des schrumpfenden großdeutschen Herrschaftsgebietes.

Zur Enttäuschung der Einheimischen hatte es der Regisseur allerdings weniger auf ihr Städtchen als Kulisse abgesehen als vielmehr auf die Schönheiten der Daubaer Schweiz, wo sich Mady Rahl und Co. zwischen Sandsteinfelsen, Burgruinen und stillen Teichen liebten und kriegten. So blieben die Schauspieler und ihr Tross im Ort ziemlich unsichtbar, bis auf den Auftritt am verordneten wöchentlichen Eintopftag, wenn die Volksgenossinnen Magda Schneider und Mady Rahl vorbildlich Erbsensuppe für die übrigen Gäste im Restaurant des Hotels im Beisein eines Pressefotografen schöpften.

Alois' letztes Kind wurde einen Monat zu früh am 1. September 1943 geboren. Obwohl er nicht abergläubisch war, hielt Alois jetzt den 1. September für einen besonderen Tag: an einem 1. September hatte er das Notariat Dauba übernommen, war der Krieg ausgebrochen, und wurde ihm nun verfrüht ein Sohn geschenkt. Das magische Datum sollte allerdings von da an in seinem Leben keine besondere Rolle mehr spielen. Das Kind war schwächlich, als es Mariechens Leib entschlüpfte. Eigentlich bestand es nur aus einem überdimensionierten Kopf und einem Anhängsel. Tankred war viel hübscher und kompletter zur Welt gekommen. »Soll das auch einmal ein Mensch werden?«, entfuhr es Alois zur tiefen Missbilligung der glückstrahlenden Mutter beim ersten Anblick.

Der Stadtpfarrer zuckte nicht einmal mehr zusammen, als

er ihm erneut einen Namen nannte, der durch keinen Heiligen gedeckt war. Das Kind mit dem großen Kopf sollte »Teja« heißen. So wie der letzte Ostgotenkönig aus seinem Lieblingsbuch »Ein Kampf um Rom«, erklärte Alois dem Geistlichen, ein Herrscher, der im Jahre 552 in einer Schlacht am Vesuv Reich und Leben verloren habe. Ihm gefalle dieses kurze, klingende gotische Wort, von dem niemand wisse, was es bedeute. Gegenüber seiner Frau, die anfangs Bedenken äußerte, beteuerte er, in seiner Wahl könnten ihn weder der riesige Kopf, für den der Böhmerwäldler die Bezeichnung »Blutzer« habe, noch die schwächlichen Gliedmaßen beirren. Genauso wenig wie das Bröckeln des Tausendjährigen Reichs. Alarich, Hellmut, Tankred und jetzt Teja. Basta. Alois übersah leider die große lautliche Ähnlichkeit des Helden Teja mit dem weiblichen Vornamen Thea. Dies bedeutete für seinen jüngsten Spross lebenslang manchmal erheiternde, manchmal peinliche Verwechslungen sowie unzählige Erklärungen auf die Frage: »Teja? Ist das nicht ein Mädchenname?«

Der kleine, früh geborene Spätgeborene wurde größer, besonders der Kopf. In seinem Mondgesicht setzte sich nach wenigen Monaten ein permanentes Grinsen fest, das nur beim gierigen Nuckeln am Milchfläschchen verschwand. Alois und Maria fürchteten, dieses unablässige Grinsen sei Ausdruck einer bleibenden geistig-nervlichen Trägheit. »Na ja, wenn er halt nicht besonders hell ist«, sagte Alois zu seiner Frau, »dann geben wir ihn später zu Dori auf den Bauernhof. Dort gibt es immer etwas zu tun.« Maria tröstete dieser praktische Vorschlag nur wenig. Sie liebte ihren kleinen Blutzer. Alois liebte ihn auch, trotz des einfältigen Lächelns.

Nach dem Tod der Schwiegereltern Schwansee hatte Alois Hedi als Dienstmädchen verpflichtet. Die junge Tschechin kam aus einem Dorf in der Umgebung. Ihre Familie hatte sich entschlossen, auch nach dem Anschluss dort zu bleiben und deutsche Staatsbürger zu werden. Hedi sollte Mizzi betreuen und der jungen Mutter zur Seite stehen. Die hübsche, dunkelhaarige Hedi hatte eine schnelle Zunge und flinke Hände. Ihr Liebling war der dreijährige, lebhafte Tankred, den sie gern herzte und küsste. Mit Teja, der den Tag über tatenlos und ewig grinsend in seinem Korbwagen lag, konnte sie weniger anfangen.

An einem Dezembernachmittag, der mit Sonne begonnen hatte, rollte sie den Kinderwagen auf den Balkon. Der Hausarzt hatte dem Kleinen viel frische Luft zur Stärkung seiner zarten Lungen verordnet. Hedi, Tankred an der Hand, ging für Familie Fiedler einkaufen. Sie musste lange in einer Schlange auf die Ration Vollmilch warten, die jungen Müttern und ihren Kleinkindern laut Lebensmittelkarte zustand. Hedi vergaß den Kinderwagen auf dem Balkon. Das Wetter schlug um. Es fing heftig an zu schneien. Als Maria vom Notariat nah Hause kam – sie arbeitete dort noch immer, wenn möglich, ein paar Stunden –, schaute sie als Erstes nach den Kindern und fand den Korbwagen im Flockenwirbel. Unter einer Schneedecke, fast so dick wie die Daunendecke darunter, lag Teja, still wie immer, und schnappte mit offenem Mund nach den Flocken. Er brachte es fertig, selbst dabei zu grinsen, wenn auch mit leicht bläulichen Lippen. Die zarten Lungen überstanden den Wintereinbruch unbeschadet. Teja im Schnee hätte beinahe das Ende von Hedis Dienstmädchendasein im Haus Fiedler bedeutet. Sie gelobte schluchzend Besserung und kümmerte sich von nun an mehr um den jüngsten Fiedler, der jetzt zur allgemeinen Überraschung sogar anfing, sich zu bewegen.

Im März 1944, als nur noch verblendete Nazis an den Endsieg glaubten, sah Alois seine beiden erwachsenen Söhne zum ersten Mal in diesem Krieg gleichzeitig wieder. Oberleutnant Dr. Alarich Fiedler hatte Heimaturlaub von der russischen Front. Er hatte seine Lehrerin im Dezember 1941 geheiratet und seit über zwei Jahren nicht gesehen. Oberleutnant Hellmut Fiedler kam aus dem Lazarett Seesen im Harz. Dort hatte man in mehreren Monaten die Verheerungen ausgeheilt, die das Geschoss aus dem MG eines sowjetischen Panzers knapp neben der Wirbelsäule angerichtet hatte.

Ali sprach wenig. Er brachte einen Stahlhelm im Gepäck mit. An der rechten Seite hatte der Helm ein Loch. Dort war bei einem Sturmangriff eine Kugel schräg von vorne eingedrungen. »Ich spürte den Schlag und dann war es aus«, sagte Ali. Die Sanitäter, die das Schlachtfeld absuchten, sahen den Oberleutnant reglos am Boden liegen, sahen das Loch im Helm direkt über der Schläfe und das Blut, das aus den Helm gesickert war. Bei dem kam offenbar jede Hilfe zu spät. Besser den Verwundeten helfen, die überall stöhnten. Ali wachte Stunden später auf. Die Kugel war durch den Stahl gedrungen, durch den schrägen Aufschlag aber so abgelenkt worden, dass sie nicht in den Kopf ging, sondern nur außen am Schädelknochen entlangschrammte. Er wankte zu seiner Kompanie zurück und erhielt das Eiserne Kreuz Zweiter Klasse. Alois bat ihn um den Helm. Er stellte ihn vor sich auf den Schreibtisch im Notariat. Jedes Mal, wenn er mit dem Finger über das sauber gestanzte Loch fuhr, kam es ihm vor, als er beschwöre das Schicksal.

Hellmut war Jung-Siegfried. Er trug auf seiner Uniformjacke das schwarze und das silberne Verwundetenabzeichen sowie das Eiserne Kreuz Erster und Zweiter Klasse. Seine Rückenverletzung war schon der dritte Heimatschuss – bis zum Kriegsende sollte er es auf sechs Verwundungen für Führer, Volk und Vaterland und das Abzeichen in Gold bringen. Er erzählte. Er erzählte gern. Alois und Maria, die inzwischen von ihren Stiefsöhnen als jugendliche Stiefmutter anerkannt war, hörten von Soldaten, die bei minus vierzig Grad von Geschützlafetten auf der Fahrt einfach erfroren herunterfielen, von den tödlichen Angriffen der russischen Tiefflieger, die schon längst die deutschen Jagdflugzeuge vom Himmel vertrieben hatten, und den zunehmend ungleichen Duellen der deutschen Panzerabwehrkanonen mit den russischen Tanks. »Die sind inzwischen so dick gepanzert, unsere Geschosse schlagen kaum noch durch. Und die Russen schießen uns dann zusammen. Falls wir einen Treffen landen, ist unsere Hoffnung oft nur die, dass die Panzerbesatzung durch die Wucht des Aufpralls sich die Köpfe einschlägt.« Auch wenn Hellmut von Schrecklichem und Traurigem sprach, klang in seiner Stimme das große Abenteuer mit. Er war zweiundzwanzig.

Eines Abends stand Mizzi plötzlich im Wohnzimmer, herausgestiegen aus der Badewanne und hernieder von den lichten Höhen Thules. Sie winkte dem Herrn Notar, dem Fräulein Maria und ihrem Homi beschwichtigend zu: Lasst euch nicht stören. Hellmut schilderte gerade, wie ihm heftiger Harndrang in der Panzerschlacht von Kursk wahrscheinlich das Leben gerettet habe. »Ich musste so dringend pinkeln, dass ich ein paar Schritte seitlich unserer PAK in die Büsche ging. Ich hatte gerade die Hose aufgeknöpft, da erwischte ein Volltreffer das Geschütz samt Mannschaft. Alle waren tot oder schwer verwundet. Mir flogen die Trümmer um die Ohren, doch ich blieb unverletzt.«

Alois und Maria atmeten durch. Auch Mizzi schien bewegt. Sie schwieg einen Augenblick. Dann meinte sie fröhlich: »Ach hört mir doch auf mit dem ewigen Krieg. Musik ist viel schöner.« Sie machte ein paar beschwingte Tanzbewegungen in ihrem Bademantel und summte, so schien es Alois, den Kaiserwalzer. »Mama, ist ja gut«, sagte Hellmut nachsichtig, »komm, wir tanzen.« Er fasste seine Mutter mit der Rechten um die Taille und führte sie mit der Linken, die seit einem Durchschuss in der Schlacht um Rostow vor zwei Jahren leicht deformiert war, durch einen Wirbel von Walzerschritten hin zur Tür. »Ein, zwei, drei, Mama, eins, zwei, drei.« Sie löste sich von ihm und verschwand summend.

»Tiefflieger, Panzer, Bomben«, dachte Alois, »das ist heute der Krieg.« In seinem Krieg, den man jetzt zur Unterscheidung nicht mehr einfach den Weltkrieg nennen konnte, sondern den Ersten Weltkrieg nennen musste, waren es Schützengräben, Gasangriffe, Bajonettattacken gewesen. Wie wunderbar weit es der Mensch gebracht hatte! Es war ein neuer Krieg. Und doch das alte, dreckige Sterben. Es war ein verlorener Krieg. Das konnte jeder, der nur wollte, aus den unaufhörlichen »taktischen« Frontbegradigungen herauslesen, deren Ergebnis das unaufhaltsame Vorrücken der »bolschewistischen Horden« war. Und jetzt sah er es in den Augen von Ali und hörte es auch durch Hellmuts Kriegsbravour.

Hoffentlich ist das alles endlich bald vorbei, dachte Alois. Auch wenn er Angst vor dem Kriegsende und dem Untergang Großdeutschlands hatte. Niemand wusste, was danach passieren würde. Wie waren die Worte seines Vater gewesen, als er, der Leutnant Alois Fiedler, 1914 freiwillig und frohgemut zu Felde zog? »Bleib am Leben!« Er sah Alarichs zerschossenen Stahlhelm und die beiden Verwundetenorden von Hellmut und wagte es nicht, den Satz laut auszusprechen, um den Tod nicht doch noch auf seine Söhne aufmerksam zu machen.

Während seines Urlaubs hielt sich Alarich meist im Haus seiner Schwiegereltern in Wegstädl auf, bei denen seine junge Frau noch wohnte. Sie hieß Hedwig und wurde zu Hause Hedi gerufen. Doch Hedi hieß auch das Dienstmädchen in Dauba. Um nicht durcheinanderzukommen, einigte sich Familie Fiedler, Alarichs Frau »Heda« zu nennen. Der Name blieb ihr bis ans Lebensende. Ali hoffte, Heda würde nach diesem Heimaturlaub endlich schwanger werden, Hellmut hingegen, Hedi würde dies nicht passieren. Trotz noch immer beträchtlicher Narbenschmerzen im Rücken hatte der fesche Oberleutnant ein munteres Verhältnis mit dem feschen Dienstmädchen angefangen, das im Raum der verstorbenen Schwansees untergebracht war. Alois musste lächeln, wenn die Geräusche des Pärchens aus dem Zimmer drangen, sie erinnerten ihn an seine Zeit mit Jelena. Seine Frau tat so, als hörte sie nichts, schaute aber im Kinderzimmer nach, ob ihre zwei Buben auch fest schliefen.

Anfang April wurde Hellmut wieder für fronttauglich erklärt. Alarich war schon zwei Wochen zuvor an die Front zurückgekehrt, irgendwo in der Südukraine, ein ruhiger Abschnitt, wie er seine Familie zu überzeugen suchte. Hellmut stutzte einen Moment, als er seinen Marschbefehl öffnete. Dann lachte er, aber die Besorgnis in seinen Augen wich nicht ganz. »Die wollen aus mir unbedingt einen Helden machen«, sagte er, »ich muss auf die Krim, nach Sewastopol.« Alois fühlte seine Arme taub werden. Die Krim war die Hölle. Die Russen hatten die deutsche Armee auf der Halbinsel eingeschlossen, ein Entrinnen schien unmöglich. Ein Todeskampf, dachte Alois, wie Stalingrad. »Aber Sewastopol ist doch eingeschlossen«, sagte er. Hellmut versuchte, wieder zu lachen: »Unser dicker Göring lässt es aus der Luft versorgen. Und ich darf mitfliegen. Ohne mich kann der Krieg ja wirklich nicht gewonnen werden.«

Alois schlief die Nacht kaum. Er hörte Hellmut und Hedi noch einmal Liebe machen, und dann noch ein zweites Mal am frühen Morgen. Es war der Ostermorgen. Es regnete leicht, als er seinen Sohn zum Bahnhof nach Hirschberg fuhr. Maria und Hedi winkten zum Abschied, zwei graue Figuren auf dem Balkon im Zwielicht der Dämmerung. Hellmut sagte im Auto munter mit dem Kumpelblick eines gerade erwachsenen Sohns zu seinem Vater, die Hedi, die sei schon so eine, eine mit Pfeffer unter dem Arsch. Alois nickte kumpelhaft zurück und wünschte sich, sein Homi würde immer noch oben im Bett bei Hedi liegen, heute, morgen, wenn's sein muss, für immer. Er starrte angestrengt auf die Straße, fühlte sich elend und erzählte irgendetwas über die unsinnige Verlängerung der Schonzeit für Rehböcke.

Auf dem Bahnsteig umarmten sie sich, bis die Schaffnerin –

es gab nur noch Frauen als Zugpersonal – zum ersten Mal pfiff. »Auf Wiedersehen, mein Junge.« »Auf Wiedersehen, Papa.« Sie sparten sich aufmunternde Worte. Sie brachten es nicht mehr fertig zu lügen. Die Schaffnerin pfiff zum zweiten Mal und schenkte dem schmucken Oberleutnant mit der Ordensbrust einen koketten Blick. Hellmut stieg ein. Er winkte durch die beschlagene Scheibe seinem Vater zu. Sein Lächeln war wie festgegipst. Alois winkte zurück. Er fühlte sich alt. Er war sich sicher, er würde seinen Sohn nie wiedersehen.

Eine Rose ist eine Rose ist eine Rose

Zigeunerknabe. Celestial. Louis de Ordie. New Dawn. Albertine. Dr. Eckener. Leda. Er kannte sie alle mit Namen. Seine Rosen. Sie blühten in diesem Herbst fast gewalttätig, so wie sie den ganzen Krieg über nicht geblüht hatten. Alois hatte die Rosenstöcke im Garten hinter dem Haus gepflanzt, wo vorher Schwiegervater Schwansees Riesenerdbeeren gewachsen waren. Eine Rose ist eine Rose ist eine Rose. Makellos, zeitlos. Den Satz hatte Alois in einer Gärtnerei an der Wand stehen sehen. Stammte von einer amerikanischen Dichterin, wie hieß sie nur gleich? Wenn er seine Rosen anschaute, konnte Alois vergessen, dass draußen die Welt in Trümmer fiel. Er konnte für sich und seine junge zweite Familie Hoffnung schöpfen, alles würde so bleiben, wie es war. Man musste nur daran glauben. Oder zumindest so tun als ob. »Wenn ich wüsste, dass morgen die Welt zugrunde geht, würde ich heute ein Apfelbäumchen pflanzen«, so war doch der berühmte Satz von Martin Luther.

Unter dem großen Apfelbaum, vom ehemaligen Besitzer des Hauses lange vor dem Weltuntergang gepflanzt, machte Maria Fotos ihrer beiden Kinder. Tankred mit seiner blonden Tolle, Teja grinsend wie gewohnt. Seine Gliedmaßen hatten aufgeholt gegen den Kopf. Doch, ein Mensch würde sein Jüngster schon werden.

Der Älteste fiel ihm ein. Ihm wurde bange inmitten der Blütenpracht. Alarich war seit dem Sommer vermisst. In den Rückzugsschlachten der Wehrmacht verlor sich irgendwo zwischen der Ukraine und Rumänien seine Spur. Doch da Nachrichten von seinem gesamten Infanterie-Regiment ausblieben, bestand die Hoffnung, dass allesamt in Gefangenschaft geraten waren. Keine erfreuliche Vorstellung, Kriegsgefangener bei den Bolschewiken, und das wohl in Sibirien, aber noch immer besser als ... Alois wollte den Gedanken nicht zu Ende bringen. Kriegsgefangen, hoffentlich. Sein Bruder Dori hatte im Ersten Weltkrieg drei Jahre russisches Lager ja auch irgendwie hinter sich gebracht.

Nicht hadern mit dem Schicksal, sagte sich Alois. Sei froh, dass Hellmut noch lebt. Hellmut hatte die Krim überstanden. Eingeflogen zum Heldentod. Und dann doch noch entkommen auf einer Fähre, so vollgepfercht mit Menschen wie ein überfüllter Vorstadtzug. Sowjetische Tiefflieger beschossen das quälend langsam dahintuckernde Gefährt. Bald waren Tote, Verwundete und Unverletzte so dicht an dicht gedrängt, dass für ein Zusammensacken oder Umfallen kein Platz war. Sie hätten dann die Toten über Bord gestemmt, um ein wenig Platz zu schaffen, schrieb Hellmut seinem Vater nach der Evakuierung, und auch die Schwerverletzten, die ohne Aussicht auf Überleben waren. Die Löcher im Rumpf der Fähre vom Fliegerbeschuss habe man mit Uniformjacken notdürftig zugestopft, sonst wäre sie gesunken. Unversehrt am rettenden Ufer sei ungefähr die Hälfte angekommen, da rechne er bei den Verlusten aber auch jene ein, die das Grauen des Gemetzels und ihre Hilflosigkeit nicht ausgehalten hätten und über Bord gesprungen seien. Hellmut kämpfte jetzt in Italien, dorthin verlegt, um die amerikanische Invasionsarmee aufzuhalten.

Einmal im Monat ging Alois zum Haareschneiden. Der Friseur war ein berüchtigter Schwätzer. Er verbreitete den Stadtklatsch, den er kunstvoller handhabte als Kamm und Schere – das Verhältnis der jungen Maria Konrath mit dem so viel älteren Notar war für ihn jahrelang Lieblingsthema gewesen, sehr bedauerlich, dass diese skandalöse Liaison auf dem Standesamt endete. Er konnte aber auch stets sagen, wie es um den Endsieg wirklich stand: um einiges besser, als es aussieht, bedeutete er seinen Kunden scherenklappernd. Der Führer habe nicht nur die Vorsehung auf seiner Seite, wie das missglückte Bombenattentat im Führerhauptquartier vom Juli zeige, sondern – das wisse er aus sicherer Quelle – auch noch Wunderwaffen in der Hinterhand, gegen deren todbringende Wirkung die seit kurzem eingesetzten V2-Raketen noch gar nichts seien, obwohl die ja auch schon ganz schön Angst und Schrecken verbreiteten. Alois tat die Figaro-Weisheiten achselzuckend ab. Für ihn, den ehemaligen Infanterie-Offizier, wurden Kriege an der Front gewonnen, und da sah es für die Wehrmacht inzwischen hoffnungslos aus.

An diesem Nachmittag jedoch hatte der Barbier von Dauba eine besondere Information für den Dr. Fiedler, einen seiner privilegierten Kunden, was exklusive Neuigkeiten betraf. Während er Alois' graues, drahtiges Haar schamponierte, beugte er sich verschwörerisch nach vorn und flüsterte ihm halblaut ins besser hörende rechte Ohr: »Herr Notar, die Juden werden nicht in Lager nach Osten transportiert, weil man sie umsiedeln will. Sie werden in den Lagern umgebracht.« »So, so, Herr Herbst«, sagte Alois, »und woher wollen Sie das wissen?« Alter Schwätzer, dachte er, Wichtigtuer. Sein Sohn habe ihm das erzählt, auf Urlaub, flüsterte der Friseur, und der habe es von einem angetrunkenen SS-Mann, mit dem er im Zug gesessen sei. »Der gehörte zum Wachpersonal in einem KZ in Polen und hat es mit eigenen Augen gesehen. Giftgas oder so etwas Ähnliches.« Alois antwortete: »Sie müssen es ja wissen, Herr Herbst«, und bezahlte. Wunderwaffen, und nun auch das noch. »Stell dir vor, was dieser Friseur jetzt schon wieder rumredet! Dem ist wirklich nicht mehr zu helfen«, berichtete er daheim seiner Frau.

Alois kannte das Lager Theresienstadt, die ehemalige k.

und k. Festung gleich hinter der Protektoratsgrenze am Elbufer gegenüber Leitmeritz, gerade einmal dreißig Kilometer von Dauba entfernt. Er kannte die Anlage allerdings nur von außen, vom Vorbeifahren, da sah sie recht ordentlich aus. Deutschen war der Zutritt untersagt. Man hätte sie auch ohne Verbot wohl kaum betreten. Rassentrennung war Rassentrennung. Außerdem, es war Krieg, da hatte jeder seine eigenen Sorgen. Im Inneren dieses sogenannten »Jüdischen Siedlungsgebiets«, wie es offiziell hieß, sollte es ja immerhin Kinos, Cafés, sogar ein Symphonie-Orchester und einen Fußballplatz geben. Ein Siedlungsgebiet hinter Festungsmauern kam Alois zwar merkwürdig vor, aber dass man in Lagern wie diesem Leute einfach umbringe, das konnte er nicht glauben.

»Oder will ich es nur nicht glauben?«, fragte er sich nachts im Bett, als ihn die Sorge um seinen vermissten Sohn wieder einmal schlaflos ließ. Schon im ersten Kriegsjahr mit Russland hatte es Gerüchte gegeben, spezielle Einsatzkommandos würden hinter der Front nicht nur »bolschewistische Banden« liquidieren, sondern Juden erschießen, auch Frauen und Kinder. Damals fragte er Alarich, ob der davon etwas wisse. Darüber wolle er nicht reden, sagte sein Sohn nur. Sein Gesicht verschloss sich. Auch Hellmut schien erleichtert, dieselbe Frage auf seine muntere Art beantworten zu können: »Wir von der Panzerabwehr sind ja immer ganz vorne dabei, weiß ich's, was da bei den Etappenhengsten so passiert.«

In Alois stiegen Bilder aus einem anderen, seinem Krieg auf. Die Männer am Bahndamm in Serbien, trotzig gefasst die einen, weinend die anderen, die Frauen auf den Knien vor den Soldaten der 4. Kompanie und Leutnant Lederer, der das Reglementbuch, Abschnitt Exekutionen, umklammert hielt. Schon damals mordete man auf Befehl. Warum dann nicht heute erst recht? Wo das deutsche Volk ja in einem Überlebenskampf gegen Untermenschen stehe, wie Goebbels den Volksgenossen einpeitschte, im totalen Krieg gegen bolschewistische Horden und ihre jüdischen Drahtzieher, und da werde Gnade nicht gegeben.

Was hatte er damals dagegen getan? Nichts. Aber was hätte er damals auch tun können? Nichts. Wenn er ganz ehrlich zu sich war, wahrscheinlich hätte auch er anstelle seines Kumpels Lederer auf Befehl »Feuer!« kommandiert. Heute konnte man noch weniger dagegen machen. Dazu war es zu spät – es sei denn, man war zum Märtyrer geboren. Er hatte »heim ins Reich« gewollt und war dafür dem Rattenfänger mit dem Hakenkreuz gefolgt. Mitgegangen. Mitgefangen. Mitgehangen. Ihn fröstelte im Bett neben seiner friedlich schlafenden Frau. Er wünschte inständig, das mit den Juden möge nicht stimmen. Nein, das konnte einfach nicht stimmen, das war doch – unmöglich? Morgen ist auch noch ein Tag. Vor allem müssen meine beiden großen Söhne heil zurückkommen. Und die zwei kleinen groß werden. Tankred hatte von Hedi das tschechische Wort Prdel gelernt, ein unanständiges Wort. Jetzt lief er herum und, angespornt durch die komisch entrüsteten Mienen der Erwachsenen, ließ er laute Prdel-Prdel-Prdel-Triumphrufe hören. Arsch Arsch, Arsch... Alois sah den Kleinen im Geist vor sich »Prdel« krähen, er lächelte – und schlief endlich ein.

Im Januar 1945 kam Hellmut mit dem Goldenen Verwundetenabzeichen und einer rechten Wade, der ein größerer Fetzen Mukelfleisch fehlte, so gut wie nach Hause. Das Loch hatte ein Granatensplitter aus der Bordkanone eines amerikanischen Sherman-Panzers in der Nähe von Rimini gerissen. Hellmut hatte es geschafft, ins Lazarett Hirschberg verlegt zu werden. Sobald er wieder auf Krücken laufen konnte, fuhr er nach Dauba, so oft er konnte, und nahm ungeachtet des dicken Verbands am Unterschenkel die innigen deutsch-tschechischen Beziehungen zu Hedi wieder auf.

Die Wade heilte langsam. Langsam genug, hoffte sein Vater, um bis zum Kriegsende offen zu bleiben. Von Ali gab es weiterhin kein Lebenszeichen. Als die sich allmählich schließende Wunde Hellmut nur noch zum Gehen am Stock zwang, kommandierte man ihn zur Wiedererlangung der vollen Kampffähigkeit nach zwei Monaten in ein Rekonvaleszentenheim der Wehrmacht ausgerechnet nach Prachatitz ab. »Homi, irgendwie bist du ein Glückspilz«, sagte Alois, »sechs Mal verwundet und doch nichts Bleibendes. Und jetzt darfst du nach Prachatitz.« Noch immer kein Lebenszeichen von Ali.

Alois brachte Hellmut hinunter in den Böhmerwald. Er saß inzwischen selten im Auto. Auch für ihn war es jetzt schwer, Benzingutscheine zu ergattern. Böhmen war noch fest in deutscher Hand, was man von Deutschland nicht mehr sagen konnte. Im Osten wie im Westen standen die Alliierten schon auf Reichsgebiet. Alois fuhr trotz der Tiefffliegergefahr am Tag, in der Dunkelheit war es mühsam, den Weg zu finden: Es war Vorschrift, die Autoscheinwerfer mit einer Hülle zu verdunkeln, die nur einen schmalen Streifen Licht offen ließ. »Was werden sie wohl mit uns machen, wenn der Krieg vorbei ist?«, fragte Hellmut seinen Vater. »Dir kann ja nichts passieren«, antworte Alois, »halt dich nur schön bedeckt, damit du nicht noch in Gefangenschaft kommst. Und ich? Mir können die Tschechen höchstens das Notariat wegnehmen. Aber sonst? Ich habe ja niemandem etwas getan.« Er lachte optimistischer, als er sich fühlte. »Dann mach ich auf meine alten Tage halt Rechtsanwalt.«

Er lieferte Hellmut im Genesungsheim der Wehrmacht ab. Es war das ehemalige Hotel, in dem sein Mariechen – wie lange war das her? – auf Geheiß von Mutter hatte übernachten müssen, als er sie, seine Geliebte, zum ersten Mal der Familie vorstellte. Alois besuchte kurz seine Geschwister. Sie alle hofften, Prachatitz würde von den Amerikanern und nicht von den Russen eingenommen werden. Die einen näherten sich vom Westen, die anderen noch unerbittlicher von Osten. »Die Amis sind wenigstens Kapitalisten, die Bolschewiken, das fürchte ich, werden uns enteignen«, sagte sein Bruder Karl, der die Jungbauer-Spielzeugfabrik leitete. Das Werk hatte allerdings in den vergangenen Jahren keine Schaukelpferde, sondern kriegsentscheidende Holzartikel wie Handgranatenstiele, Gewehrkolben oder Paletten für Flakgeschosse produziert.

Der kürzeste Weg durchs Protektorat zurück nach Dauba führte über Melnik. Fuhr man über Jung Bunzlau, bedeutete das einen kleinen Umweg. Diesmal machte Alois ihn trotz Benzinknappheit. In Jung Bunzlau hatte das Ehepaar Reichmann bei einem Bruder des Mannes nach dem »Anschluss« Zuflucht gesucht. Die Stadt, die für Tschechen Mladen Boleslav hieß, war seit k. und k. Zeiten bekannt für ihre alteingesessene jüdische Gemeinde. Alois hatte hierhin den Erlös aus der Versteigerung der Reichmann-Villa überwiesen. Das Ehepaar hatte sich brieflich mehrmals bedankt, er hatte geantwortet, aber irgendwann traf keine Post mehr aus Jung Bunzlau ein. Die Reichmanns hatten wahrlich Dringenderes zu tun. Als Juden hatten sie es bei Gott nicht einfach.

Alois fragte im Kreisamt an der Pforte auf Tschechisch nach der Person, die für jüdische Angelegenheiten zuständig sei. Der Mann hinter dem Schalterfenster hörte seinen deutschen Akzent, sah ihn misstrauisch an und wies nach oben. »Obersturmführer Kollerer, Zimmer 17, ein Landsmann von Ihnen. Judenfragen behalten sich Ihre Landsleute ja vor«, meinte der Pförtner auf Deutsch. Sein Ton war alles andere als unterwürfig. Das Kriegsende ist nahe, dachte Alois, er weiß es so wie ich.

Obersturmführer Kollerer, ein großer Mann in den Vierzig mit einem ungesund grauen Gesicht, saß hinter einer halb leeren Kognakflasche, schien aber nüchtern. Alois grüßte brav mit »Heil Hitler«. Kollerer grüßte lustlos zurück. »Ich bin Notar aus dem Sudetengau, aus Dauba genau«, sagte Alois, »und suche wegen einer Erbschaftsangelegenheit ein gewisses

Ehepaar Reichmann, Juden, das meines Wissens seit 1939 hier wohnt.«

Kollerers Blick war ein Gähnen. Er schielte auf die Kognakflasche, entschloss sich dann aber doch, im Dienst zu sein. Er schüttelte den Kopf. »Vielleicht hat es ja irgendwelche Juden namens Reichmann hier einmal gegeben, kann schon sein. Heute gibt es sie nicht mehr. Aus dem ganz einfachen Grund, weil es in Jung Bunzlau überhaupt keine Juden mehr gibt. Schon seit 1943. Da haben wir rund 5000 von diesem Gesocks nach Osten geschickt. Ins Generalgouvernement nach Polen. Ausgesiedelt.« Er lächelte dünn. »Und wenn sie nicht gestorben sind, dann leben sie heute noch.« Alois bedankte sich. Eine Ader pulste in seiner Schläfe. Und wenn sie nicht gestorben sind ... Familie Reichmann verschwunden. Kein Lebenszeichen mehr. Der Schwätzer von Friseur, war er vielleicht doch kein Schwätzer?

Er wisse gar nicht, warum er noch hier sitze, es gebe ja praktisch nichts mehr zu tun für ihn, verabschiedete sich Kollerer, aber lang werde er eh nicht mehr hier sein können, so wie die verdammten Bolschewiken vorankämen. Er glaube an den Führer, doch langsam werde es Zeit für die Wunderwaffen. Der Obersturmführer sah jetzt besorgt aus. Noch bevor Alois die Tür erreicht hatte, griff Kollerer nach der Flasche.

Dauba im März war überfüllt mit Flüchtlingen aus Ostpreußen und Schlesien. Sie flohen vor Kälte, Gewalt und Vergewaltigung. Sie schleppten armselige und doch viel zu schwere Bündel mit ihren Habseligkeiten oder trotteten mechanisch neben überladenen Fuhrwerken her, die erbärmlich abgemagerte Gäule zogen. Ein stilles Grauen kroch in den Einheimischen hoch angesichts dieses Elends: die Ahnung, dass ihnen hier das eigene Schicksal vorgeführt wurde. Die Daubaer halfen, wo und wie sie konnten. Das Haus der Fiedlers glich einem Durchgangslager. Maria kochte Riesentöpfe mit Erbsensuppe, Tankred und Teja schlossen eine Unmenge ewiger Freundschaften für einen Tag. Mizzi, immer mehr ein Schatten in Lavendelduft, behauptete allerdings ihre Badewanne. Die Flüchtlinge durften lediglich im Parterre duschen.

Ende April wurde es warm, und der Führer starb in seinem Bunker von eigener Hand, voll der Verachtung für Volk und Vaterland. Berlin lag in Trümmern. Deutschland lag in Trümmern. Millionen Menschen waren tot. Alois drehte abrupt das Radio ab, als er hörte, wie Hitlers überraschender Nachfolger, Großadmiral Dönitz, mit bebendem Ernst erklärte: »In tiefster Trauer und Ehrfurcht verneigt sich das deutsche Volk.« Es war vorbei. Für Hitler. Für uns ist nichts vorbei, dachte Alois. Für uns geht es erst richtig los. Mitgegangen. Mitgefangen. Mitgehangen.

Das Verhalten von Dienstmädchen Hedi fing an, sich zu ändern. Sie maulte über Arbeiten, die ihr nicht behagten, Betttücher waschen am öffentlichen Schweifbecken in der Parkgasse etwa. Sie schaute Maria herausfordernd an, und machte sich erst nach einer Pause, leise auf Tschechisch vor sich hinfluchend, auf den Weg. Alois stellte sie zur Rede. Hedi wand sich. Es sei schon alles in Ordnung, und die beiden Jungen seien ja wirklich süß. »Aber?«, fragte Alois. Da brach es aus der jungen Frau heraus: »Wir Tschechen werden nicht mehr lange eure Dienstboten sein. Wenn der Krieg vorbei ist, werfen wir alle Deutschen raus. Euch alle.«

Hedi stoppte, erschrocken über ihren zornigen Ausbruch. »Ich hab das nicht so gemeint, Herr Notar, ich hab das nur so gehört. Und Sie und Ihre Familie meine ich ganz gewiss nicht, Herr Notar, Sie und Ihre Familie wirklich nicht.« Ganz besonders Hellmut nicht, dachte Alois ironisch. Er konnte Hedi nicht einmal böse sein. Auch er wusste, dass die ehemalige tschechoslowakische Exilregierung mit seinem besonderen Freund Beneš an der Spitze inzwischen in der von den Russen besetzten Slowakei residierte und bereits verkündete, unnachsichtig gegen alle Unterstützer der Henlein-Partei vorgehen zu wollen. Unnachsichtig gegen 90 Prozent der Sudetendeutschen. Unnachsichtig bis zur Vertreibung? Er konnte und wollte sich das nicht vorstellen.

Mit seinen letzten Tropfen Benzin fuhr er in der ersten Maiwoche 1945 nach Nosadel in sein Revier. Die Schonzeit für Rehböcke war vorbei. Die deutsche Kapitulation war nur noch eine Frage von Tagen. Hatte Luther ein Apfelbäumchen pflanzen wollen, so wollte er noch einen Rehbock schießen. Seine Freunde vom Stammtisch in der »Sonne« warnten ihn: »Alois, Nosadel liegt genau an der Grenze zum Protektorat. Dort soll es inzwischen von Partisanen wimmeln. Sei vorsichtig.« Alois zuckte nur mit den Schultern. »Ich habe noch keine gesehen.« Die Bauern von Nosadel begrüßten ihn wie immer. Der starke Sechsender, auf den er es abgesehen hatte, ließ sich nicht blicken. Als Alois in der tiefen Dämmerung vom Hochsitz steigen wollte, bemerkte er zwei dunkle Schatten am Rand der Lichtung. Er spähte durch das Fernglas. Keine Partisanen. Ein Liebespaar. Ihre beiden Schatten sah'n wie einer aus ... Alois wartete, bis sie verschwanden. Er summte das »Lili Marleen«-Lied vor sich hin und machte sich auf den Weg zum Auto. Wer sollte ihm was antun? Er hatte ja auch niemandem was getan.

Die Russen kommen

Der Krieg kam nach Dauba, als der Krieg schon vorbei war. Er näherte sich um die Mittagszeit in der Gestalt von drei Punkten am Himmel, die größer und größer wurden. Das Brummen der Motoren wurde lauter, und dann konnte man auch mit bloßem Auge die drei Jagdbomber unterscheiden. Als sie schon fast über den Köpfen der Daubaer flogen, erstaunlich tief flogen, sah man den roten Russenstern an Rumpf und Tragflächen. Dann ratterten die Bordkanonen los. Das Geräusch kannte man im Städtchen bisher nur aus den Kino-Wochenschauen. Es war Mittwoch, der 9. Mai 1945, der Tag, an dem Deutschland um null Uhr bedingungslos kapituliert hatte.

Alois war in der Kanzlei beim Aufräumen. Und Bilderwechseln, diesmal das Hitler-Bild. An der Wand hinter dem Schreibtisch hinterließ es ein deutlich sichtbares weißes Viereck. Er hörte das frenetische Tack Tack Tack der Schüsse und dachte, mein Gott, das ist Maschinengewehrfeuer! Dann dröhnte es in seinen Ohren. Die Fensterscheiben gingen in Scherben und die Luftdruckwelle einer Detonation ließ ihn rückwärts gegen die Aktenschränke taumeln. Eine Bombe auf Dauba! Rauch- und Staubwolken stiegen aus Richtung Tampel hoch. Menschen schrien. Panik packte Alois. Da hinten steht unser Haus! Die Kinder, mein Mariechen! Die nächste Explosion riss ihn um. Es krachte wieder und wieder. Alois kroch unter den Schreibtisch in Deckung. Er war zurück im Granatenhagel der Italienfront.

Maria und Hedi hatten den beiden Kindern vor dem Haus beim Spielen zugesehen. Tankred zeigte aufgeregt nach oben, als die drei Flugzeuge heranbrummten: »Mutti schau, Flieger, Flieger!« Teja patschte in die Händchen und wiederholte: »Fieger, Fieger!« Er strahlte noch, als die Flugzeuge so wunderschönen Lärm mit ihren Bordkanonen machten. Maria brauchte einen Moment, bis sie die tödliche Gefahr erkannte. Dann hob sie den Jüngsten auf den Arm, packte Tankred mit der freien Hand, schrie zum Dienstmädchen: »Los Hedi, rüber in den Eiskeller!«, und rannte die Straße in Richtung des ehemaligen Eiskellers entlang, eines in den Hang gebauten Gewölbes, in dem jetzt Kartoffeln gelagert wurden.

Sie waren noch nicht einmal halbwegs dort, da fegte die Druckwelle der ersten Bombe sie bäuchlings auf den Boden, Teja fing an zu plärren, Tankred rappelte sich hoch, Hedi fluchte auf Tschechisch. Maria packte ihre Kinder aufs Neue und hastete mit ihnen auf die offene Tür des Eiskellers zu. Sie hatten die Schwelle fast erreicht, da wischte die Wucht der nächste Explosion alle vier hinein auf die Erdäpfelhaufen. Krachend schlug die Türe hinter ihnen zu.

Es war dunkel, die Kinder weinten, Hedi stammelte tonlos: »Jessas, Marja, Josefe!« Draußen barsten weitere Bomben. Die Tür wurde aufgerissen. Verstörte Nachbarn. Auch sie suchten Zuflucht im Kartoffelkeller. Dann hörten die Explosionen auf.

Als es abgesehen von vereinzelten Schreien und dem Rumpeln zusammenbrechenden Gebälks ruhiger wurde, krabbelte Alois im Notariat unter dem Schreibtisch hervor und rannte. Er kam keuchend am Tampel an. Das Haus der Nachbarn, der Familie Weigelt, war eine Schutthaufen. Volltreffer. Das Haus der Fiedlers stand noch. Im Ziegeldach klafften große Lücken, viele Fenster waren zersplittert, die Frontmauer hatten die Einschusslöcher einer MG-Garbe exakt und schnurförmig perforiert. Noch bevor er nach seiner Frau rufen konnte, sah er weiter unten auf der Straße Menschen vorsichtig aus dem Eiskeller herauskommen und erkannte mitten unter ihnen zwei kleine Gestalten. Er lief auf sie zu, umarmte die Kinder und seine Frau. »Gott sei Dank!«, rief er und dann reichlich albern: »Unser Haus steht ja noch.«

Da näherte sich wieder das Motorengeräusch von Osten. Diesmal waren alle längst im Keller, bevor die Bomben fielen. Es dauerte fünf weitere Minuten und zehn weitere Einschläge, bis der Luftangriff auf Dauba zu Ende ging. Als Alois die Tür aufstieß, sauste Tankred an ihm vorbei, kletterte auf die Böschung über dem Eingang und rief vor Erregung stammelnd: »Vati, u-unser Haus steh- eht noch immer!« In diesem Augenblick durchzuckte es Alois: »Mizzi! Wo war Mizzi?« Er ließ die anderen stehen und eilte zum Haus hoch. Auf der Treppe ins Obergeschoss knirschte Glasscherben unter seinen Schritten. Die weißen Gardinen fächelten im milden Frühlingslüftchen, das durch die geborstenen Fenster hereinwehte. Da saß sie, das graue Haar kaum in Unordnung, in ihren Bademantel gehüllt am Klavier, spielte eine verträumte Melodie und wandte sich nur kurz über die Schulter zu Alois zurück: »Was war denn das vorhin für ein ekelhafter Lärm?« Alois fand in den vier Wochen, die ihm dafür noch blieben, nicht heraus, ob sie auch während des Bombeneinschlags Klavier gespielt hatte.

Die meisten Toten lagen noch unter den Trümmern, als die Russen gegen Abend mit rasselnden Panzerketten in Dauba einzogen. Sie parkten ihre Tanks und Geschütze auf dem Sportplatz, dann suchten sie sich Quartier. Viele Männer versteckten ihre Frauen und Töchter im Keller und auf den Dachböden oder schickten sie in den Wald, um dem Schlimmsten zu entgehen. Rotarmisten waren Untiere mit Schlitzaugen oder Krummnasen, so brutal wie debil, das hatte ihnen der großdeutsche Rundfunk über Jahre eingehämmert. Doch auch die Flüchtlinge aus Schlesien und Ostpreußen hatten ihnen schreckliche Dinge von Vergewaltigungen und Plünderungen erzählt.

Als die drei Russen direkt auf das Haus zuliefen, stand Maria am Fenster. Sie war mit den Kindern allein zu Hause, weil Alois beim Bergen von Verletzten half. Tankred scheuchte Krähen im Garten. Teja schlief in seinem Bettchen. Die Vergewaltiger! Angst überschwemmte sie. Sie rannte durch die Hintertür hinaus in den Garten, packte den Jungen, riss ihn die hundert Schritte zum Bach am Waldrand mit sich. Dort warf sie sich mit Tankred im Schilf hinter der Böschung in Deckung, hielt den Atem an und ihrem Sohn, der laut protestieren wollte, den Mund zu. Die Russen mussten inzwischen im Haus sein. Maria packte erneut die Panik. Der Kleine lag schutzlos im Kinderzimmer! Was für eine Rabenmutter war sie? Nein, sie durfte nicht sich in Sicherheit bringen und ihn allein lassen. «Du bleibst hier liegen und rührst dich nicht, bis ich zurückkomme«, flüsterte sie Tankred zu.

Sie ging zum Haus zurück. Ihr Herz hämmerte. Sie war auf alles gefasst. Im Flur standen zwei der Russen. Asiaten. Mit mörderischen Augen. Die beiden lachten, als sie zur Tür hereinkam. Gierig? Bebend drückt sie sich an ihnen vorbei. Die Kinderzimmertür stand halb offen. Der Dritte, der Dritte musste drin bei Teja sein. Sie stieß die Tür ganz auf. Da war er, der dritte Soldat, über das Bettchen gebeugt. »Mein Kind, mein Kind!«, flehte sie auf Tschechisch. Der Russe drehte sich um. Er nickte, schaute dann wieder mit einem großen Lächeln um die schmalen Augen auf den fest schlafenden Zweijährigen und legte den Zeigefinger an die Lippen: Psst, weck ihn nicht auf. Dann ging er leise aus dem Raum.

Sie musste sich erst die Augen trocken wischen, bevor auch sie wieder das Zimmer verließ. Die drei Russen auf dem Gang grinsten, als sie herauskam. Einer zeigte ihr ein Foto von zwei lachenden Kindern und tippte sich mit dem Finger mehrmals gegen die Brust. Die beiden anderen sahen sie erwartungsvoll an. »Vino?«, fragten sie, forderten sie. Sie zogen fröhlich mit zwei Flaschen aus den im Krieg sehr gelichteten Beständen von Alois ab.

Zur Überraschung der Daubaer hausten die Besatzer nicht wie befürchtet, auch wenn sie Wodka aus dem Wasserglas tranken und grausige Zigaretten rauchten. Außer ein paar goldenen und silbernen Taschenuhren, die unfreiwillig ihre Besitzer wechselten, tasteten sie nichts an. Ihr Kommandeur, ein Major mittleren Alters, bezog zusammen mit ein paar jüngeren Offizieren den Oberstock des Fiedlerschen Hauses. Er ließ die Fenster teils wieder verglasen, teils mit Pappe ausbessern. Mizzi durfte in ihrem Zimmer bleiben, nachdem Alois dem Major ihren Geisteszustand erklärt hatte.

Major Kowalow sprach gebrochen Deutsch, ausreichend, um sich zu verständigen. Er befahl der deutschen Zivilbevölkerung, die Toten aus den Trümmern zu bergen und die schlimmsten Schäden zu beseitigen. Der Luftangriff nach dem Waffenstillstand sei ein Irrtum gewesen, erklärte er Alois, bedauerlich, doch man habe in den Höhen um Dauba deutsche Soldaten gesichtet und befürchtet, fanatische Nazis könnten sich im Ort verschanzt haben. Er bot Alois eine dieser grausigen Zigaretten an, und Alois zündete sie gehorsam an. Die Soldaten, von denen der Herr Major rede, meinte Alois, das Husten unterdrückend, seien ganz sicher ein versprengter Haufen gewesen, der sich nur verstecken wollte, bis alles vorbei sei, um nicht doch noch von einem der SS-Durchhaltekommandos, die bis vor Kurzem die Gegend unsicher gemacht hätten, aufgegriffen und zurück in einen sinnlosen Kampf getrieben zu werden.

Alois erzählte dem Major, dass auch er noch vor zwei Tagen mit einem kläglichen Häuflein aus alten Männern, Invaliden und Hitler-Jungen auf Befehl eines durch Dauba kommenden SS-Trupps hätte den Krieg gewinnen sollen. »Letztes Aufgebot. Und ich als ehemaliger Reserveoffizier wurde zum Anführer bestimmt. Unsere Bewaffnung bestand aus einer einzigen Panzerfaust, ein paar Handgranaten und konfiszierten Jagdgewehren. Wir sollten auf der Straße nach Hirschberg, also nach dort, wo Sie herkamen, Panzersperren errichten und sie gegen die Rote Armee verteidigen. Wir marschierten folgsam aus und fingen an, ein paar Steinbrocken zusammenzutragen. Gegen Mittag schickte ich einen der Jungen zurück in die Stadt. Die SS-Leute hatten sich längst mit ihrem Kübelwagen in Richtung Westen abgesetzt. Und so gingen wir wieder nach Hause.« Alois erzählte dem interessiert zuhörenden Major Kowalow nicht, wie man noch bis kurz vor der Ankunft der russischen Panzer deutsche Soldaten mit Zivilkleidern ausgestattet hatte, damit sie sich nach Hause durchschlagen konnten, ohne Gefahr zu laufen, in Kriegsgefangenschaft zu geraten. Die ausgedienten Uniformen ließ man verschwinden.

Im Gefolge der Roten Armee stellten sich in Dauba die tschechischen Partisanen und Patrioten ein. Trotz des Ernstes der Situation musste Alois lächeln, wie erstaunlich ihre Zahl mit der Kapitulation angeschwollen war. Anders als in Russland oder Jugoslawien, wo Partisanen über Jahre einen erbitterten, blutigen Kleinkrieg geführt hatten, war in Böhmen bis Kriegsende aktiver Widerstand selten gewesen. Jetzt aber gab es Freiheitshelden, wohin man schaute. Im Namen der wieder erstehenden Tschechoslowakische Republik übernahmen sie auch in Dauba die Geschäfte. Die Russen ließen sie gewähren, achselzuckend und mit einer Spur von Geringschätzung. »Es sind unsere Verbündeten«, sagte der Major zu Alois, der nun nicht mehr Notar auf Lebenszeit, sondern Landarbeiter war.

Die selbst ernannte provisorische Stadtverwaltung – sie bestand im Wesentlichen aus dem zurückgekehrten ehemaligen Lehrer an der tschechischen Schule – hatte ihn seines Amtes enthoben und als Hilfskraft auf einem jetzt tschechisch geführten Hof zwangsverpflichtet. Die körperliche Arbeit machte dem Bauernsohn aus dem Böhmerwald trotz seines fortgeschrittenen Alters wenig aus. Doch er sorgte sich. »Unser Ziel muss es sein, unser Land kulturell, wirtschaftlich und politisch endgültig zu entgermanisieren«, hatte Beneš am 16. Mai in eine riesige Menschenmenge in Prag hineingerufen, und die Menge hatte begeistert zurückgeschrien. »Nicht weniger begeistert als wir beim Anschluss ans Reich«, dachte sich Alois. Wie weit würde die Entgermanisierung gehen?

Das Fußvolk des tschechoslowakischen Neubeginns verstand die Worte ihres Präsidenten als Aufruf zur Vergeltung. Radiobotschaften aus Prag, die von den Deutschen als »Freiwild« sprachen, gaben die Richtung vor. Eine landesweite Verordnung bestimmte, alle Deutschen hätten am Ärmel eine weiße Binde mit einem großen »N« für »Německ«, Deutscher, zu tragen. In Dauba profilierte sich besonders ein junger Partisan namens Pivonka als Racheengel. Pivonka war zwei Meter groß. Als Insignien seiner Macht trug er einen schwarzen Ledermantel, einen golden glänzenden Stirnreif im blonden Haar und eine Peitsche mit neun Lederriemen.

Pivonka liebte es zuzuschlagen. Er ließ seine Peitsche auf die Rücken von Frauen klatschen, die seine Kommandos nicht begriffen – die Mehrheit der Daubaer verstand nur wenig Tschechisch. Er versuchte aus den jungen Männern des ehemaligen Volkssturms, halben Kindern noch, das Geständnis herauszuprügeln, dass sie jetzt dem »Werwolf« angehörten, dieser geheimnisumwitterten Racheorganisation der Nazis, die dem Vernehmen nach den verlorenen Krieg mit Terror weiterführen wollten. Er zwang durch Peitschenhiebe eine Gruppe von Frauen bei Aufräumarbeiten an einem bombenzerstörten Behördenhaus ein Hitler-Bild, das sie im Schutt fanden, zu zerreißen und die Papierfetzen zu essen. Dazu mussten sie sagen: »Ich danke dir, mein Führer.« Hedi, die nicht mehr zur Arbeit kam, gehörte jetzt zu seinem Gefolge.

Der tschechische Lehrer im Rathaus, er hieß Polak, spürte

Staatsfeinden nach. Er befahl dem Fotografen Streer, Bilder vom Faschingszug 1939 herauszugeben. Zum Glück waren die Fotos zu unscharf, um Hochverräter auf einem Festwagen zu erkennen. Sie hatten Beneš und seine Rolle beim »Anschluss« karikiert. Polak war darüber so verärgert, dass er Streer wegen Spionage verhaften ließ. Der Verdacht: Nach Deutschland verkaufte Landschaftsbilder des Fotografen aus der Daubaer Schweiz hätten der Wehrmacht vor dem Anschluss militärisch bedeutsame Details verraten.

Eines Abends standen die Partisanen auch bei den Fiedlers vor der Tür. Sie waren laut und angetrunken, hämmerten gegen die Haustür. Als Alois ging, um aufzumachen, hörte er einen der Männer sagen: »Jetzt holen wir uns den Notar, das Schwein.« Alois öffnete. »Sie sind der Notar Fiedler?«, fragte der Anführer, ein kleiner, bebrillter Mann. Zum Glück ist es nicht der lange Kerl mit dem Goldreif, dachte Alois. »Wir werden Ihr Haus durchsuchen. Hier sollen Waffen versteckt sein.« »Ich habe alle meine Gewehre abgeliefert, suchen Sie ruhig. Bitte.« Auf unerlaubten Waffenbesitz stand die Todesstrafe. »Sie haben außerdem den militärischen Widerstand gegen sowjetisches und tschechisches Militär organisiert, Sie als Offizier der tschechischen Armee. Wie würden Sie das nennen, Herr Notar?«, sagte der Mann in angetrunkener, höhnischer Freundlichkeit. »Ich würde Hochverrat dazu sagen.« »Ich habe nie etwas mit Hochverrat zu tun gehabt«, antwortete Alois, dem plötzlich kalter Schweiß auf der Stirn stand, »wenn Sie den Volkssturm meinen: Sie wissen, dass man sich nicht widersetzen konnte, die SS hätte mich an die Wand gestellt.« Der Kleine mit der Brille sagte sardonisch: »Das ist Ihre Sicht, Herr Notar, Ihre ganz persönliche Sicht.« Dann befahl er seinen Leuten: »Durchsuchen.« Die Partisanen schwärmten aus. Sie rumpelten durch das Haus, rissen Schränke und Schubladen auf, weckten die Kinder auf, verstörten Maria und

Mizzi, an deren Klavier sie den Deckel hochklappten und lachend wirr auf die Tasten hämmerten.

Von ihrem Lärmen gestört, steckte Major Kowalow seinen Kopf aus der Tür seines Zimmers. Die Partisanen sahen die sowjetische Uniform. Sie blieben unsicher stehen. Der Major stieg die Treppe herunter »Was ist hier los?«, fragte er den Anführer. »Dieser Herr steht in einem gewissen Verdacht, aktiv gegen unseren Staat zu arbeiten, Herr Major«, antwortete der Kleine vorsichtig, »außerdem haben wir Hinweise erhalten, er könne Waffen versteckt haben.« Der Major verstand Tschechisch nur halb. »Dieser Herr ist korrekt«, antwortete Kovalov in seinem Deutsch. »Er steht unter dem Schutz der Roten Armee. Sie gehen bitte.«

Der Partisanenchef schien zu begreifen. Er wollte etwas sagen, wagte es dann aber nicht. Er blickte Alois hasserfüllt an und wollte gerade seine Leute zurückbeordern, als einer seiner Männer aus der Küche rief. »Wir haben was gefunden. Munition.« Er reckte seinem Anführer und dem Major triumphierend eine kleine Pappschachtel entgegen. Alois wurde blass. Eine Packung Schrotpatronen. Er hatte sie wohl irgendwann im Küchenschrank abgelegt und dann vergessen. »Ich habe mit den Gewehren alle Patronen abgeliefert, nur diese Schachtel muss ich einfach übersehen haben«, sagte er mehr zum Major als zum kleinen Partisanen. Von dem konnte er kein Verständnis erwarten.

«Der Besitz von Munition wird genauso bestraft wie der von Waffen, auch von der sowjetischen Armee, nicht wahr, Herr Major?«, meinte der Partisan. Nun sprach auch er Deutsch. »Sie hätten eben sorgfältiger suchen müssen, Herr Notar. Mit deutscher Gründlichkeit, würde ich sagen.« Er lächelte selbstgefällig. Jetzt hatte er wieder Oberwasser. Der Major schwieg. »Es sind Schrotpatronen für die Entenjagd, keine Kugeln für Militärgewehre. Und es gibt keine Schrotflinte mehr in diesem Haus«, verteidigte sich Alois. »Patronen sind Patronen«, gab der Partisan, nun geradezu fröhlich, zurück.

Kowalow sagte noch immer kein Wort. Er bat den Kleinen um die Packung, riss sie auf und nahm eine Patrone in die Hand. Schrotpatronen sind nicht vollständig aus Metall. Nur die Pulverkammer mit dem Zünder ist aus Messing, die Schrotkügelchen stecken in einer Papphülse. Der Major wog die Patrone einen Moment nachdenklich in der Hand. Er wog mehr als die Patrone. Dann holte Kowalow ein Klappmesser aus der Tasche, schnitt die Papphülse auf. Die Schrotkügelchen rieselten auf den Flur. »Sehen Sie scharfe Munition?«, fragte er den Tschechen. »Ich sehe keine. Sie gehen bitte.«

Der Partisanentrupp zog ab. Ihr Anführer zischte beim Hinausgehen Alois zu: »Wir sehen uns noch, Pane Notarsch:« Maria umarmte Alois. Am liebsten hätte sie auch den Major umarmt. Alois schaute Kowalow voll ins Gesicht und fragte mit belegter Stimme: »Warum haben Sie das getan?« Der Major starrte zurück. Er wollte etwas sagen – er wollte es nicht sagen, nagte mit den Zähnen des Unterkiefers an der Oberlippe. Er hatte dunkle, tiefliegende, traurige Augen über den kräftigen Backenknochen. Dann atmete er einmal tief und sagte: »Deutsche Bomben haben meine Frau getötet. Sie war Ärztin beim Militär. Ich will nicht, dass Töten weitergeht.« Maria legte dem Major die Hand auf den Unterarm. Er schob sie sacht beiseite. Er schien weit weg. Es herrschte Schweigen. Oben hörte man gedämpft Mizzi Tschaikowskys »Blumenwalzer« erstaunlich sauber intonieren.

Alois kam sich fast aufdringlich vor, als er wieder den Mund aufmachte. Es musste sein. »Herr Major, ich weiß nicht, wie ich Ihnen danken soll. Sie haben mir das Leben gerettet. Aber Sie werden bald aus Dauba abziehen, und sobald Sie und Ihre Leute gehen, kommen die Partisanen wieder, das haben sie schon angekündigt.« Kowalow nickte. »Ja, wir rücken übermorgen ab. Ich sehe Ihr Problem. Ich werde schauen, was ich machen kann.«

Am nächsten Abend kam der Major mit einem sehr amtlich aussehenden Schriftstück vom Dienst zurück. Es trug den Stempel der Roten Armee. Es war auf Tschechisch verfasst. Er bat um vier Reißnägel und befestigte den Zettel eigenhändig an der Haustür. »Dieses Haus und seine Bewohner stehen unter dem Schutz der Roten Arbeiter- und Bauernarmee. Wer sich an ihnen vergreift, hat mit strenger Bestrafung zu rechnen. Gezeichnet Major Kowalow«. Der Major las den Text noch einmal, schaute Alois und Maria an, strich Tankred, der neugierig zuschaute, über das blonde Haar, hob dann beide Hände und ließ sie hilflos wieder fallen, als wisse er auch nicht recht, ob das helfen würde.

Am Morgen darauf verließen die Russen Dauba. Kowalow grüßte aus seinem Jeep – amerikanische Hilfslieferung – noch einmal kurz zu Alois zurück. Dann schaute er ohne Regung im Gesicht nach vorn. Am Abend näherten sich laute tschechische Stimmen dem Haus. Die Partisanen. Diesmal war auch der blonde Racheengel dabei. Alois horchte im Flur. Die Partisanen verstummten vor der Tür, lasen wohl den Text. Dann hörte er sie diskutieren. »Was schert uns das«, rief Pivonka, »die Russen sind weg, sie kommen nie wieder. Los, wir holen uns das Schwein.« Alois fühlte sein Herz klopfen wie lange nicht mehr. »Ich weiß nicht«, vernahm er die Stimme des Kleinen mit der Brille, »dieser Scheißmajor sitzt jetzt in Leitmeritz, bloß dreißig Kilometer weg, und das ist eine offizielle Bekanntmachung. Wenn der davon erfährt, der Arsch ist zu allem fähig.« Zustimmendes Gemurmel. »Also gut, wenn ihr zu feig seid«, sagte Pivonka, »dann gehen wir halt wieder. Irgendwann wird es dieses Schwein von Notar auch so erwischen.«

Häftling Dr. Fiedler

Das Schwein von Notar erwischte es im Namen des Gesetzes auf einem Kartoffelacker. Die Partisanen und ihre Schnelljustiz waren Richtung Westen weitergezogen, neuen Aufgaben entgegen. Zuvor hatten sie noch am 10. Juni 1945, der sich dem kollektiven Gedächtnis der Daubaer als »Blutsonntag« einprägte, unter anderem den Bürgerschulrektor Franz Stöbrich auf dem Marktplatz standrechtlich erschossen. Sie hatten bei ihm ein altes Jagdgewehr gefunden. Allgemein nahm man an, dass der Lehrer stellvertretend für seinen Sohn hingerichtet worden war, einen SS-Mann, dessen die Partisanen aber nicht habhaft werden konnten.

Es waren zwei Polizisten in Uniform, die Alois bei der Feldarbeit festnahmen. Alois kannte sie nicht. Sie waren höflich. Sie eröffneten ihm, dass der dringende Verdacht bestehe, er habe sich »in der Zeit der erhöhten Bedrohung der Republik« – der Ausdruck kam ihnen so geläufig über die Lippen, als hätten sie ihn schon oft verwendet – »eines Verbrechens gegen den Staat« schuldig gemacht. Er müsse sofort mitkommen. Alois bat, die Kartoffelhacke abstellen und noch einmal nach Hause gehen zu dürfen. Die beiden Polizeibeamten nickten und eskortierten ihn heim.

Er durfte sich am Spülbecken in der Küche die Hände waschen, sich umziehen und Zahnbürste sowie Rasierutensilien einpacken. Aus einer Schublade nahm er unbemerkt ein kleines Taschenmesser mit und steckte es in ein Innentäschchen der Weste, außerdem ein Foto seiner beiden kleinen Jungen. Auch das schob er sich schnell innen in die Weste. Er durfte seine beiden Kinder umarmen. Tankred fragte: »Wo gehst du hin, Vati?« Alois antwortete; »Ich bin bald wieder zurück«, und wusste, dass er log. Teja plapperte den Lieblingssatz seiner zwanzig Monate: »Vati, Tejamann will seine Milchpulli haben!«

Seine Frau durfte Alois nicht umarmen. Wahrscheinlich befürchtete die Staatsmacht, sie könnten verstohlen Informationen austauschen. Beide sprachen kein Wort. Maria hatte die Hände ineinander verkrampft, die Knöchel traten weiß hervor. Alois zuckte hilflos mit den Achseln. Erst an der Haustür sagte er zu ihr auf Tschechisch, damit auch die Polizisten verstanden: »Pass gut auf dich und die Kinder auf. Mach dir keine Sorgen, ich habe ja niemandem was getan.« Dann wurde er ins Bezirksgefängnis nach Melnik verbracht.

Melnik, so erzählte Alois im Rückblick, sei gar nicht so übel gewesen. Die Zellen waren überfüllt, Zinkblecheimer in der Zelle dienten als Toilette, das Essen war lausig, und als Großbauernsohn, Prager Student, Oberleutnant und Notar fühlte sich der 56 Jahre alte grauhaarige Häftling im Arbeitsdrillich fremd und absonderlich. Damals schien ihm diese Situation schrecklich. Doch da hatte er die Erfahrung Prag-Pankraz noch nicht gemacht.

In Melnik erfuhr Alois von einem gut rasierten Herrn, den er als Staatsanwalt bezeichnet hätte, der sich jedoch »Öffentlicher Kläger beim außerordentlichen Volksgericht« nannte, zum ersten Mal, welcher Verbrechen gegen den Staat er beschuldigt wurde. Der Notar Dr. Alois Fiedler habe trotz seines Treueeids auf die Tschechoslowakei einer Organisation »ähnlichen Charakters« wie der SS angehört, dem »Nationalsozialistischen Kraftfahrkorps«, kurz NSKK genannt. Außerdem habe er eine Person tschechischer Nationalität mit erpresserischen Mitteln zum »Deutschtum gezwungen«. Als ein des Tschechischen mächtiger Jurist sei ihm das Dekret des Staatspräsidenten vom 19. Juni 1945 sicher geläufig, das für beide Verfehlungen schweren Kerker zwischen fünf und zwanzig Jahren vorsehe. Da die Tschechoslowakei, anders als Hitler-Deutschland, ein Rechtsstaat sei, stehe ihm ein Verteidiger zu, notfalls werde das Volksgericht einen solchen bestellen.

Der Öffentliche Kläger sah Alois mit dem leidenschaftslosen Interesse eines Insektenfreunds an, der einen aufgespießten Käfer seiner Sammlung betrachtet. Alois erfasste dumpfe Verzweiflung. Das war es dann wohl. Das Beneš-Dekret und die Justiz der Volksgerichte: Berufung ausgeschlossen, Prozessdauer höchstens drei Tage und mildernde Umstände nur in Ausnahmefällen. Einzug des Vermögens, Berufsverbot. Ende mit Notar auf Lebenszeit oder Rechtsanwalt. Und vorher die fünf Jahre Gefängnis. Nein, nicht Gefängnis, Arbeitslager, das sah das Dekret erschwerend vor. Und fünf Jahre, da musste er noch Glück haben. Es konnten deutlich mehr werden.

Alois fiel das Klappmesserchen ein. Er hatte es jetzt im Schuh versteckt. Vielleicht sollte er sich besser gleich die Pulsadern aufschneiden. Nein, dachte er dann: »Dum spiro, spero.« Der halb verschollene Spruch aus seiner Prachatitzer Gymnasialzeit, der ihm plötzlich in den Sinn kam angesichts der undurchdringlichen Miene des Staatsanwalts, tröstete ihn. Solange ich atme, hoffe ich. Er würde auch jetzt nicht aufgeben. Wofür war er Jurist? Also ruhig und schön der Reihe nach.

»Herr Staatsanwalt – Verzeihung, Herr Öffentlicher Kläger, als Doktor jur. kann ich mich doch selbst in einem möglichen Prozess verteidigen?« Sein Gegenüber bejahte, bemerkte aber, aus rechtsstaatlichen Erwägungen werde man ihm trotzdem einen Pflichtverteidiger beigeben. »Zur Mitgliedschaft im Nationalsozialistischen Kraftfahrkorps kann ich nur sagen, dass der Nordböhmische Automobilclub, dem ich seit 1923 angehört habe, nach dem Anschluss, ich meine natürlich nach der Besetzung der tschechoslowakischen Grenzgebiete, einfach in das NSKK überführt wurde. Das wissen Sie ja auch. Und das hatte doch nichts mit der SS zu tun.« »Das sehen wir anders«, sagte der Staatsanwalt, »außerdem, werter Herr Kollege, Sie hätten ja austreten können.« Ich hätte, ja ich hätte, dachte Alois, aber das war halt mein Automobilclub seit vielen Jahren, und das war er noch immer, und mit den NSSK-Heinis in Uniform hatten wir nichts zu tun. Ich bin zu alt für Uniformen, ich habe genug von ihnen. Außerdem war ich kein Widerstandskämpfer, sondern ein Notar, der Henlein wählte, und Sie, Herr Staatsanwalt, sind verdammt selbstgerecht und ich würde gern wissen, wie Ihr Widerstand gegen die Deutschen zu Protektoratszeiten ausgesehen hat. Laut antwortet er nur mit einem: »Ja, schon.«

»Würden Sie mich, mich als meinem eigenen Verteidiger, aufklären, wen ich mit erpresserischen Mitteln zum Deutschtum gezwungen haben soll, und was genau dieser Vorwurf beinhaltet?« Der Staatsanwalt blätterte durch seinen Aktenhefter: »Ihr Dienstmädchen, Fräulein Hedi Lazarova. Sie gibt hier an, von Ihnen zum Hitler-Gruß und zum Gebrauch der deutschen Sprache genötigt worden zu sein, unter Androhung der Entlassung.« Alois atmete tief durch. Hedi. Die kinderliebe Hedi. Unsere Hedi, die nach dem Einmarsch der Partisanen sich einem der Unterführer Pivonkas an den Hals geworfen und zusammen mit dem jungen Mann unsere Wäschetruhen geplündert hat. »Ich verlange eine Gegenüberstellung«, sagte Alois. Der Staatsanwalt musterte ihn kühl. In seinem Gesicht stand: Du hast gar nichts zu verlangen, du mieser Deutscher. Doch er nickte.

Hedi war fahrig, als sie eine Woche später dem Herrn Notar im Besucherzimmer des Gefängnisses gegenüberstand. Sie vermied den Augenkontakt mit ihm. Der Staatsanwalt las ihre Aussage vor. »Sie bestätigen das, Fräulein Lazarova?« »Ja, Herr Staatsanwalt«, sagte Hedi und versuchte für einen Moment, Alois herausfordernd anzublicken, schaute dann aber schnell wieder weg.»Wann haben wir jemals zu Hause mit ›Heil Hitler‹ gegrüßt? Hedi, sei ehrlich, nicht ein einziges Mal.« Alois sprach eindringlich. Hedi schwieg.»Ich habe dich gezwungen, Deutsch zu reden? Natürlich haben wir meist Deutsch gesprochen, du kannst es ja auch perfekt. Aber hast du nicht sogar Tankred Tschechisch beigebracht? Prdel, Prdel, Hedi. Ja oder Nein?« Der Staatsanwalt schaute verdutzt und verärgert.»Was war da mit ›Arsch, Arsch‹«?

«Für meinen vierjährigen Sohn war ›Prdel‹ wochenlang das Lieblingswort«, erklärte ihm Alois.»Und das in dem Haus, wo Fräulein Lazarova angeblich zum Deutschtum gezwungen wurde.« Hedi starrte auf den Boden. Sie fing an zu schniefen, dann zu schluchzen.»Nun?«, fragte der Staatsanwalt unwirsch. Hedi schluchzte etwas weniger. Sie zögerte ein paar Sekunden.»Da muss ein Irrtum passiert sein«, sagte sie schließlich,»ja, eine Verwechslung, ich habe nicht ausgesagt, der Dr. Alois Fiedler habe mich zum Deutschtum gezwungen, sondern sein Sohn, der Dr. Alarich Fiedler, der Oberleutnant, als er in Dauba auf Urlaub war. Der sagte, ich muss mit ›Heil Hitler‹ grüßen, sonst sorgt er dafür, dass ich rausgeschmissen werde.« Ihrer eifrigen Stimme war anzumerken, wie froh sie über ihren Einfall war.»Eine Verwechslung beim Aufschreiben meiner Aussage, die Namen sind sich ja auch wirklich ähnlich.« Sie schaute Alois jetzt an und schluchzte wieder lauter.»Es tut mir so leid. Sie waren immer gut zu mir, Herr Notar.« Der arme Ali, jetzt muss er auch noch dafür herhalten, dachte Alois, aber er ist ja weit weg. Er hätte gern gewusst, wer Hedi aufgehetzt hatte. Ihr Partisanenfreund?»Gut, Fräulein Lazarova, Sie können jetzt gehen«, meinte der Staatsanwalt, obwohl ihn Hedis Auftritt offensichtlich gar nicht zufriedenstellte.»Sie auch, Untersuchungshäftling Dr. Fiedler.«

Die Anklageschrift vom 30. Januar 1946 warf Alois als einziges Delikt die Mitgliedschaft beim Nationalsozialistischen Kraftfahrkorps vor. Da hatte man ihn vom kleinen Bezirksgefängnis Melnik längst in die große Strafanstalt Prag-Pankraz verlegt. Und er wusste inzwischen durch neu eingelieferte Schicksalsgenossen, dass seine Frau und die Kinder zusammen mit fast allen Daubaern über Nacht und nur mit dem, was sie auf dem Leib hatten, für immer aus der Heimat vertrieben worden waren. Er hörte schreckliche Gerüchte über Massenhinrichtungen. In Postelberg bei Saaz hatten ehemalige Partisanen angeblich einige hundert Männer erschossen, darunter halbe Kinder, Hitler-Jungen.

Pankraz war während der Hitler-Herrschaft das gefürchtete Gefängnis der Gestapo gewesen. Jetzt saßen dort die Deutschen ein, die auf ihren Prozess vor den Volksgerichten warteten. In diesem Zweckbau noch aus der Habsburger Ära, damals als vorbildlich gerühmt, wurde ihnen vergolten, was die Gestapo bis vor Kurzem politisch unliebsamen Tschechen angetan hatte. Das Essen verdiente den Namen nicht. Dünne Kraut- oder Rübensuppe, nur selten angereichert mit Kartoffeln. Nach wenigen Wochen waren dem von Natur aus schon hageren Alois seine Hosen viel zu weit, und er war froh, dass die Hosenträger sie festhielten. Die Zellen waren überbelegt. Die Häftlinge lagen zeitweise so eng, dass sie sich beim Schlafen nur auf Kommando gleichzeitig von einer Seite auf die andere drehen konnten.

Erst dachte Alois, das Schlimmste seien die Schreie aus den Nachbarzellen, das helle Zischen der Peitschenschläge und der viel dumpfere Aufprall von Knüppeln. Er selbst wurde nur einmal richtig geschlagen, als er sich weigern wollte, einen übervollen Kübel Scheiße allein zu tragen. Er trug ihn dann doch, mit einem blauen Auge, einem tauben Arm und einer geplatzten Lippe. Ansonsten rettete ihn sein gutes Tschechisch: Er verstand sofort, was die Aufseher ihm befahlen, und gehorchte. Andere Häftlinge, die nichts verstanden, bekamen oft schon Prügel, weil die Wärter ihr Nichtbegreifen als Aufsässigkeit auslegten. Mit der Zeit lernte er, dass die resignierten, verzweifelten Berichte von denen, die nach Erhalt ihres Urteilsspruchs noch einmal in den Zellentrakt zurückkehrten, viel schlimmer waren als jede Misshandlung, weil sie die Hoffnung töteten: Zehn Jahre Arbeitslager, fünf Jahre, lebenslänglich, zwanzig Jahre.

»In fünf Jahren bin ich über sechzig, falls ich das alles überstehe, und sitze auf der Straße«, sagte sich Alois immer wieder, »ich weiß nicht, ob meine Familie überhaupt noch lebt.« Schluss zu machen, das wäre am besten. Aus. Ende. Nichts mehr. Doch dann nahm er jedes Mal nicht das Klappmesser, sondern das Foto seiner beiden Jungen in die Hand, schaute es lange an – Tankred mit der Haartolle, Teja mit dem Buddha-Grinsen – und sagte sich: »Und sie leben, und sie brauchen dich, und du stehst das durch.«

Ein Wärter namens František fing nach ein paar Wochen mit Alois Gespräche an, ein älterer Mann mit einem runden Gesicht, einer Halbglatze und einem Kugelbäuchlein, wie es nur wenige Menschen in die Nachkriegszeit hinübergerettet hatten. Er hatte im Ersten Weltkrieg als k. und k. Unteroffizier an der Isonzofront gekämpft und sah im Häftling Fiedler eine Art Kumpel, seit er zufällig erfahren hatte, dass der deutsche Notar ebenfalls für den Habsburger Kaiser in Italien zu Felde gezogen war. Manchmal steckte er ihm Reste seines Essens zu oder lud ihn auf eine Zigarette ein. Beide rauchten dann auf der Toilette, deren Reinigung durch Alois František zu überwachen vorgab. Ab und zu summte František mit Veteranenmiene – lang lang ist's her – den »Radetzkymarsch«.

Alois erzählte ihm von Karel, seinem tschechischen Oberfeldwebel und Duzfreund, der ihn auf dem Rücken aus dem Krieg getragen und ihm so das Leben gerettet hatte. Was Karel heute wohl machte? Handelte er – wieder?, noch immer? – mit Kohle in Pilsen? Er hatte den Kontakt zu Karel ohne ersichtlichen Grund verloren. Seltsam, wie selbst die tiefe

Dankbarkeit, die er für Karel noch immer empfand, im Alltag untergegangen war!

František hörte aufmerksam zu, machte mit seinem runden Kopf eine Bewegung, halb Nicken, halb Kopfschütteln, und sagte schließlich zum Häftling Fiedler: »Ja, die Welt ist verrückt!« Er habe nie einem Tschechen etwas zuleide getan, wieso auch, meinte Alois, und trotzdem sitze er jetzt hier ein mit der Aussicht auf fünf Jahre Arbeitslager oder sogar noch mehr. »Du vielleicht nicht, das will ich dir ja gern glauben«, antwortete František, »aber ihr Deutschen habt uns Tschechen allerhand angetan. Und dafür geht es euch jetzt schlecht. Man kann halt nicht DIE Deutschen bestrafen. Man kann nur Deutsche bestrafen. Einzelne Menschen. Und da erwischt es vielleicht auch manchmal den Falschen.«

Man müsse aber doch jedem die Schuld beweisen, seine individuelle Schuld beweisen, empörte sich der Jurist in Alois. »Habt ihr Deutschen das mit uns getan?«, fragte František. »Schau, ich bin ein einfacher Mann. Aber ich weiß, was in Lidiče passiert ist, nachdem euer Heydrich, das Schwein, 1942 in Prag erschossen wurde. Man hat nicht nur die Attentäter umgebracht, eure SS hat alle Männer von Lidiče hingerichtet, alle ohne Ausnahme. Angeblich waren sie alle in das Attentat verwickelt. Alle! Da könnte man sich ja totlachen, wenn es nicht so traurig wäre. Hör mir bitte auf mit ›Schuld beweisen‹!«

Und diese blinde – blinde? – Vergeltung nach dem Tod des Reichsstatthalters Heydrich sei ja erst der Anfang gewesen, die Monate danach habe die SS noch viel schlimmer gewütet. »Wo ich herkomme, aus Protivin in Südböhmen, gab es einen Forstmeister, der war Vorsitzender des örtlichen Sokol, du weißt, des tschechischen Turnerbunds, bis die Deutschen den Sokol verboten. Den hat ein paar Wochen nach dem Attentat auf Heydrich die Gestapo abgeholt, vor den Augen seiner Frau und seiner Kinder. Und dann haben sie ihn nach Tabor gebracht und dort drei Tage später erschossen. Seine Frau hat das aus der Zeitung erfahren, da waren jeden Tag die Hinrichtungen sauber abgedruckt. Ihn habe man wegen »Gutheißung des Attentats« exekutiert, stand in der Zeitung. Dabei wusste jeder im Ort, dass er das Attentat, wie soll ich sagen, nein, nicht verurteilte – ablehnte. Weil er überzeugt war, wenn ein Ober-Nazi tot wäre, käme eben ein anderer an seine Stelle, und der wäre vielleicht noch schlimmer. Aber ihr habt ihn umgebracht, den Forstmeister, einfach so, einfach weil er ein tschechischer Intelligenzler war und dazu noch ein Sokol-Mann. Wie war der denn schuldig? Individuell schuldig?«

Alois schwieg. František rieb sich die Nase. »Und weißt du, was die Gestapo machte? Sie brachte der Frau Forstmeister ein paar Tage später höflich den Totenschein und beschlagnahmte den Besitz ihres Mannes. Sogar seine Zahnbürste und den Ehering. Ihr ließ man den Ehering. Ihr seid ja so korrekt, ihr Deutschen.« Der Wärter František klatschte in die Hände. »Toilettenreinigung beendet. Zurück in die Zelle.«

Vor seinem Napf mit Krautsuppe, die so dünn war, dass man deutlich den Boden sah, dachte Alois über Františeks Worte nach. Vielleicht hatte sein Gefängniswärter recht. Vielleicht genügte es nicht, im Kleinen ein anständiger Mensch zu sein. Heydrichs Ermordung und Lidiče. Wir lasen es in der Zeitung, entrüsteten uns: Tschechische Terroristen können doch nicht einfach den obersten Deutschen im Protektorat umbringen, das kann man sich wirklich nicht bieten lassen! Wir fanden die Geiselerschießungen in Lidiče hart, aber wenn das alles Helfershelfer gewesen waren... Wir glaubten es lieber. Und außerdem war Krieg, und wir hatten andere Sorgen. Wir waren anständige Menschen und redeten uns ein, wir hätten damit direkt nichts zu tun. Aber wir hatten damit doch zu tun, wir anständigen Menschen, auch wenn wir damit nichts zu tun haben wollten. Alois konnte den Ruf der Tschechen nach Rache verstehen. Trotzdem fand er es ungerecht, dass sie darauf aus waren, sein Leben zu zerstören. DIE Tschechen würden nie mehr seine Freunde sein. Es sei denn, sie hatten Namen. Wenzel, Karel, Herr Hawranek. Oder auch František.

Kurz vor Weihnachten 1945, als er nur noch 52 Kilo wog, erhielt Alois einen Brief aus Deutschland. Er musste ihn mit gestrecktem Arm von sich weghalten, um den Absender zu lesen, denn er war weitsichtig geworden und besaß im Gefängnis keine Brille. Als er die steile Schrift seiner Frau erkannte, dauerte es noch eine Weile, bis ihm die Buchstaben nicht mehr vor den Augen verschwammen. Es war ein kurzer Brief. Maria hatte ihn noch nach Melnik adressiert. Der tschechische Pflichtverteidiger, ein anständiger, doch an Alois' Schicksal offensichtlich nur mäßig interessierter Mann – »Sie wissen ja selbst am besten, was Sie bei Gericht vorbringen wollen, Dr. Fiedler« –, hatte ihn weitergeleitet.

Seine Frau schrieb, wie sehr sie hoffe, dass dieser Brief Alois auch erreiche und es ihm gut gehe. Sie sei mit den Kindern und ihren Eltern wohlbehalten in einem Ort namens Etgersleben nahe Magdeburg angekommen, wo man zusammen mit anderen Daubaern Quartier gefunden habe. Tankred und Teja gehe es »den Umständen entsprechend« gut. Sie arbeite jetzt auf einem Gutshof. Hellmut sei in Bayern gelandet, in einem Ort namens Plattling, von dort stamme seine große Liebe, Rosl heiße sie, die er noch in den letzten Kriegstagen in Prachatitz kennengelernt habe. Sie drücke ihren Loisl in Gedanken, so fest sie könne, und bete zum Herrgott, ihn bald in die Arme schließen zu dürfen. Alois' Hände zitterten, als er den Brief ein ums andere mal las. Je öfter er das tat, umso mehr hatte er den Eindruck, dass zwischen den wenigen Zeilen sehr viel stand, was er nicht begreifen konnte. Es war besser so.

Vertrieben

Hätte Alois im Gefängnis von Pankraz gewusst, wie es seiner Familie wirklich ergangen war, wäre die Freude über ihr erstes Lebenszeichen nicht so ungetrübt gewesen.

Am 27. Juli 1945 hallte in Dauba eine Lautsprecheransage blechern durch die noch tiefe, schwarze Nacht. Alle Deutschen hätten sich um sechs Uhr morgens mit höchstens acht Kilogramm Gepäck pro Person auf dem Sokol-Sportplatz einzufinden. Ihre Wohnungen seien unverschlossen zurückzulassen, der Haustürschlüssel habe zu stecken. Maria erfüllte Angst, als sie die Stimme aus dem Dunkel hörte.

Es war nicht die grelle Panik, die sie am Tag nach der Ermordung des Bürgerschuldirektors Stöbrich auf dem Marktplatz verspürt hatte, als die Partisanen allen deutschen Frauen befahlen, sich sofort vor dem Rathaus zu versammeln. »Jetzt bringen sie uns alle um«, hatte eine Nachbarin damals geflüstert, so blass, als wäre sie schon tot. Als dann auch noch Schüsse knallten, war Maria in einen Graben geflüchtet mit dem einzigen klaren Gedanken: »Was wird aus meinen Kindern?« Plötzlich stand ein Partisan mit einer Maschinenpistole über ihr. »Nicht schießen!«, bettelte sie. Der Partisan schoss. In die Luft. »Raus aus dem Graben! Ab zum Marktplatz. Rennen, nicht spazieren gehen.« Auf dem Platz wartete kein Exekutionskommando. Die Frauen mussten nur im Rathaus putzen. Abends durften sie wieder nach Hause.

Diesmal kroch die Furcht langsam und lähmend in ihr hoch. Man wollte sie nicht erschießen, aber sie würde abends auch nicht wieder nach Hause dürfen. Da die Deutschen ihre Radios hatten abgeben müssen, kannten sie seit Wochen nur Gerüchte, die aber in ihrer Ungewissheit beklemmender waren als jedes genaue Wissen. Die Deutschen würden vertrieben, nein, nach Sibirien ausgesiedelt, alles Unsinn, zur jahrelangen Zwangsarbeit für die Tschechen gezwungen werden, vor allem im Uranbergbau. Eins hatten diese wild schwirrenden Nachrichten gemeinsam: Alle bedeuteten Unheil. Jetzt war es so weit. Und ihr Loisl saß im Gefängnis.

Maria raffte zusammen, was sie für wichtig und nötig hielt. Ein wenig Wäsche, Kinderschuhe, eine Steppdecke, ein paar Fotos aus der Küchenschublade, Ausschussbilder, die nicht den Weg in die Alben oben im Wohnzimmer gefunden hatten. Auf Dinge aus dem ersten Stock hatte sie keinen Zugriff mehr. Dort wohnte inzwischen der Lehrer Polak mit seiner Geliebten, Zutritt streng untersagt. Sie weckte Mizzi, die jetzt in einem ehemaligen Abstellraum kampierte, und bat sie, mehr als nur einen Bademantel anzuziehen. Mizzi gehorchte mechanisch dem »Fräulein«. Seit sie nicht mehr an ihr Klavier herankam, schien sie völlig antriebslos.

Maria riss die beiden Jungen aus dem Schlaf. Tankred und Teja fanden nach anfänglichem Weinen diesen Aufbruch zur nächtlichen Stunde spannend. Sie packte ihre Habseligkeiten zu Teja in den Kinderwagen, bat Tankred, die verwirrte Tante Mizzi an der Hand zu nehmen, und die vier reihten sich in die Schar der fahlen Gestalten ein – Frauen, Kinder und alte Männer –, die im ersten Morgengrauen stumm und niedergeschlagen dem Sokol-Sportplatz zustrebten.

Dort traf sie ihre Eltern. Mutter mit ihrem Bündel, eine zu schwere Last auf den Schultern, atmete keuchend, sie war seit Längerem herzkrank. Vater sah verloren aus. »Mariechen, was wird aus uns? Was werden sie mit uns machen?«, wiederholte er immer wieder fast ohne Stimme. Über dem halblauten, verstörten Gemurmel der Versammelten waren hell und scharf die tschechischen Befehle der Wachmannschaften zu vernehmen, die den Platz umstanden. Daubaer Tschechen waren kaum darunter. Die Deutschen hatten in einer Reihe zu warten. Kontrolle ihres Handgepäcks.

Der junge Mann, der die Habseligkeiten der Fiedlers durchsuchte, schien zunächst ein gutes Herz zu haben. Er hatte nichts gegen die Steppdecke, die Unterwäsche und das Fläschchen für den Jüngsten. Er befahl Maria zwar, den goldenen Ehering abzuziehen, ließ es aber dann achselzuckend gut sein, da der Ring eng wie angewachsen am Finger saß. Danach fand er unter der Wäsche ein paar Seidenstrümpfe. Seine Laune schlug um. Seidenstrümpfe! Luxus! Er packte die Strümpfe und warf sie verächtlich auf den schnell anwachsenden Haufen konfiszierter Dinge mitten auf dem Sportplatz. »Deutsche Frauen brauchen von jetzt an keine Seidenstrümpfe mehr.«

Er wandte sich den Eltern Konrath zu. Ihre Eheringe saßen nicht fest genug. Sie mussten abgestreift und abgegeben werden. Weil Marias Vater seinen Ring von der linken Hand abzog, fiel dem Kontrolleur auf, dass Herr Konrath rechts eine Kunsthand trug. Der Tscheche stutzte einen Moment. Dann befahl er: »Abnehmen.« Der alte Mann zitterte so sehr, dass Maria ihm helfen musste, die Hand abzuschnallen. Es war keine sinnreiche Prothese mit Funktionen. Es war nicht mehr als eine Holzstück in einem schwarzen Lederhandschuh, ein ästhetischer Lückenbüßer. Der junge Mann nahm die Prothese, schaute sie kurz an und schleuderte sie wortlos im hohen Bogen auf den Haufen der für Deutsche nun unzulässigen Güter. Vater Konrath sah ihr nach, als würde ein Stück seiner Seele davonfliegen.

Jetzt war Mizzi an der Reihe. Sie trug ihren besten Pelzmantel – absonderlich an diesem frühen Sommermorgen: Eine Deutsche im Fuchspelz im Hochsommer. Na warte. Mizzi summte wie gewohnt eine klassische Weise vor sich hin, als der

Tscheche anordnete, sie solle das gute Stück ablegen, aber ganz schnell. Was ging Mizzi dieser ordinäre Mensch an? So wenig wie die schnöde Welt insgesamt! »Wirst du wohl, Babitschka«, drohte der Kontrolleur. »Bitte, sie ist nicht klar im Kopf«, erklärte Maria, »sie ist die frühere Frau meines Mannes, des Notars Dr. Fiedler.« Der junge Mann ging hinüber zum Leiter der Aktion und beriet sich mit ihm. Sie lasen sich durch eine lange Liste, blieben an einer Stelle hängen und diskutierten. Dann kam der Kontrolleur zurück. »Die Dame bleibt hier!«, sagte er, »Frau Fiedlerova, geborene Schwansee, ist Halbtschechin mütterlicherseits. Da sie geisteskrank ist, wird der tschechoslowakische Staat für sie in Zukunft sorgen.«

Zwei Milizsoldaten führten Mizzi weg. Sie schritt mit ihrer Eskorte in königlicher Haltung von dannen, verschwand zwischen den Häusern der fast ausgestorbenen Stadt – und damit aus dem Leben der Familie Fiedler. Niemand weiß, was mit ihr nach dem 27. Juli 1945 geschah. Eine tschechische Daubaerin meinte, sie möglicherweise ein Jahr später auf dem halb zerstörten Bahnhof von Ustí, ehemals Aussig, in einiger Entfernung gesehen zu haben, die fragliche Dame trug jedenfalls einen Pelzmantel.

»Abmarsch«, befahl der Milizenchef. Bewacht von Männern mit Maschinenpistolen zogen einige Hundert Deutsche aus ihrem Städtele hinaus. Vorbei an der Burgruine Berstein durch die idyllische Daubaer Schweiz fünfzehn Kilometer bis nach Hirschberg zur Bahnstation. Dort wurden sie in offenen Güterwagen eng zusammengepfercht, saßen müde, durstig und apathisch auf der Ladefläche, bis sich der Zug gegen Abend Richtung Norden in Bewegung setzte. »Das ist nur ein Trick, uns Angst einzujagen«, machte eine Nachbarin sich und Maria Mut, »spätestens in Leipa ist Schluss, und wir fahren wieder zurück.« Doch der Zug fuhr durch Böhmisch Leipa, ohne zu stoppen.

In den Bahnhöfen auf der Strecke warteten Jugendliche

und bewarfen die langsam vorbeirollenden Waggons mit Steinen. »Auf Widdersähen«, schrien sie ihnen nach. Es wurde Nacht. Der Schornstein der Lokomotive, mit Braunkohle befeuert, spuckte rot glühende Partikel aus. Die Menschen auf den Ladeflächen saßen in einem Funkenregen. »Jetzt seid ihr gleich in eurem geliebten Deutschland«, meinte ein uniformierter Eisenbahner an der Grenze zu Maria, »so lange werdet ihr wohl noch warten können.« Sie hatte ihn um Wasser für ihre erschöpften Eltern und die Kinder gebeten. Die Menschen mussten von den Güterwagen klettern. Zu Fuß ging es »heim ins Reich«, das in diesem Teil nun sowjetisch besetzt war.

Jetzt gab es zwar keine Tschechen mehr, aber auch kein Zurück. Heimatlos. Maria weinte in sich hinein, als sie auf dem deutschen Grenzbahnhof in der langen Schlange für die einzige Frauentoilette anstand. Vor ihren Eltern und den Kindern wollte sie sich nicht gehen lassen. Sie fühlte sich verlassen wie nie, besonders vom Herrgott, dem sie weit mehr als ihr Mann vertraute. Ihr Mann, ihr Loisl, eingesperrt oder vielleicht noch schlimmer. Die Kinder klein, die Eltern krank. Wie hatte sie, die strebsame, zu allen freundliche Maria Konrath, das verdient? Es machte keinen Sinn zu hadern. Sie warf die weiße Armbinde mit dem großen »N« weg, wie es jetzt alle taten. Zurück bei den Kindern, teilte sie die gekochten Kartoffeln auf, die Deutschland für die Vertriebenen als einzige Willkommensgabe zur Verfügung hatte.

Nächster Halt war Magdeburg. Die Stadt war ein Trümmerhaufen. In Magdeburg gab es nichts zu essen, und ohne Lebensmittelkarten würde es das auch in der nahen Zukunft nicht geben für fünf Köpfe. Doch für Quartier sei gesorgt: Die Tiefbunker an der Elbe, im Krieg die Zuflucht vor dem feindlichen Bombenhagel, standen zur Verfügung. Ein Beauftragter der neuen Stadtverwaltung, ein Kommunist, stieg mit der jungen Frau Notar in diese Katakomben des Tausendjährigen Reichs hinab. Das Licht der wenigen Lampen erhellte die Bunker kaum. Die Luft war dumpf wie in einer riesigen Gruft. Die Menschen, die hier im Halbdunkel hausten, glichen Lemuren ohne Farbe. »Lebendig begraben«, dachte Maria und sagte zu ihrem Begleiter: »Nein, meine Kinder, meine Eltern, hier können wir nicht bleiben. Ich flehe Sie an: Gibt es denn gar nichts anderes?« Der Mann lachte auf: »Sie können ja in die Elbe gehen!« Er entschuldigte sich für seinen schlimmen Scherz, noch bevor die junge Frau aus dem Sudetenland, die er sympathisch fand, in Tränen ausbrechen konnte. »Ich werde versuchen, für Sie Arbeit auf dem Land zu finden«, sagte er, »doch ich warne Sie, das ist kein Zuckerschlecken bei diesen kapitalistischen Gutsherren da draußen.«

Er hielt Wort. Eine Gruppe der Daubaer Vertriebenen, zwanzig, fünfundzwanzig Personen, wurden der Domäne Schulz im Dorf Etgersleben nahe dem schmucken, durch den Krieg allerdings heruntergekommenen Städtchen Wanzleben zugeteilt. Ihr neues Zuhause war der Dachboden einer Scheune. Ein Klo, ein Wasserhahn für alle, Strohsäcke als Betten. Die einfachen Leute von Etgersleben waren schon immer arm gewesen, auch ohne Krieg. Sie konnten den Neuankömmlingen wenig abgeben. Herr Schulz, der Gutsbesitzer, hätte es gekonnt. Aber schon in Friedenszeiten hatte er seine Arbeiter knapp gehalten, warum sollte er jetzt mit diesen lästigen zusätzlichen Essern anders verfahren?

Die Frauen – im arbeitsfähigen Alter gab es fast nur Frauen unter den Vertriebenen – arbeiteten auf den Zuckerrübenfeldern des Herrn Schulz und wurden dafür mit Kartoffeln, Kohl und selten genug etwas Magermilch entlohnt. Maria erhielt von ihm in einem Anflug von Gönnerhaftigkeit eine privilegierte Position: Sie durfte drei Mal die Woche im Herrenhaus putzen. Zu ihrem Reinemachbereich zählte auch der Kohlenkeller. Es wurde Herbst, und es wurde kalt auf dem Dachboden. Im Keller lagerten Briketts. Frau Fiedler, die noch nie im Leben das Geringste entwendet hatte, wurde zur Diebin. Sie schrubbte den Kellerboden, wusch Besen und Scheuerlumpen im Putzeimer aus und warf dann zwei Briketts in die schwarze Brühe. Sie verließ das Haus mit dem vollen Eimer, grüßte beim Weggehen die Herrschaften unterwürfig und leerte den Kübel erst außerhalb deren Sichtweite hinter der Scheune. Mit den getrockneten Briketts beheizte man notdürftig den Kanonenofen auf dem Dachboden.

Als die Zuckerrübenernte im November zu Ende ging, wurde die Arbeit auf dem Gut knapp und Herrn Schulz' Kartoffelentlohnung noch knapper. Die Frauen durchstreiften die Umgebung. Sie bettelten. Man nannte es beschönigend hamstern. Sie gingen weite Wege, der Erfolg war meist dürftig. Einmal hatte Marie einen Glückstag. Da klopfte sie mit ihrer Schulfreundin Traudl Schiffner an die Tür eines Bauernhofs. Der Bauer – »es war ein fescher, freundlicher Mann« – öffnete selbst, sah die zwei abgerissenen Gestalten, wartete ihre Bitten gar nicht ab und rief in die warme Stube hinein: »Gebt diesen armen Frauen richtig zu essen. Wir können dem Herrgott danken, dass wir nicht so hungern müssen.« Die beiden durften Platz nehmen, sich den Bauch vollschlagen, und dann für ihre Familien alles mitnehmen, was vom Essen übrig blieb. »Sogar ein Stück Butter«, wie Maria noch fünfzig Jahre später mit einem dankbaren Seufzer hervorhob.

Sie hatte in Etgersleben nur nachts Zeit, an ihren Mann im Gefängnis zu denken, doch dann umso mehr, denn die Wanzen und Flöhe in den alten Strohsäcken ließen sie nicht schlafen. Untertags war sie mit Überleben beschäftigt. Sie hatte wenig Hoffnung, als sie ihren Brief an Alois nach Melnik adressierte. Ihr Mutter war so kurzatmig, dass sie nur ein paar Schritte gehen konnte und den Dachboden kaum noch verließ. Vater, darauf bedacht, den rechten Arm ohne Hand hinter dem Rücken zu verbergen, war verwirrt und freudlos. Tejas Daubaer Vollmondgesicht war deutlich im Abnehmen begriffen. Wenn Maria arbeiten ging, brachten die alten Männer dem Zweijährigen Schlager und anderes deutsches Liedgut bei, um sich irgendwie nützlich zu fühlen. Er behielt die Texte nach einmal Hören fehlerfrei und für immer. Am liebsten krähte er zur allgemeinen Erheiterung »Mädel, willst du mit mir geh'n« und »In einem Polenstädtchen« von vorn bis hinten.

Tankred plagten Läuse. Außer einer alten Fahrradfelge hatte er kein Spielzeug. Einmal, als er den Reifen mit einem Stöckchen vor sich hertrieb, traf er vor der Scheune auf Rüdiger, den fast gleichaltrigen Sohn der Familie Schulz. Rüdiger besaß einen Roller mit Gummirädern, auf dem er beschwingt den Hof durchmaß. Tankred blickte sehnsüchtig auf das wunderbare Gefährt. Rüdiger bremste ab. Es sah so aus, als wollte er den Flüchtlingsjungen fragen: »Willst du auch einmal?« Herr Schulz zeigte sich im Fenster. »Rüdiger«, rief er, Honig in der Stimme, »du hast so einen schönen Roller. Wenn du ihn diesem Jungen gibst, bekommst du ihn vielleicht nie wieder zurück. Das willst du doch nicht, Rüdiger, oder?« »Nein«, sagte Rüdiger verschreckt, schaute den verlausten Tankred misstrauisch an und rollerte so weit weg von ihm, wie er nur konnte.

An Weihnachten buk die Vertriebenengemeinde vom Dachboden Plätzchen. Der Form nach waren es Zimtsterne, wie es sie zu Hause in Dauba stets zum Fest gegeben hatte. Die Zutaten aber waren origineller: Kartoffelmehl, Haferkleie und Bienenwachs anstatt Butter. Das Wachs hatte Herr Schulz gespendet. Er dachte allerdings, diese Flüchtlinge – als solche sah er sie an – sollten sich daraus Weihnachtskerzen kneten.

Anfang Januar 1946 rutschte Maria mit dem Putzeimer auf der nassen Treppe aus und schlug sich das rechte Knie wund. Sie achtete nicht weiter darauf und putzte zu Ende. Die kleine Wunde scheuerte ein wenig an den Wollstrümpfen. Nach drei Tagen schwoll das Knie an. Aus der kleinen Wunde war eine nässende Schwäre mit einem hässlichen roten Rand geworden. Zwei weitere Tage, und das Knie war ein pochender, bläulich-roter Klumpen. Maria schleppte sich trotzdem zur Arbeit.

Gegen Mittag fiel sie ohnmächtig um. Sie glühte vor Fieber. Herr Schulz gestattete seinem Kutscher, die Flüchtlingsfrau auf einem Pferdewagen ins Krankenhaus von Wanzleben zu transportieren.

Sie lag allein in einem richtigen Bett und hätte das als Wohltat empfunden, wären da nicht ihre Jungen und ihre Eltern auf dem Dachboden gewesen. Hilflos jung, hilflos alt. Sicher würde Traudl ihr Bestes tun, doch die Schulfreundin hatte selbst zwei kleine Kinder zu versorgen. Maria spürte jetzt keine Schmerzen mehr im Knie. Sie hatte im ganzen Bein das Gefühl verloren. Wenn sie zwischen ihren Fieberschüben klarer sah, erkannte sie das gute Gesicht eines jungen Mannes im weißen Kittel, der an dem Bein, das ihr nicht mehr zu gehören schien, herumhantierte. Solange der junge Arzt glaubte, sie sei nicht bei Bewusstsein, war sein Blick besorgt, hielt er sie für wach, lächelte er ihr aufmunternd zu. Jeden Morgen drückte eine Krankenschwester Eiter aus der Wunde in ein flaches Schälchen.

Nach zwei Wochen ging mit der Schwellung auch das Fieber zurück. »Wann werde ich entlassen?«, fragte Maria den Arzt bei jeder Visite. Die Sorge um Eltern und Kinder hatten das bisschen Schmerz, das sie noch fühlte, längst verdrängt. Sie hatte nur einmal eine Karte von Traudl erhalten: »So weit alles in Ordnung.« So weit? Sie musste unbedingt zurück. Nach vier Wochen konnte sie wieder gehen, und eine Woche später durfte sie gehen. »Jeden Tag habe ich mir gesagt, du musst jetzt amputieren«, bemerkte der junge Doktor zum Abschied, »und ich habe dann doch immer noch einen Tag länger gewartet. Sie haben unglaublich Glück, Frau Fiedler, ihr Bein noch zu besitzen. Ich hatte ja nicht einmal ein vernünftiges Antiseptikum zur Verfügung, von diesem neuen Wundermittel Penicillin ganz zu schweigen.«

Ein netter Traktorfahrer nahm sie bis nach Etgersleben mit. Er fragte die junge Frau auf halbem Wege, ob sie denn heute

Abend schon etwas vorhabe. Als er den Ton hörte, mit dem sie sagte: »Ich muss zu meinen Kindern!«, schwieg er verlegen.

Ihre beiden Jungen weinten, als sie hinkend die Treppe zum Dachboden hochkam. »Mutti! Mutti!« Teja war ein Gespenst. Er hatte keine Wangen mehr, nur große Augen und einen hungrigen Mund. Tankred hatte die fünf Wochen besser überstanden. Doch warum trug er eine dunkle Kappe? Sie schaute genauer hin. Die Kappe war ein Grind, der die ganze Kopfhaut bedeckte. Er schien keine Haare mehr zu haben. »Läuse!«, sagte Marias Mutter. »Der Junge hat sich in einem fort gekratzt, hat sich die ganze Kopfhaut aufgekratzt!« Ihre Augen waren müde, leer. Sie wird das alles nicht überleben, dachte ihre Tochter. »Das juckt so, Mutti!«, klagte Tankred. Marias Vater war auch da. War er da? Er wackelte die ganze Zeit nur mit dem Kopf.

Traudl schluckte, als sie nach Hause kam und ihre Freundin sah. »Ich habe getan, was ich konnte. Aber ich musste arbeiten gehen, musste meine Kleinen versorgen, es reichte hinten und vorn nicht. Und deine Eltern...« Sie zuckte hoffnungslos mit den Schultern. Maria umarmte sie. »Du hast meine Leute am Leben gehalten, das war schon sehr, sehr viel.« Maria putzte wieder für Kartoffeln. Die Kartoffeldiät stoppte den weiteren Verfall ihrer Kinder, hochpäppeln ließen sie sich damit nicht. Tankreds Läusekolonie dezimierte seine Mutter mit einer mehrtägigen Schmierseifenkur, an deren Ende das Blondhaar wieder frei und golden spross. Der Gutsbesitzer, der diese Seife sonst zur Pferdepflege nutzte, hatte ihr ein Kilo für drei Putzsonderschichten überlassen. Es war die letzte generöse Handlung des Herrn Schulz.

An einem noch recht frostigen Märzmorgen hörte die Dachbodenkommune lautes Wehklagen aus dem Hof. Man drängte zur Dachluke. Unten führten zwei Sowjetsoldaten Herrn Schulz zu einem einspännigen Pferdefuhrwerk, auf dem Frau Schulz bereits verweint neben Rüdiger saß, der ein

Rucksäcklein trug. Hinten auf der Ladefläche lag Hab und Gut. Sehr wenig Hab und Gut, wenn man das Herrenhaus so stattlich daliegen sah. »Das ist das Ende«, rief Herr Schulz ein ums andere Mal aus. Ein Deutscher in Arbeiterkleidung schrie über den Hof, alle Werktätigen sollten heraustreten. Das Gutshofproletariat gehorchte.

Endlich sei die Zeit gekommen, in der mithilfe der sowjetischen Brüder der Sozialismus siegen werde und Ausbeuter wie dieser Herr da ausgespielt hätten, sagte der Mann. Von nun an gehöre Etgersleben dem Volk. Herr Schulz stieß erneut hervor: »Das ist das Ende.« Ein Frau mittleren Alters mit Kopftuch, bis vor einem Dreivierteljahr Bäuerin aus einem Dorf bei Dauba, löste sich aus der schweigenden Zuschauermenge. Sie schritt resolut auf das Fuhrwerk zu. »Warum heulen Sie, Herr Schulz, seien Sie froh, Sie können wenigstens noch einiges mitnehmen, viel mehr, als wir es durften. Immer haben Sie uns als lästiges Pack behandelt. Jetzt spüren Sie an der eigenen Haut, wie es ist, wenn man Haus und Hof verlassen muss. Kein Mitleid, Herr Schulz, auf Wiedersehen.« Alle starrten dem Fuhrwerk nach, auf dem die Gutsbesitzersfamilie langsam im Dunst der Magdeburger Börde verschwand.

Der Siegeszug des Sozialismus änderte wenig am Leben der Familie Fiedler. Kartoffeln blieben das Hauptnahrungsmittel. Tejas Backen wurden nicht runder. Tankred allerdings schaffte es, ab und zu gegen die heftige Konkurrenz anderer Kinder ein paar Runden mit dem Wunderroller zu drehen, den Rüdiger hatte zurücklassen müssen. Dann kam ein Brief aus Dauba für Frau Maria Fiedler. Ihr Mann lebe, berichtete darin ganz knapp eine Freundin mit tschechischem Vater, die Alois auf der Straße getroffen und kurz gesprochen hatte. Er sei anscheinend als Zeuge in irgendeiner Sache nach Dauba gebracht worden. Er sei sehr mager, sehe aber nicht krank aus. Und er habe ihren Brief erhalten! Marias Herz hüpfte.

Der Prozess

Ein Güterwagen ist ein Güterwagen ist ein Güterwagen. Voll beladen mit Koks bedeutet es für zwei Männer eine Riesenarbeit, ihn an einem Tag leer zu schaufeln. Sind die beiden Männer ausgehungerte, entkräftete Häftlinge, wird aus dieser Arbeit Schinderei. Eigentlich war Alois froh, nicht in der Gefängniszelle auf seinen Prozess warten zu müssen, sondern seine mutmaßliche Schuld im Vorgriff abarbeiten zu dürfen, an diesem Tag an einer Ladung Koks auf einem Abstellgleis des Prager Güterbahnhofs. Da war man wenigstens an der frischen Luft, spürte den Hunger weniger und hörte nicht die Verzweiflung aus den Nachbarzellen.

Doch dieser Güterwagen war so verdammt groß, so verdammt voll, und sein Gefährte an der Kohlenschaufel war der Baron von und zu Seckendorff. Ein Wachmann hatte ihn und den Baron zum Bahnhof geleitet, auf den Wagen gezeigt und mit breitem Grinsen gesagt: »Bis heute Abend ist er leer, sonst...« Er beendete den Satz nicht, hob aber den Arm, als schwinge er eine Peitsche. Dann verabschiedete er sich in die Bahnkantine. Von dort konnte man den Güterwagen sehen.

Häftling Fiedler und Häftling von Seckendorff machten sich ans Werk. Der Baron hatte feingliedrige Hände von blauadriger Nobilität, und in ihnen wohl noch nie eine Schaufel gehalten. Statt sie vollzuladen, nippte er mit dem Schaufelblatt nur an dem Koksberg und legte dann zwei, drei schwarze Brocken auf die Betonrampe vor den Schienen. Trotzdem hatte er schon bald Blasen an den Handflächen. Er seufzte und stöhnte und stellte das Schaufeln ein: »Ich bitte um Verzeihung, Herr Notar, aber ich kann nicht mehr.« Noch im Knast befleißigte sich Herr von Seckendorff bester Umgangsformen.

Auch Alois ließ die Schaufel sinken. Er schaute den Baron an, der ihm seine zarten, zerschundenen Handteller wie um Vergebung flehend entgegenstreckte. Alois schaute in die Morgensonne. Es würde noch sehr lange dauern, bis sie unterging. Er schaute das Koksgebirge vor sich an, das sich erst um einen armseligen Hügel auf der Rampe verringert hatte, und dachte dabei an den grinsenden Aufseher. Wut packte ihn. Am liebsten hätte er mit seiner Schaufel dem Baron den wohlgeformten Schädel eingeschlagen. Alois befleißigte sich keiner guten Umgangsformen. »Setz dich in die Ecke und halt das Maul, du Arschloch von und zu. Ich will nichts mehr von dir hören, nicht ein Wort!« Alois wusste, er musste jetzt für zwei schuften. Er war nicht mehr jung, er fühlte sich schwach, der Rücken tat ihm weh, seine Nerven zuckten. Es war lächerlich, dem Baron übel zu nehmen, dass er für körperliche Arbeit unbrauchbar war. Trotzdem hätte er ihn umbringen können.

Alois schaufelte. Er machte kaum eine Pause. Die Sonne wanderte zu schnell angesichts der Koksmassen. Manchmal schaute der Wachmann vorbei. Er roch zunehmend nach Bier. Wenn er sich näherte, scheuchte Alois den Baron mit einer zornigen Kopfbewegung hoch, und Seckendorff tat so, als würde er ihm helfen. Der Aufpasser beobachtete es amüsiert, deutete mit dem Finger auf die hoffnungslose Vorstellung des Barons und sagte grinsend zu Alois: »Pech gehabt!« Dann zog er sich wieder in die Kantine zurück.

Als die Sonne ganz oben am Himmel stand, brachte der Baron mit schuldbewusstem Dackelblick in einem Blechnapf Wasser aus der Kantine. Alois trank gierig und sein Magen knurrte lauter als vorher. Irgendwann war der Berg auf der Rampe gleich hoch wie der im Waggon, und als die Aprilsonne schon sehr tief stand, erhob sich das Koksgebirge draußen und der Güterwagen war leer. Seckendorff beteuerte, dass ihm das alles entsetzlich leid tue, Alois war zu müde, um auch nur »Geh zum Teufel!« zu antworten. Einen zweiten Tag wie diesen würde er nicht überstehen.

Im Gesicht des Aufpassers stand eine Spur von Anerkennung, als er die beiden für den Rückmarsch ins Gefängnis Pankraz abholte. Am Tag darauf spürte Alois Arme und Rücken kaum. Er durfte in der Zelle bleiben. Die Mithäftlinge blickten überrascht hoch, als der Herr Notar plötzlich laut, doch ein wenig irre zu lachen anfing. Ihm war sein Wahlspruch eingefallen. Immer frisch und munter. Bei den nächsten Außeneinsätzen gab ihm der Wärter einen Schreinermeister mit SA-Vergangenheit bei, der keine Umgangsformen, aber Schwielen an den Händen hatte. Von und zu Seckendorff wurde von den Außenarbeiten befreit, musste allerdings im Innendienst die eine oder andere Ohrfeige und angeblich sogar einen Vergewaltigungsversuch hinnehmen.

Der Tag des Gerichts war für Alois auf Ende des Monats festgesetzt. Frühmorgens rumpelte das olivgrüne Gefängnisauto von Prag nach Leipa, jetzt Česka Lipa. Es passierte Dauba. Hinter den vergitterten und verschmierten Fenstern des Kastenwagens erschien Alois der fast menschenleere Ort, dessen Bombenschäden noch längst nicht beseitigt waren, gespenstisch fremd, nicht eine Stadt für Menschen aus Fleisch und Blut, sondern die Nachbildung einer Stadt, wie sie auf Volksfesten in einem Panoptikum nach Einwurf einer Münze hinter Glas aufleuchtete.

Die Häftlinge im Inneren des Wagens schwiegen, als Leipa näher kam. Sie fürchteten, was sie erwartete. Fünf Jahre aufwärts. NSKK, nationalsozialistischer Kraftfahrer, dachte Alois, Truppführer, wie die Anklageschrift behauptete. Rädelsführer. Als einer der frühesten Automobilisten in Dauba hatte er sich dazu überreden lassen, die Sternfahrten des Clubs zu organisieren Er hatte das auch nach dem Anschluss getan. Vorher hieß das Sportwart. Unter Hitler Truppführer. Jetzt hieß das fünf Jahre.

Die Männer stiegen steifbeinig im Hof des Leipaer Gerichts aus. Der Fahrer und ein zweiter Wächter, die Maschinenpistolen nachlässig in einer Hand, begleiteten sie ins Innere. Die Angeklagten trugen die besten ihrer Kleidungsstücke, die das Pankrazer Gefängnisleben überdauert hatten. Sie waren frisch rasiert, die blauen Flecken waren kaum mehr zu sehen. Alle waren sehr mager, bei den meisten schien der Hemdkragen viel zu weit. Sie hatten keine Handschellen an. Sie waren auch nur mindere Feinde der Republik, die aus der Kategorie fünf bis zwanzig Jahre. Nicht die Hochverräter, bei denen es um den Kopf ging. Exekution höchstens zwei Stunden nach dem Urteil. »Auf ausdrücklichen Wunsch des Verurteilten kann die Frist um eine Stunde verlängert werden«, stand im Dekret des Staatspräsidenten Beneš vom 19. Juni 1945. Die wiedererstandene Tschechoslowakei war eben ein Rechtsstaat.

»Na dann viel Glück euch allen«, sagte der Sparkassenleiter aus Hirschberg, ein bekannt fröhlicher Mann mit hoher, also später NSDAP-Mitgliedsnummer, der als Erster der Angeklagten vor das außerordentliche Volksgericht gerufen wurde, »und auf Wiedersehen im Arbeitslager.« Die Männer saßen auf einer Bank im Gang vor dem Verhandlungssaal. Ihre Verteidiger kamen nicht zu ihnen heraus, das war vernünftiger, denn jeder von ihnen hatte mehrere Mandate übernommen. Außerdem, was gab es schon groß zu besprechen zwischen einem tschechischen Pflichtanwalt und seinem deutschen Mandanten?

Die meisten der wartenden Angeklagten blickten nach unten auf den Linoleumboden. Er hatte ein abgetretenes, scheußlich grünes Muster. Je länger Alois das wirre, trostlose Muster anstarrte, umso hoffnungsloser fühlte er sich. Fünf Jahre. Fünf Jahre ohne seine Frau, ohne seine Kinder. Gott sei Dank, dass sie wenigstens noch lebten. Was Hellmut wohl machte? Und Ali, mein Ali? Aber vielleicht gab es von ihm ja schon ein

Lebenszeichen, und er wusste es nur nicht. Fünf Jahre. Fünf Jahre sind – er war ein guter Kopfrechner, und das Rechnen lenkte ab – 43 800 Stunden. 43 800 Stunden sind eine Ewigkeit.

Nach einer Stunde, schon das schien allen unendlich lang, öffnete sich die Tür. Der bekannt fröhliche Sparkassenleiter versuchte erst gar nicht, fröhlich zu sein. »Zehn Jahre«, sagte er tonlos. Er setzte sich ganz ans Ende der Bank und begrub sein Gesicht in beiden Händen. Er weinte. Die Wartenden rückten unwillkürlich etwas von ihm ab, als fürchteten sie angesteckt zu werden.

Nach dem Dekret des Präsidenten sollten Verfahren vor den Außerordentlichen Volksgerichten auf keinen Fall länger als drei Tage dauern, schon wegen der großen Zahl der zu bestrafenden Verfehlungen und ihre Eindeutigkeit wegen. Das Gericht in Česka Lipa unterbot diese Vorgabe mühelos. Bei manchen dauerte es nicht einmal eine Stunde, bis sie wieder aus dem Gerichtssaal kamen. Bei den ersten Rückkehrern waren die Wartenden noch gespannt auf das Ergebnis und zeigten ihr Mitgefühl. Im Lauf des Vormittags verwandelte sich die Spannung angesichts der unabänderlich hohen Strafen in eine absurde fatalistische Heiterkeit; sie wetteten sogar auf die genaue Höhe des nächsten Urteils. Selbst die schon Verurteilten rieten mit. »Ob fünf Jahre, ob zehn Jahre, es ging so flott wie das Brezelbacken«, erzählte Alois später seinen Kindern, als ihm diese saloppe Redensart nach den vielen Jahren nicht mehr zu frivol erschien.

Gegen zwölf Uhr wurde Alois aufgerufen. Er war der einzige Angeklagte aus Dauba an diesem Tag. Das Gericht thronte erhöht unter einer tschechoslowakischen Flagge und einer patinabedeckten Statue der Justitia, die noch aus der Kaiserzeit stammte. Ein Berufsrichter – »ein scharfer Hund«, wie alle übereinstimmend berichtet hatten – und auf beiden Seiten von ihm je zwei Laienrichter, Volkes Stimme. Der Pflichtverteidiger saß tiefer, hinter dem Bänkchen, auf dem Alois als Angeklagter Platz zu nehmen hatte. Er nickte Alois unverbindlich freundlich zu. Zur Rechten des Hohen Gerichts, wenn auch mit gebührendem Abstand, saß leicht erhöht der Staatsanwalt. Es war nicht der Mann, der Alois in Melnik vernommen hatte, nein, zur Rechten des Hohen Gerichts saß – Herr Hawranek!

Alois trat vor die Richterbank, die Fragen des Vorsitzenden nach seiner Person beantwortete er mechanisch. Er dachte nur: Hawranek, sein Herr Hawranek. Der vertriebene Grundbuchführer. Der fruchtbare Familienvater. Der Kafka-Kenner. Dieser nette, dünne Mann, der Alois hinter seinen Akten heute noch dünner vorkam. Er saß dort, blätterte in einem Ordner, dem Ordner des Falls Dr. Alois Fiedler, und gleich würde er als Öffentlicher Ankläger vom Volksgericht strenge Gerechtigkeit einfordern für dessen Verbrechen zur Zeit »der erhöhten Bedrohung der Republik.«

Hawranek schaute auf und in Richtung Anklagebank. In seinen Augen spiegelte sich nichts als gelangweilte berufliche Routine. »Wahrscheinlich ist es für ihn schon das dreihundertfünfundsiebzigste Verfahren gegen Verräter der Republik«, dachte Alois, »was macht da der Notar Alois Fiedler schon für einen Unterschied? Es ist so lange her, dass er mir von Kafka erzählt hat.« Einen Augenblick huschte die Frage durch seinen Kopf, ob Herr Hawranek inzwischen Kind Nummer acht – oder wie viel? – gezeugt hatte, doch dafür war seine Frau wohl inzwischen ein bisschen alt, und außerdem war dieser Gedanke jetzt höchst unwichtig.

Hawranek verlas die so kurze wie eindeutige Anklage, ohne die Stimme besonders zu heben oder zu senken. NSKK, eine Organisation ähnlichen Charakters wie SS oder SA, Paragraf 2 des Beneš-Dekrets. Alois antwortete selbst, sagte das, was er auch schon dem Staatsanwalt im Gefängnis dazu erläutert hatte. Nordböhmischer Automobilclub, Gleichschaltung. Hawranek hörte stumm zu. Die Laienrichter verbargen nur mühsam ihr Desinteresse: Diese Art von Entschuldigung trug man nicht zum ersten Mal an sie heran, und der Vorsitzende, ein ausgewiesener Fachmann der Gesetze, hatte ihnen ja ein für alle Mal erklärt, diese Ausrede spiele für Paragraf 2 nicht die geringste Rolle.

Der Pflichtverteidiger ergriff das Wort. Er hielt ein Blatt Papier hoch. Er habe hier den Brief einer gewissen Frau Reichmann, Jüdin, ehemals Einwohnerin von Dauba, nach der Befreiung aus dem Konzentrationslager allerdings derzeit wohnhaft in Prag. In diesem Brief, den er natürlich gern dem Gericht und dem Herrn Ankläger überlasse, schreibe Frau Reichmann, dass der Notar Dr. Alois Fiedler im Oktober 1938 – »also in der Zeit der besonderen Bedrohung der Republik«, so der Anwalt mit erhobener Stimme – sich weit über das übliche Maß hinaus eingesetzt habe für sie und ihren armen Mann, der die Verfolgung durch die Nazis nicht überlebt habe. Der Anwalt warf Alois einen schnellen, entschuldigenden Blick zu: »Der Brief ist erst vor ein paar Tagen angekommen, Herr Dr. Fiedler. Ich konnte Sie daher nicht mehr rechtzeitig vor der Verhandlung verständigen.« Wieder ans Gericht gewandt, sagte er, Frau Reichmann sei bereit, diesbezüglich auch persönlich hier zu erscheinen und auszusagen.

In Alois stieg Dankbarkeit hoch. Gegenüber seinem tschechischen Pflichtverteidiger, den er nur einmal vor Wochen ohne große Hoffnung auf Erfolg gebeten hatte, doch herauszubekommen, ob die Familie Reichmann aufzufinden sei. Der Mann hatte weit mehr getan, als er tun musste. Dankbarkeit vor allem aber gegenüber Frau Reichmann. Herr Reichmann war also tot. Umgebracht von den Deutschen, von uns Deutschen. Und Frau Reichmann schreibt diesen Brief für mich! Frau Reichmann hatte eine große Seele. Die Richter und Herr Hawranek begutachteten das Schreiben. Einer der Beisitzer unterstrich mit dem Zeigefinger sorgfältig jede der Zeilen, die Alois' Einsatz für eine tschechoslowakische Bürgerin bezeugten. Hawranek schwieg.

Alois' Verteidiger bat das Gericht um eine kurze Unterbrechung, er müsse einmal. Der Vorsitzende schaute etwas ungeduldig auf seine Armbanduhr. Er verkündete: »Fünf Minuten Pause. Der Angeklagte bleibt im Saal.« Auch Herr Hawranek schien unter Harndrang zu leiden. Er strebte zügig dem Ausgang zu und schaute weder links noch rechts. Als er an Alois wie an einem Unbekannten vorbeiging, sagte er auf Deutsch halblaut in die stickige Luft des Gerichtssaals hinein: »Keine Sorge, Herr Notar, es wird schon nicht so schlimm!« Seine ausgefransten Nerven brachten Alois an den Rand des Schluchzens. Er beherrschte sich mühsam.

Nach der Pause hielt Hawranek sein Plädoyer. Die Rechtslage sei klar. Der Angeklagte habe durch seine Zugehörigkeit zum NSKK ein Verbrechen gegen die Republik begangen. Mindeststrafe fünf Jahre. Hawranek fixierte Alois streng. Jedoch, fuhr der Öffentliche Ankläger fort, erlaube das Gesetz, wie bekannt, in Paragraf 16, Absatz 2, eine Milderung der Strafe, falls der Angeklagte – Hawranek zitierte – »sich um die Wiedergutmachung oder Verringerung des durch den Feind verursachten Unheils verdient gemacht habe«. Dies sehe er hier gegeben. Nicht nur wegen des Briefs von Frau Reichmann, auf deren persönliche Vorladung er verzichte. Hawranek griff nach einem Schriftsatz aus zwei zusammengehefteten Blättern: »Die Aussage von Jiří Blašek, Landwirt aus Nosadel, Bezirk Dauba«.

»Besagter Blašek kam aus freien Stücken zu mir«, betonte Hawranek. Er las das etwas weitschweifige Schriftstück vor. Im Kern besagte es, der Notar Dr. Alois Fiedler habe ihm, dem Jiří Blašek, im Jahr 1941 durch eingehende Rechtsberatung und das sachgemäße Verfassen mehrerer Eingaben geholfen, seinen Hof zu behalten, den die deutsche Kreisverwaltung ihm wegnehmen wollte. Die versuchte Vertreibung habe offiziell »Umsiedlung ins Protektorat« geheißen. Doch der Ersatzhof sei bei Weitem schlechter gewesen als seine 35 Hektar besten Ackerbodens und außerdem sei Nosadel die Heimat seiner Familie seit zweihundert Jahren und daher sein Leben.

Hawranek legte das Papier beiseite. Falls das Gericht den Zeugen hören wolle... Der Vorsitzende machte eine abwehrende Handbewegung. Im Gang warteten noch genug Fälle. Hawranek straffte seine lange, dünne Gestalt. »Der Angeklagte hat sich eindeutig eines Verbrechens gegen den tschechoslowakischen Staat schuldig gemacht. Aufgrund mildernder Umstände beantrage ich eine Freiheitsstrafe von einem Jahr.«

Das Gericht zog sich zurück. Die Miene des Berufsrichters beim Hinausgehen war undurchdringlich. Die vier Laien sahen unsicher aus. Die Beratung dauerte ein paar Minuten länger als sonst. Die Angeklagten vor ihm hatten berichtet, kaum habe sich die Tür hinter dem Vorsitzenden und seinen vier Laienhelfern geschlossen, sei sie auch schon wieder aufgegangen, und herausgekommen seien fünf Jahre aufwärts. Alois hoffte. Seine Handflächen waren feucht. Hawranek saß auf seinem leicht erhöhten Sessel und blätterte im Ordner für den nächsten Fall. Ohne aufzuschauen.

Das Gericht trat wieder ein. Alle Anwesenden standen auf. Einer der Laienrichter lächelte schwach. Höhnisch? Alois war sich nicht sicher. Sein Herz pochte. Der Richter musste nicht den kleinen Zettel zu Hilfe nehmen, den er in der Hand hielt: »Der Angeklagte wird zu einem Jahr schwerem Kerker verurteilt. Er verliert die bürgerlichen Ehrenrechte. Sein Vermögen wird zugunsten des tschechoslowakischen Staates eingezogen. In Anbetracht der anzurechnenden zehnmonatigen Untersuchungshaft wird dem Angeklagten der Rest seiner Strafe erlassen. Er wird in ein Abschiebelager überwiesen.«

Alois wurden die Beine schwach. Er hätte sich setzen wollen, doch der Richter drängte zur Eile: »Bitte den Verurteilten hinausführen. Ich rufe auf den Fall Erwin Neutsch.« Der Gerichtsdiener fasste Alois am Oberarm. Alois nahm das nicht einmal wahr. Die Erleichterung machte ihn taub für jede körperliche Empfindung. Sein Leben, wie es bisher war: aus und vorbei. Doch das Leben an sich ging weiter. Er war frei! Hoffentlich war mit seiner Familie alles in Ordnung. Und hoffentlich kam Alarich zurück.

Alois drehte sich noch einmal halb um, winkte zögernd seinem Verteidiger zu, der sich wieder hingesetzt hatte, um auf seinen nächsten Klienten zu warten. Der Anwalt hob flüchtig die Hand und lächelte ebenso flüchtig, aber zufrieden. Dann traf Alois Herrn Hawraneks Blick. Der lange dünne Mann zog die Brauen hoch und rollte die melancholischen Augen, in denen ein freundlicher Glanz schimmerte. Dann beugte er sich wieder über seine Akten. Draußen auf dem Gang empfing Alois Staunen, als er nur den Daumen hochstreckte: »Ein Jahr – und frei!« Man beglückwünschte ihn, beneidete ihn und gönnte ihm sein Urteil doch nur so halb: »Warum ist ausgerechnet der so billig davongekommen? Warum nicht ich?«

Aus dem Barackenlager in Leipa, wo er auf seine Ausweisung wartete, zitierte die tschechische Justiz ihn noch einmal nach Dauba. Der selbst ernannte Bürgermeister Polak hatte anscheinend in großem Umfang unterschlagen. Alois sollte aussagen, was im Fiedlerschen Haus abhanden gekommen sei. Er tat es lustlos. Sollten sie doch mit dem Polak machen, was sie wollten. Das Haus im Tampel war nicht mehr sein Haus. Ja, es fehle allerhand. Bilder, Tafelsilber, Pelzmäntel, Schmuck. Das Auto natürlich – und Mizzis Klavier.

Er fragte nach seiner ersten Frau. Niemand konnte Auskunft geben. Sie sei in einem Krankenwagen weggeschafft worden am Tag der Vertreibung, sagte ihm eine Dame vom Roten Kreuz, aber wohin? Sie zuckte entschuldigend die Achseln. Es sei ja so ein Durcheinander gewesen, er werde das verstehen.

Noch einmal ergriff Alois die große schmerzliche Leere, die er jedes Mal gefühlt hatte, wenn Mizzi in die Klinik gebracht wurde. Er ging auf den Friedhof zum Grab der Schwansees, das er als letzte Ruhestätte für seine ganze Familie vorgesehen hatte, fuhr die eingemeißelte goldene Inschrift langsam mit den Fingerkuppen nach und bat Schwiegermutter und den Schwiegervater um Verzeihung, dass er Mizzi erst nicht genug lieben und am Schluss nicht gut genug auf sie aufpassen konnte. Er verwarf die Idee, Hedi zu treffen, die jetzt bei der Post arbeitete. Vorwürfe? Tränen? Tun, als wäre nichts gewesen? Es spielte keine Rolle mehr. Sein Rosengarten war halb verwildert. Die Hundehütte stand leer. Alois hoffte, dass die kluge Alma ein neues Herrchen gefunden hatte.

Ein Lastwagen mit Holzvergaser, der kaum die Steigungen hochkam, nahm ihn nach Nosadel mit. Jiří Blašek war ein älterer Mann mit schweren Händen. Er roch nach Kuhstall. »Herr Notar, sind Sie es wirklich?«, rief er erfreut, als er Alois erkannte. Er rannte ins Haus und brachte eine Flasche selbst gebrannten Pflaumenschnaps zurück. Sie stießen an. Alois wurde es schon nach dem ersten Glas schwindelig. »Ich habe es Ihnen zu verdanken, dass ich jetzt hier sitze, Herr Blašek«, sagte Alois. »Aber Herr Notar, Wahrheit muss Wahrheit bleiben«, gab Blašek zurück, »als ich gehört habe, dass sie als angeblicher Nazi im Gefängnis sitzen, bin ich gleich nach Leipa zum Gericht gefahren. Und stellen Sie sich vor, was man dort zu mir gesagt hat? Ich solle mich ja nicht unterstehen, zugunsten von einem Nazischwein auszusagen, das könnte mir schlecht bekommen. Mit dem ›Nazischwein‹ waren Sie gemeint, stellen Sie sich nur vor.« Blašek war nach dem dritten Pflaumenschnaps ehrlich empört. Doch dann sei auf dem Gang zufällig Herr Hawranek vorbeigekommen, den er ja noch aus dem Daubaer Katasteramt gekannt habe. Und Herr Hawranek habe gefragt, was da los sei, ihn mit in sein Büro genommen und alles aufgeschrieben über die Sache mit seinem Hof. Alois schnürte es die Kehle zu. Er drückte Blašeks schwere Hand. »Alles Gute, Herr Notar«, sagte Blašek, »der Herrgott soll Sie und Ihre Familie schützen«. Er gab Alois ein schönes Stück Schweineschinken mit auf den Rückweg ins Abschiebelager.

Kippen und Korbflechten

Die Kloschüssel leuchtete in einem makellosen Weiß, das Alois nach den dreckverkrusteten Toilettenkübeln und den stinkenden Plumpslatrinen des vergangenen Jahrs überaus luxuriös erschien. Er zog und Wasser rauschte: zurück in der bürgerlichen Welt. Er sah nur nicht danach aus. Alois trug den rechten Arm in einer Schlinge, sein linkes Auge war verschwollen und rot entzündet, seinem Mund fehlten ein paar Schneidezähne und sein Haar war schlohweiß, vor der Zeit für einen 57-Jährigen, wie er fand. Trotzdem war er glücklich. Vor wenigen Minuten hatte er seine Familie in die Arme geschlossen. Im Treppenhaus vor dem Zimmer mit einer wunderbaren Toilette – wie zu Friedenszeiten in Dauba.

Schon als er ausgestiegen war auf dem erstaunlich großen Plattlinger Bahnhof, wo eine Baracke an den Gleisen das zerbombte Hauptgebäude notdürftig ersetzte, hatte Alois sich beschwingt gefühlt wie lange nicht und nur ein wenig bange. Er wusste, wie er aussah. Aber er war kein Häftling mehr und irgendwo hinter den blühenden Kastanien, die hier alle Straßen zu säumen schienen, warteten sein Mariechen und die Kinder auf ihn. Hellmut habe es fertiggebracht, sie aus dem grauen, elenden Etgersleben in der sowjetisch besetzten Zone hierher nach Bayern zu holen, hatte seine Frau ihm ins Lager nach Leipa geschrieben, und seither habe man wenigstens genug zu essen. Ihre kranken, alten Eltern habe ihr Bruder Franz bei sich aufgenommen, der – Gott sei Dank heil aus dem Krieg zurück – jetzt Kommunist sei und als Dorfschullehrer in Sachsen am Aufbau einer besseren Welt mitwirken wolle.

Das verschwollene Auge, das Abschiedsgeschenk eines Aufsehers, es würde heilen. Und die ausgefallenen Zähne? Die Mangelkost im Gefängnis. Doch Milch- und Mehlsuppen gingen auch ohne, Kartoffeln ebenfalls, und sollte es wirklich wieder einmal Fleisch geben, das konnte man klein schneiden. Das gebrochene Schlüsselbein würde ebenfalls irgendwann wieder werden. Alois war im Lager Leipa kurz vor der Abschiebung von einem gut vier Meter hohen Holzstapel gestürzt, genau auf einen Arbeitskollegen. Zum Glück war der Mann nicht beiseitegesprungen, als Alois fiel. Er hatte vielmehr in einem Reflex versucht, ihn mit geöffneten Armen aufzufangen, was natürlich nicht gelang. Der Aufprall des Körpers, der da herunterkam, riss den Mann um, brach ihm zwei Rippen, für Alois aber bedeutete das, dass er nicht mit voller Wucht auf dem Betonboden aufschlug und mit dieser Fraktur an der Schulter davonkam.

Alois fragte nach der Preysingstraße. Der Dialekt der Frau, die ihm Auskunft gab, klang sehr vertraut, fast so wie der im Böhmerwald. Die Frau schaute ihn mitleidig an. So ausgemergelt sah man im niederbayerischen Plattling nicht mehr aus im Sommer 1946. Dann stand er vor der Tür im ersten Stock mit dem handgeschriebenen Zettel: »Maria Fiedler«. Niemand antwortete auf sein Klopfen. Er wollte sich gerade enttäuscht umdrehen, da hörte er unten ein Kind quengeln, darauf eine besänftigende Stimme, die er über ein Jahr nicht mehr gehört hatte, die ihm aber in ihrer weichen, nordböhmischen Färbung durch und durch ging. Er rief fragend »Mariechen?« nach unten, und seine Frau stürzte die Treppe hoch und ihm in die Arme. Sie weinten und lachten und küssten sich. Maria ließ sich ihr Erschrecken über sein Aussehen nicht anmerken. Die zwei Kinder kamen zögernd und misstrauisch nach. Besonders der Kleine schien Alois sehr schwächlich. Tankred mit seinen fünf Jahren erkannte den Vater sofort, Teja erst, als ihm die halb verschüttete Stimme wieder ins Gedächtnis kam. »Mutti, ist das Vati?«, fragte er zu seiner Sicherheit. »Ja, das ist Vati«, antwortete Mutti, und ab dieser Wiedervereinigung der Familie im Treppenhaus redeten sich Alois und Maria auch untereinander als »Vati« und »Mutti« an.

Der eine Raum mit dem schimmernden Spülklosett bei der netten Bäckerfamilie Hoft, die den Kindern immer wieder eine Roggensemmel zusteckten und umsonst die Körner mahlten, die Maria und die Kinder bei der Ährennachlese auf den schon abgeernteten Weizenfeldern sammelten, war wirklich sehr, sehr klein. Familie Fiedler erhielt von der Stadt zwei Zimmer in der Reiterstraße zugewiesen.

Hellmut heiratete im September seine sehr hübsche Rosl und zog bei den Schwiegereltern ein. Er arbeitete in der Plattlinger Stadtverwaltung. Die neue Verwandtschaft überließ Alois zwei ausgediente Bettgestelle, einen alten Schrank und einen Tisch nebst vier weißen Stühlen, deren Lack abblätterte. Ein inzwischen allerdings aus der Mode gekommener Volksempfänger im dunkelbraunen Bakelitgehäuse, der neben drei deutschen Sendern auch Radio Beromünster nur wenig gestört empfangen konnte, bestritt das Unterhaltungsprogramm im neuen Zuhause. Die Wohnungstür ging direkt hinaus zur Straße, der Kohleherd qualmte bei feuchtem Wetter, die Toilette war hier kein Porzellanwunder wie bei Bäckermeister Hoft, sondern wieder ein Plumpsklo auf dem Gang, das auch der magenkranke Hausbesitzer mitbenutzte, was man bis in die Wohnküche roch. Den kleinen Teja musste man beruhigend festhalten, wenn er über dem Loch der Latrine saß. Er hatte Angst, hinunterzufallen und für immer in der grausigen, stinkenden Tiefe zu versinken. Alois nahm das alles hin. Gegen Pankraz war es nichts.

Hellmut und Rosl waren noch in den »Flitterwochen«, die zu niemandes Überraschung in einer Schwangerschaft endeten, da steckte eine angegilbte Postkarte aus fasrigem Papier für Dr. Alois Fiedler, Notar in Dauba, Tschechoslowakei, an der Wohnungstür. Sie kam von Dr. Alarich Fiedler, Kriegsgefangener, Moskau. Dienstmädchen Hedi, jetzt ja Angestellte bei der Daubaer Post, hatte sie an das Deutsche Rote Kreuz weitergeleitet. Aus Barmherzigkeit? Aus schlechtem Gewissen? Es war eine müßige Frage. Alarich lebte, er lebte, er lebte! Ihm gehe es gut, schrieb Ali, er sei voller Zuversicht auf eine baldige Heimkehr, und hoffentlich gehe es ihnen allen auch gut. Alois schwenkte die Karte wie das große Los, packte seine Maria – sie stichelte gerade Pantoffel aus Filz und dickem Pappkarton zusammen, die sie dann verkaufte – und tanzte mit ihr böhmische Polka durch die Stube. Alois wusste nicht, dass es noch viele gelbliche Karten dauern sollte, bis sein ältester Sohn wirklich in der Tür stehen würde. Jetzt musste Dr. Alois Fiedler nur noch Arbeit finden. Um Übernahme in den Notardienst hatte er schon angesucht. Doch das würde sich auf jeden Fall hinziehen.

Alois fuhr zum Arbeitsamt nach Deggendorf. Der Mann am Schalter wirkte freundlich, aber überlastet. »Siebenundfünfzig, Notar und Rechtsanwalt«, sagte er und kratzte sich am Kopf, »warum machen Sie keine Kanzlei auf?« »Dazu bräuchte man Geld, das habe ich nicht. Außerdem muss ich noch entnazifiziert werden.« Der Mann nickte »Flüchtling?«, fragte er. »Heimatvertriebener«, antwortete Alois, »wir sind nicht geflüchtet, warum hätten wir flüchten sollen, man hat uns einfach rausgeschmissen.« Er verstand ja, dass die Einheimischen nicht begeistert waren, an wildfremde, mittellose Menschen mit eigenartigen Dialekten plötzlich Zimmer abtreten zu müssen. Aber er hasste es, wenn die Leute von »Flüchtlingen« sprachen. Diesen abschätzigen Unterton. Und ganz besonders diesen mitschwingenden, selbstgerechten Vorwurf: Wird schon seinen Grund gehabt haben, dass ihr abhauen musstet.

»Ich stamme von einen Bauernhof. Aus dem Böhmerwald«, sagte Alois, »ich kenne die Landwirtschaft.« »Herr Doktor, Sie als Knecht?«, fragte der Beamte belustigt, »nein, nein, außerdem sind Sie dafür zu alt.« Zu alt. »Also was können Sie mir anbieten?«, fragte Alois zurück. Der Mann kramte in seinen Karteikarten, zog eine heraus: »Sie wohnen doch in Plattling? Hier: Losverkäufer auf dem Plattlinger Bahnhof.« Er versuchte wenig glaubhaft, so zu tun, als würde er das ein wunderbares Angebot finden. Mit einem Bauchladen vor der Bahnhofsbaracke, dachte Alois. »Das große Glück, meine Damen und Herren, greifen Sie zu!« Schicksal, du verlangst zu viel von mir. »Haben Sie sonst gar nichts?« Der Mann blätterte weiter durch die Kartei. »Eine Korbflechterlehre in Winzer. Winzer ist weithin bekannt für seine Korbwaren.« Hatte er wirklich »Lehre« gesagt? Lehre zu einem Mann, der an die sechzig war und bis vor kurzem Notar auf Lebenszeit? Schicksal, jetzt verhöhnst du mich. »Ich muss mir das noch überlegen.« Alois stand auf. »Nein, ich muss mir das nicht überlegen, stecken Sie sich die Korbflechterlehre dahin, wohin Sie wollen, guten Tag.«

Maria war mit ihm liebevoll und praktisch wie immer. »Ich weiß, es fällt dir schwer, aber vielleicht solltest du doch beim Deggendorfer Notariat nachfragen, ob du dort nicht irgendwie zuarbeiten kannst, aushelfen kannst, du mit deiner Erfahrung.« Vom Notar auf Lebenszeit zum notariellen Hilfsarbeiter, dachte Alois, aber man musste wohl demütig sein, so alt, so verarmt, mit einer jungen Frau und zwei kleinen, ausgehungerten Kindern. Seine beiden Jungen, die nie satt waren. Zu Ostern hatte ihnen die Plattlinger Verwandtschaft Eier geschenkt. Acht bunte Ostereier für jeden. Tankred und Teja hatten sich mit diesem unglaublichen Schatz in eine Ecke verkrümelt und andächtig gezählt. Eins, zwei, drei, vier, fünf, sechs, sieben, acht!! Nach einer Weile kam Mutter und wollte sich mit ihnen über die Eier freuen. Sie waren weg. Zwei Buben mit zufriedenem Blick, bunte Schalen um sie herum. »Alles aufgegessen, Mutti!«, verkündete Teja freudig. Sechzehn harte Eier für zwei kleine Mägen. »Wenn euch der Bauch anfängt irgendwie weh zu tun, müsst ihr es uns sofort sagen, sofort!«Die Mutter sah ihre beiden schon in Agonie. Obwohl Tankred und Teja folgsam in ihre prallen Bäuche hineinhörten, verspürten sie auch Stunden später nichts als ein sattes, zufriedenes Rumpeln.

Der Deggendorfer Notar war ein kluger, winziger, verwachsener Mann, den die Rachitis zum Gehen an Krücken zwang. Er sprach Alois mit »Herr Kollege« an und ließ sich von ihm helfen. Das Salär war niedrig, es reichte weniger als knapp. Für Zigaretten reichte es nicht. Alois erhielt von Herrn Heitzer, dem magenkranken Hausbesitzer, die Erlaubnis, im Garten ein Beet mit Tabak anzupflanzen. Die Pflanzen gediehen prächtig. Von ihrer Sucht angetrieben, stellten Alois und Heitzer, auch er ein starker Raucher, nach der Ernte so eilig wie möglich mit der Hilfe von selbst gebastelten Pressen und Sieben aus Konservendosen Rauchtabak her. Die ersten Zigaretten aus eigener Produktion schmeckten köstlich. In der Nacht wand Alois sich in Kolikkrämpfen. Der magenkranke Herr Heitzer schrammte knapp am Tod vorbei. Irgendetwas war den beiden gierigen Dilettanten beim Trocknen und Fermentieren der Blätter schiefgegangen.

Alois fand einen neuen Weg. Er fuhr jeden Werktag mit dem Zug zur Arbeit nach Deggendorf. Bevor er abends zurückkam, sammelte er unauffällig Kippen aus den Aschenbechern im Warteraum und drehte aus den Tabakresten zu Hause Zigaretten. Er schämte sich dafür. Eines Morgens begleitete Tankred Vater zum Bahnhof, der nur fünf Minuten von der Reiterstraße entfernt lag. Der aufgeweckte Sechsjährige wusste, dass der Vater Kippen zusammenlas. Alois sah in dem einzigen Anzug mit Weste, den er besaß, dazu eins seiner beiden weißen Hemden mit einem Papierkragen, der jeden dritten Tag ausgewechselt wurde, und einer abgelegten Krawatte seiner Plattlinger Verwandtschaft trotz Untergewicht recht respektabel aus. Er unterhielt sich beim Gehen mit einem Herrn, den er auf seinen Zugfahrten kennengelernt hatte. Tankred hüpfte voraus. Plötzlich stoppte er, bückte sich, hob etwas auf und reckte es seinem Vater aufgeregt entgegen: »Vati, Vati, da, schau, so eine schöne, lange Kippe.« Tankred war sehr enttäuscht, dass Vati ihn für seinen Fund nicht lobte, sondern, auf einmal rot im Gesicht, befahl, er solle das Ding wegschmeißen. Aber sofort!

Tankred wurde Anfang September 1947 eingeschult. Für eine Schultüte war kein Geld da. Sein Schulranzen war ein Militärbrotbeutel, den ihm die Mutter umgenäht hatte. Tankred kam weinend zurück. Alle anderen Kinder hatten Schultaschen aus Leder. Sie hatten den Flüchtlingsjungen mit dem olivfarbenen Säckchen auf dem Rücken ausgelacht. »Es kommt in der Schule nicht darauf an, wie deine Tasche aussieht, entscheidend ist, was du im Kopf hast«, tröstete Alois am Abend seinen Sohn und musste selbst mit Tränen kämpfen. Als zwei Jahre später Tejas erster Schultag anstand, lieh sich Alois vom Deggendorfer Notar zwanzig Mark und kaufte einen Schulranzen aus Schweinsleder, der unglaublich gut roch. Ein zweites Mal wolle er eine solche Szene nicht erleben, sagte er zu seiner Frau, koste es, was es wolle.

Als Tankred mit der Volksschule anfing, begann Alois, seine Nazivergangenheit ein Jahr lang in monatlichen Raten von zwanzig Reichsmark zu sühnen. Er hatte auf dem Fragebogen, den jeder ehemalige Volksgenosse bei Androhung einer Gefängnisstrafe wahrheitsgemäß und vollständig ausfüllen musste, angegeben, Mitglied des NSKK sowie der Sudetendeutschen Partei gewesen zu sein. Ohne mündliche Verhandlung verhängte die für die Entnazifizierung zuständige Spruchkammer Deggendorf im Juli 1947 einen »Sühnebescheid« über 200 Reichsmark plus 600 Reichsmark Verfahrenskosten über ihn und stufte Alois als »Mitläufer« ein. Seinen Antrag auf Stundung des Sühnebetrags lehnte die Kammer ab, gestattete ihm jedoch die Ratenzahlung. Außerdem senkte sie die erdrückenden Verfahrenskosten auf sein Ansuchen kommentarlos von sechshundert auf fünfzig Mark, was die Fiedlersche Haushaltskasse merklich entlastete.

Mitläufer, ja so kann man es sehen, unter dem Strich, dachte sich Alois, als er den Bescheid in Händen hielt. Allerdings, im Nachhinein war es ja so einfach zu erkennen, dass die Reise ins Verbrechen gehen musste und ins Verderben. Er kannte inzwischen die Bilder aus Auschwitz. Diese grauenhaften Bilder. Damals, als wir alle »heim ins Reich« wollten, war richtig und falsch, gut und böse zu unterscheiden nicht so eindeutig. Aber Mitläufer ging schon in Ordnung. Er hatte mitgemacht, ohne mitzumachen. Und er musste dafür bezahlen, viel mehr als nur zweihundert Reichsmark. Er stibitzte jetzt Zigarettenkippen aus öffentlichen Aschenbechern, seine Frau nähte für ein paar Pfennige Pantoffeln aus Wehrmachtsfilz, obwohl sie nie nähen gelernt hatte, Tankred wurde mit seinem Militärrucksack von den anderen Kinder ausgelacht, und sein erbarmungswürdig magerer Jüngster schwitzte jede Nacht wegen »allgemeiner Erschöpfung«, so die ärztliche Diagnose, durch das Hungerjahr in Etgersleben das Kopfkissen durch.

Doch, er hatte genug bezahlt. Weit mehr als die Einheimischen, von denen viele es diesen »Flüchtlingen« übel nahmen, dass sie sich hier breitmachten. Sie sahen auf die abgerissenen, heimatlosen Menschen hinunter, die kaum etwas anderes mit sich brachten als Hunger und Not. »Wir haben alles verloren«, diesen Satz hatte Alois sich schnell abgewöhnt. Er rief meist nur Unglauben oder Ablehnung hervor. »Wos, ihr kennt's net amoi a Bügleisen«, sagte eine Nachbarin verächtlich zu Maria, als die um Rat fragte, wie man ein mit Glut erhitztes Kohlebügeleisen, Spende einer mildtätigen Plattlinger Seele, fachgerecht bediene. Maria war es müde, auf solche abschätzigen Fragen zu antworten. Natürlich hatte sie in Dauba ein Elektrobügeleisen besessen.

Jetzt, da das neue Deutschland, amerikanische Besatzungszone, ihn von seiner Nazisünde losgesprochen und er mit zwanzig Reichsmark monatlich Buße getan hatte, schien der Weg zurück zum Notar frei. Doch die Bayerische Notarkammer verlangte vom sudetendeutschen Kollegen, wenn man ihn denn so nennen konnte, den Nachweis der Befähigung, sein Amt auch in Bayern führen zu können. Er musste wie ein Berufsanfänger eine Probezeit ableisten. »Ja, wir wissen, Sie sind ein gewisser Härtefall«, wand sich der zuständige Herr in München, der viel jünger war als Alois, »aber Vorschrift ist Vorschrift, Dr. Fiedler.« Alois hatte ihm geduldig, doch mehr und mehr resignierend auseinandergesetzt, dass er immerhin schon fünfundzwanzig Jahre ohne jede Beanstandung als Notar fungiert habe, die Unterschiede zwischen dem bayerischen und dem sudetendeutschen Recht ja nur winzig seien, ihm außerdem durch seine Mitarbeit im Deggendorfer Notariat inzwischen mehr als geläufig. Umsonst, von nun an arbeitete er in Deggendorf nicht mehr als Helfer, sondern als Lehrling. Der kleine Notar war rücksichtsvoll genug, ihn das nicht spüren zu lassen. Am knappen Entgelt änderte sich nichts.

Doch der wirtschaftliche Aufschwung nach der Währungsreform, für den der dicke Professor Erhard mit seiner ebenso dicken Zigarre stand, ging auch an den Fiedlers nicht völlig vorbei. Sie kauften sich ein Damenfahrrad. Es wurde reihum von Vater, Mutter und Tankred benutzt. Tankred war allerdings noch zu klein für den Sattel und musste deshalb in den Pedalen stehend fahren. Alois war nun nicht mehr von Kippen abhängig. Er rauchte am liebsten schwarze Zigaretten der Marke »Texas«. Er rauchte viel zu viel für das schmale Familienbudget und für seine Bronchien, die ihn besonders im Winter hartnäckig plagten.

Einmal waren im Kiosk am Bahnhof die »Texas« aus. Alois griff ganz zufällig zur Marke »Players«. Zwischen dem Silberpapier der Packung und der Schachtel steckte eine kleine

Spielkarte. Alois brachte sie seinen Kinder mit. Sie waren begeistert. Sie wollten mehr. Von da an rauchte Vater »Players«, obwohl ihm die »Texas« viel besser schmeckten. Er rauchte ein fast vollständiges Spiel zusammen. Nur das Karo-As und der Herz-König wollten ums Verrecken in keiner Packung sein, obwohl Tankred und Teja viele andere Karten inzwischen zwei- oder dreifach besaßen. Da waren seine beiden Jungen untröstlich, ihr Vater fühlte sich irgendwie als Versager und rauchte noch hektischer. Seine Kinder liebten ihn dafür. Alois kam nicht in den Sinn, dass die Amerikaner ganz trickreiche Verkaufsstrategen sein könnten.

Alois war 59, als er 1949, im Jahr der Gründung der Bundesrepublik Deutschland, ausgelernt hatte und nun auch zur Führung eines bayerischen Notariats befähigt. »Wenn ich jetzt ein Notariat bekomme, nur noch für fünf Jahre, ganz egal wo, dann reicht das für uns, dann reicht das mehr als genug«, sagte er zu seiner Frau, die gerade angefangen hatte, anstelle von Filzpantoffeln mithilfe der Schnittmuster aus »Burda-Moden« Kleider zu nähen, und von einer Nähmaschine träumte. Er wusste aus Erfahrung, wie gut Notare heimlich, still und leise verdienen. Er wartete. Er wartete zunehmend ungeduldig.

Er wartete umsonst. Kurzzeitig sah es so aus, als könne er Zwiesel im Bayerischen Wald übernehmen, doch dann erhielt ein junger Anwärter den Zuschlag. Schließlich eröffnete ihm der Herr von der Notarkammer, leider habe Alois inzwischen das Höchstalter für Jung-Notare überschritten, ja, man wisse, er sei ein Sonderfall und niemand zweifle an seiner fachlichen Qualifikation, was man sonst bei einem Anwärter schon täte, der mit Ende Fünfzig noch immer den Sprung ins eigene Notariat nicht geschafft habe. Er bedaure sehr, aber die Vorschriften seien nun einmal so. »Und jetzt?«, fragte Alois ihn und sich. »Sie sind ja Voll-Notar«, antwortete ihm der junge Herr mit einem aufmunternden Schulterklopfen in der

Stimme, »Sie können jederzeit Urlaubsvertretungen machen, Krankheitsvertretungen, oder die Zeit überbrücken, bis in einem frei gewordenen Notariat der Nachfolger kommt.« Notarverweser, dachte Alois bitter, so heißen diese Lückenbüßer, das klingt schon nach Verwesung, nach Alter und Tod. Doch er musste sich im schön getäfelten Büro des Herrn von der Notarkammer für dieses Angebot bedanken. Er wollte keine Lose auf dem Plattlinger Bahnhof verkaufen.

Und so lernte Alois seine neue Heimat kennen. Regensburg, Waldmünchen, Mitterfels, Bad Aibling, Regenstauf, Kötzting, Neukirchen-Heiligenblut und zum Glück immer wieder die Urlaubsvertretung des kleinen, buckeligen, korrekten Kollegen im nahen Deggendorf. Viele Barockkirchen, viele Hofübergaben, viele kurze Postkarten nach Hause zu Frau und Kindern, die er nur am Wochenende sah. Er war Notar, aber ohne die Einkünfte eines niedergelassenen Notars. Er erhielt nur eine bescheidene Pauschale. Dies bedeutete preiswerte Privatzimmer in Haushalten, die auf Nebeneinkünfte angewiesen waren, nicht immer mit fließendem kalten und warmen Wasser, fast nie mit Bad. Manchmal waren Mahlzeiten inklusive, doch so schmeckten sie dann auch, und auch deswegen sehnte er sich jedes Mal nach dem Wochenende. Abends las er Kriminalromane und bemühte sich, vor dem Einschlafen nicht im Bett zu rauchen. Er sah seine Hände an, wenn er das Buch weglegte, sah die Runzeln und braunen Flecken auf den Handrücken zunehmen, sah am Morgen im Rasierspiegel, dass auch seine Nase ohne ersichtlichen Grund mehr und weicher wurde. Die Hustenanfälle häuften sich, seine Bronchien rasselten. Trotz hohen »Players«-Konsums war das Kartenspiel seiner Jungen nie komplett geworden. Der verdammte Herz-König. Wenn er außer Atem kam, tat ihm jetzt manchmal die linke Brustseite weh, ein scharfes Brennen, als stünde sein Herz in Flammen. »Immer frisch und munter, ein Fiedler geht nicht unter.« Es war mühsam, nicht unterzugehen.

An einem Sonntag im November 1950 stand er endlich in der Tür. Alarich. Sein ältester Sohn hatte fünf Jahre lang erst aus Moskau, dann aus den sibirischen Lagern 3604 und 7399 auf immer dem gleichen faserigen Papier Postkarte um Postkarte seine Hoffnung auf baldige Heimkehr und ein neues Leben angekündigt. Alois hatte Alis Haltung tief bewundert. Sibirien unter Stalin konnte für einen kriegsgefangenen Wehrmachtsoffizier kein Grund für Optimismus sein. Jetzt trat er ohne Vorankündigung in die Wohnstube, sah sich suchend um, ein mittelgroßer, hohlwangiger, bärtiger Mann in einem russischen Steppanzug mit Filzstiefeln an den Füßen, der 1940 in den Krieg gezogen war und zehn Jahre später aus dem Krieg zurückkam. Er sah den alten Mann, der nicht weit weg vom Ofen in einem Bett lag – es war das Bett, in dem nachts Tankred und Teja schliefen. Er erkannte erst auf den zweiten Blick, dass der alte Mann sein Vater war, und im gleichen Augenblick sprang der grippekranke Alois aus dem Bett hoch und lief im wehenden Nachthemd auf seinen Sohn zu.

Alarich fühlte sich in Plattling im bayerischen Schlaraffenland. Er ging in die Metzgerei einkaufen. Er kam mit einem großen Stück billiger Schwarzwurst zurück, viele Fettbrocken, wenig Blutwurst. Er setzte sich an den Küchentisch, schnitt die dunkle Wurst sorgfältig in Scheiben und aß andächtig Stück für Stück zu einer Schnitte Brot. Seine Halbbrüder schauten interessiert zu. »Das schmeckt so gut, ich werde mein Leben lang nur noch Schwarzwurst essen«, sagte er mit vollen Backen und voller Überzeugung. Tankred tippte sich hinter Alis Rücken grinsend an die Stirn: Der spinnt ja, der Ali. Schwarzwurst war im beginnenden Wirtschaftswunder selbst in der sehr bescheidenen Küche der Familie Fiedler schon unten durch. Auch sein Vater, ein Liebhaber preiswerter Buttermilchsuppen, musste lächeln. Alarichs kulinarische Überzeugung bröckelte schnell. Die dritte Schwarzwurst war die letzte – bis zu seinem Lebensende.

Angina Pectoris

Diese Angst löschte alles aus. Es war nicht die Art von Todesangst, die ihn gepackt hatte, als er damals im Schützengraben auf den Einschlag einer Granate wartete oder die tschechischen Partisanen ihn, das deutsche Schwein, verschleppen wollten. Sie war einfach da. Schwarze, konturenlose Todesangst. Sie war auch viel schlimmer als der körperliche Schmerz, das Brennen in der Brust, das bis in den linken Arm ausstrahlte. Alois saß gekrümmt am Küchentisch, Mund und Augen zusammengepresst, und wartete in sich hinein, bis der Würgegriff dieser namenlosen Angst sich lockern würde und er die vorsichtig aufsteigende Erleichterung in den Gesichtern seiner Frau und seiner Kinder wieder wahrnehmen könnte.

Es dauerte jedes Mal ein paar Minuten, bis die roten Gelatinekapseln wirkten, die er jetzt stets in einer kleinen, weißen Plastikschachtel bei sich trug. Wenn er sie zerbiss, breitete sich im Raum der typische, gar nicht unangenehme Geruch von Nitroglyzerin aus. Sprengstoff, der in Millidosierung seine verkrampften Herzkranzgefäße weitete.

»Schwere Angina Pectoris«, so lautete die Diagnose vom Hausarzt nach den ersten Anfällen, die beängstigend häufiger und heftiger wurden. Dr. Rixner, ein großer, ruhiger Mann mit schwarzer Hornbrille, hatte Alois sofort strikt das Rauchen und jede größere körperliche Anstrengung untersagt. Das Verbot, sich körperlich anzustrengen, wäre gar nicht nötig gewesen: Das verfluchte Geäder rund ums Herz krampfte sich schon peinigend zusammen, wenn Alois nur ein paar Stufen hochstieg, ohne eine Pause zu machen. Auf vierzig Zigaretten am Tag zu verzichten fiel Alois schwerer. Doch er tat es, beinahe. Manchmal rauchte er heimlich und schuldbewusst auf dem Klo, was seine Frau jedes Mal entsetzte, wenn sie das ausgeprägte »Texas«-Aroma noch lange nachher zwar schwach, aber eindeutig witterte. Dr. Rixner hatte sie am Ende eines seiner ersten Besuche an der Wohnungstür beiseitegenommen: »Frau Fiedler, Sie müssen damit rechnen, dass Ihr Mann das nächste Jahr nicht übersteht. Kein Alkohol, keine Zigaretten, das könnte sein Leben verlängern.«

Alois wusste nicht, wie schlimm es um ihn stand. Aber mit jedem Anfall wurde ihm klarer: Seine Zeit als reisender Aushilfsnotar war zu Ende. Er versuchte es in größeren Abständen immer wieder. Doch ein plötzlich schmerzgekrümmter Notar vor verstörten Klienten in der Kanzlei oder einsame Todesangst auf der Treppe einer schäbigen Pension – es ging nicht mehr. Alois war 66. Und jetzt war er Rentner. Schön wär's gewesen.

Notare sorgen als Freiberufler selbst für das Alter vor. Die Gebührenordnung mit ihren sehr ansehnlichen Honorarsätzen für jede Dienstleistung macht es ihnen im Allgemeinen leicht, dies ausgiebig zu tun. Dr. Alois Fiedler hatte natürlich auch vorgesorgt, leider am falschen Ort. Sein Vermögen in der Tschechoslowakei war verloren, für seine Lebensversicherungen und Wertpapiere aus der Daubaer Vorkriegszeit, auf die ihm nach dem bundesrepublikanischen Lastenausgleichsgesetz ein bescheidener Abschlag zugestanden hätte, konnte er keine Nachweise erbringen. Er war blank.

Alois fuhr wieder einmal nach München zur Notarkammer. Die roten Kapseln mit dem Nitroglyzerin hatte er in der Tasche. Alois hasste diese Fahrten, an deren Ende bisher in gediegen getäfelten Büros wohlgesetzte Worte des Bedauerns für den Herrn Kollegen gestanden hatten, viel mehr aber nicht. Deutschland war im Vorjahr überraschend Fußballweltmeister geworden, das hatte das Selbstwertgefühl der Deutschen mächtig gehoben, Adenauer drückte gerade die deutsche Wiederbewaffnung durch, in München schäumte wie fast überall im Lande das Wirtschaftswunder über, an dem die Notare trefflich mitverdienten.

Diesmal war es ein etwas älterer Herr mit der festgezurrten verständnisvollen Milde eines biblischen guten Hirten im Blick. Ja, sein Gesuch sei eingegangen, bedeutete der gute Hirt dem Besucher, die amtsärztlichen Atteste auch, und es sei ja wirklich keine schöne Krankheit, die er sich da zugelegt habe, wenn er das, Pardon, Herr Kollege, so sagen dürfe. »Wie Sie ja wissen, haben Sie keinen Rechtsanspruch auf irgendeine Pension oder sonstige monatliche Zahlung ähnlicher Art«, fuhr er mit der für diesen Satz gebotenen juristischen Nüchternheit fort. Doch dann kehrte sein Guter-Hirt-Lächeln verstärkt zurück. »Natürlich lassen wir einen Kollegen, der unverdient zwischen die Mühlsteine des Schicksals geraten ist, nicht im Regen stehen. Die Notarkasse hat beschlossen, Ihnen mit heutigem Datum eine monatliche Unterhaltsbeihilfe von 400 D-Mark zu gewähren.« Er sah Alois an, als hätte er gerade wie der Erzengel Gabriel eine große Freude verkündet. »Selbstverständlich freiwillig und jederzeit widerrufbar«, fügte er noch schnell hinzu. Jederzeit widerrufbar. Selbstverständlich. Ein gnädiges Almosen. Wohlverhalten vorausgesetzt. Alois griff in die Jackentasche und umklammerte die weiße Plastikschachtel mit den roten Kapseln. Er würde sie noch brauchen.

Ich weiß sehr genau, was ihr Notare verdammt noch mal verdient und dass es für die Notarkasse scheißegal wäre, ob man mir 40, 400 oder 4000 Mark monatlich bewilligt, hätte Alois gern gesagt, doch er tat es nicht. Jederzeit widerrufbar. Er versuchte gefasst dreinzuschauen. »Meine beiden Söhne besuchen noch das Gymnasium, die Söhne sind aus meiner zweiten Ehe«, sagte er erklärend. »Sie machen sich sehr gut in der Schule. Sie sollten mal auf die Universität gehen. Vierhundert Mark im Monat, damit werde ich nie ihr Studium bezahlen können.« Der Herr von der Notarkasse musterte Alois' weißes Haar. »Was hat der alte Sack noch zwei minderjährige Kinder zu haben, wohl die erste Frau verlassen, was?«, schien sein Blick zu sagen. »Ach wissen Sie, Herr Kollege, wenn Ihre beiden Söhne so begabt sind, dann werden sie ihren Weg auch ohne Studium machen«, antwortete er mit leichter, heiterer Stimme. Zu Alois' Überraschung krampfte sich sein Herz nicht zusammen. Seine Frau und die beiden Jungen holten ihn auf dem Plattlinger Bahnhof ab, jetzt ein funkelnagelneues Betongebilde von erlesener Hässlichkeit. Maria sah ihren Mann quälend langsam aus dem Zug steigen, sah seinen Blick und wusste, dass die Frage: »Wie ist es gegangen?« eigentlich überflüssig war. Alois schüttelte nur den Kopf. Es war das einzige Mal, dass Tankred und Teja ihren Vater weinen sahen.

1951 waren die Fiedlers erneut und zum letzten Mal umgezogen. Das Haus am Stadtrand in der Dr. Kieflstraße – benannt, wie auch schon die Reiterstraße, nach einem gelehrten Stadtpfarrer – war von der Gemeinde für sozial schwache Familien kurz nach dem Krieg in frugalem Stil gebaut worden. Hier wohnten Hilfsarbeiter, Eisenbahner, Frührentner und nun auch Notare. »Dr. Alois Fiedler« stand auf dem Emailleschild der Wohnungstür Parterre rechts, was bei Staubsaugervertretern oder Lesezirkelwerbern gelindes Staunen hervorrufen konnte.

Die Wohnung war ein klarer Aufstieg. Vorbei die Zeiten des unheilvoll starrenden schwarzen Latrinenlochs. Hier gab es ein Badezimmer mit einem Spülklosett und immerhin Platz für eine Badewanne in noch zu erwartenden besseren Zeiten, wenn auch nicht die Wanne selbst. Vater schnitt alte Zeitungsseiten nicht mehr zu Klopapierblättern zurecht, und die beiden Jungen übten den Gebrauch der Klobürste. Toilettenpapier leistete man sich schon seit der Zeit, als Vater angefangen hatte, andere Notare zu vertreten.

Trotzdem war das neue Heim bescheiden, so bescheiden wie die Finanzen der Familie. Als Alois wieder einmal um eine Ausbildungsbeihilfe für seine Kinder nachsuchte, diesmal beim Staat, schrieb er zur Begründung: »Wir haben nur ein altes Radio, keine Waschmaschine und auch keinen Staubsauger, da wir ja nicht einmal einen einfachen Läufer, geschweige denn einen Teppich besitzen. Das Schlafzimmer ist uralt und um 100 Reichsmark erworben, die Küchenmöbel bestehen größtenteils aus selbst gebastelten Kästen und einer geschenkten, ausrangierten Küchenkredenz.« Das Fehlen eines Telefons zu erwähnen, wäre ihm vermessen vorgekommen. Auch niemand sonst in der Kieflstraße 43 besaß ein Telefon.

Als Alois mithilfe der roten Kapseln und des ruhigen Dr. Rixner dem Verkrampfen seiner Herzkranzgefäße drei Jahre standgehalten hatte, was beim Arzt nach jeder Untersuchung eine anerkennende, leicht erstaunte Miene hervorrief, warf die Krankenkasse Alois wegen seines chronischen Leidens hinaus. In der heimtückisch harmlosen Versicherungssprache hieß dieser Verwaltungsakt »aussteuern«. »Ausgesteuert« wurde zum neuen Schreckenswort der Familie Fiedler, nicht weniger bedrückend als Angina Pectoris und Unterhaltsbeihilfe. Von nun an hätte er die lebenswichtigen teuren Medikamente und Untersuchungen selbst bezahlen müssen, doch nicht bezahlen können. Das sagte er dem Arzt. Dr. Rixner hatte Güte weder in der Stimme noch im Blick. Er antwortete sehr sachlich und selbstverständlich: »Ich bringe Ihnen von jetzt an die Probepackungen mit, die ich von der Pharmazie bekomme. Und für meine Besuche bezahlen Sie das, was Sie glauben, sich leisten zu können.« Das große Herz des praktischen Arztes Dr. Adolf Rixner hielt Alois neun weitere Jahre am Leben. Der Doktor sagte später, das hätte er nie für möglich gehalten.

»Den Eltern Kraft und Willen stärk', im Kampf ums Recht, im Dienst am Werk«, deklamierte der 14-jährige Teja, der jetzt nachts nicht mehr schwitzte, etwas leiernd am Küchentisch.

Als aufgeweckter Oberrealschüler sollte er ein Gedicht mit diesen Zeilen bei der Weihnachtsfeier der Sudetendeutschen Landsmannschaft aufsagen, die auch in Plattling, wie in den meisten bayerischen Städten mit hohem Flüchtlingsanteil, eine Ortsgruppe gebildet hatte. Alois, den wieder einmal eine hartnäckige Bronchitis plagte, schaute von seinem Kriminalroman auf. Inspektor Percy Brook hatte gerade mit geschwungenem Regenschirm einen dreifachen Mörder so nonchalant zur Strecke gebracht wie alle Missetäter in 35 anderen Bänden aus der Leihbücherei auch.

Alois lächelte ironisch. Im Kampf ums Recht. Wofür lohnte es sich zu kämpfen? Um die alte Heimat? Die Tschechoslowakei war heute ein kommunistischer Staat, abgeschottet durch den Eisernen Vorhang. Dauba war, so weit man hörte, zu einem armseligen, entvölkerten Flecken abgesunken, auch sein Heimatdorf Rohn lag öd und leer. Sie würden nie mehr dorthin zurückkehren können. Er würde auch nicht mehr zurückkehren wollen. In der Wohnstube hing ein Foto des stattlichen Daubaer Hauses. Es hing dort als Erinnerung an gestern, nicht als Anspruch für morgen. Die Landsmannschaft kämpfte gegen Windmühlen.

Alois war ihr aus einem Gefühl vager Solidarität beigetreten. Er ging nie hin. Es war Alarich, der seinen jüngsten Bruder gebeten hatte, das Gedicht zu rezitieren, und Teja hatte Ja gesagt, weil ihm Gedichte gefielen. Der Kampf ums Recht, der Dienst am Werk interessierten ihn nicht, Tankred genauso wenig, das wusste Alois. Ihre Heimat hieß Plattling. Wenn Vater und Mutter erzählten, hörten die beiden gern zu, besonders bei so spannenden Geschichten wie der von Vaters Duell und der von den Partisanen, von gruseligen Tiefbunkern oder Hellmuts Verwundungen. Doch sie hörten zu, wie sie auch bei Märchen zuhörten. Er und Maria hätten jede Schilderung von damals auch mit »Es war einmal ...« beginnen können.

Alarich engagierte sich für das Sudetendeutschtum mit

dem ihm eigenen Pathos ohne sichtliches Ergebnis. Diesen Schwanseeschen Überschwang hatten selbst fünf Jahre Sibirien kaum gedämpft. Alarich, der nie vom Krieg erzählte, erschreckte seine Umgebung mit demselben meckernden Lachen, durch das schon sein Großvater den Studenten Alois beinahe in die Flucht getrieben hätte. Trotz der träumerischen Augen von Mizzi schwärmte er zu Alois' Erleichterung nicht für Wagner. Wer so lachte, konnte aber auch nicht musikalisch sein. Gleich nach dem Ende seiner Schwarzwurstperiode holte Alarich seine Frau Heda aus der DDR nach Plattling in eine Zweizimmerwohnung. Das Paar hatte keine Kinder. Alarich arbeitete als Anwalt in einer Deggendorfer Kanzlei, wollte aber höher hinaus und forderte seine pubertierend feixenden Halbbrüder auf, dies auch zu wollen. Alois liebte seinen Ältesten, seinen empfindsamen, großtuenden, grundanständigen Alarich, der so viel Schwansee und so wenig Böhmerwald in sich hatte, mehr, als er ihm jemals zeigen konnte.

Hellmut schrieb er Briefe, die mit »mein lieber Homi« begannen. Hellmut war ins Fränkische verzogen und diente dem Freistaat Bayern als Regierungsinspektor im Rechnungswesen. Er erzählte vom Krieg noch immer wie von einem großen Abenteuer. Die zahlreichen Narben von Kopf bis Fuß hinderten ihn nicht, ein passabler Skifahrer und Tennisspieler zu werden und ungebrochen an die Unbesiegbarkeit der Wehrmacht zu glauben, »wenn die Amis sich nicht eingemischt hätten«. Seine hübsche Rosl gebar ihm zwei Töchter, die – wie ziemlich voraussehbar – auch sehr ansehnlich gerieten. Briefe an Hellmut unterschrieb Alois anfangs mit »Dein alter Vater« und später , als er die siebzig erreicht hatte und seine schöne Sütterlinhandschrift zittrig wurde, mit »Euer Opa«. Er ertappte sich, dass er darin sein Mariechen zunehmend »Eure Omi« nannte. Er fühlte sich halb schuldig, weil er unbewusst aus ihr eine alte Frau machen wollte, nur weil er ein alter Mann war. Dabei war sie noch keine fünfzig.

Seine Frau pflegte ihn, wenn Herzkrämpfe und Bronchitis ihn ins Bett zwangen. Sie liebte ihn, den hinfälligen Greis mit der immer röteren, immer fleischigeren Nase, für den natürlich auch die Anstrengungen der körperlichen Liebe lebensbedrohlich und nur noch eine blasse, wehmütige Erinnerung waren. Sie kaufte ein, sie kochte, sie stopfte die Socken, sie strickte ganze Generationen von Pullovern und grobmaschigen Jankern für die zu schnell wachsenden Söhne. Waren die zwei Jungen in der Schule, schleppte sie die volle Kanne Öl vom Tank im Keller hoch zum Ofen in der Wohnstube, der endlich den Kohleherd abgelöst hatte. Alois verfluchte dann seine körperliche Schwäche, diesen für ihn, der einmal ein kräftiger Mann gewesen war, lächerlichen, entwürdigenden Zustand: nicht einmal mehr eine Ölkanne tragen zu können!

Um die Unterhaltsbeihilfe aufzubessern, saß Maria bis spät in die Nacht hinter ihrer Nähmaschine, ein Geschenk der beiden Stiefsöhne Alarich und Hellmut, und brachte es mithilfe von »Burda«- und den später von ihr bevorzugten »Brigitte«-Schnittbogen zu einer treuen Stammkundschaft. Sie ruinierte sich die Augen und verlangte lächerlich wenig für ihre maßgeschneiderten Hemden, Röcke und Kostüme. »Fünf Mark für einen Rock, an dem du die ganze Nacht gesessen bist! Du musst mindestens das Doppelte kriegen«, forderte ihre Familie. »Wenn ich zu teuer werde, kommt doch niemand mehr zu mir!«, war ihre feste Überzeugung. Sie hatte als junges Mädchen gern gelesen, am liebsten empfindsame Verse unter dem blühenden Apfelbaum im Obstgarten ihres Großvaters. Jetzt las sie gar nichts mehr. Ihr fehlte einfach die Zeit dazu.

Alois bewunderte die geradezu unerbittliche Energie, mit der sein nachgiebiges, sanftes Mariechen ihr Leben – aufopferte? »Sie muss daraus aber auch Befriedigung ziehen«, dachte er, wenn er ihr zusah, wie sie das noch und das noch und das auch noch machte. Er hätte das nicht gekonnt. Er hätte auch nicht so lieben können. Er hatte nie so geliebt, das wusste er. Sie liebte ihn. Er liebte sie nur mehr als jede andere zuvor, und jetzt im Alter fühlte er ihr gegenüber große, warme Dankbarkeit. In seinem handgeschriebenen Testament nannte er sein Mariechen »meine liebe Ehefrau, welche die beste unter mindestens 10 000 ist«. Seine Kinder rätselten nach seinem Tod, was genau er damit sagen wollte.

Seine Kinder, seine Frau. Dafür lohnte es sich zu leben. Und für die Jagd. Vor allem für die Jagd. Schon als er Zigarettenstummel sammelte, hatte Alois sich umgesehen. Er stieß damals auf Wagnermeister Josef Niebauer, der es 1948 schaffte, in der Eisenbahnerstadt Plattling für die SPD zum Bürgermeister gewählt zu werden. Bürgermeister Niebauer sah sehr bodenständig aus. Sein Bayrisch war so perfekt wie seine Rethorik mäßig, sein Bauch hatte die Wölbung, die für die Glaubwürdigkeit eines Bürgermeisters in Niederbayern zwingend notwendig war. Auch die Lesebrille konnte dem freundlichen Gesicht keinen intellektuellen Anstrich geben. Doch der Herr Bürgermeister war ein schlauer Kopf, der zur Überraschung vorgesetzter Behörden und der amerikanischen Besatzer besser Englisch als Hochdeutsch sprach. Er hatte in den Zeiten der Wirtschaftskrise nach dem Ersten Weltkrieg jahrelang in Kanada gearbeitet.

Niebauer war Pächter eines Jagdreviers in den Flussauen, die sich als mitteleuropäischer Dschungel viele Quadratkilometer groß gleich hinter der Stadtgrenze bis zur Mündung der Isar in die Donau ausbreiteten und von Rehen, Hasen, Fasanen und Wasservögeln aller Art, besonders aber von unglaublich großen Mücken bevölkert waren. Alois traf ihn zum ersten Mal auf dem Hof der Wagnerei. Niebauer klopfte gerade mit einem Holzschlegel Speichen in eine Radnabe. Er beendete die Arbeit sorgfältig und schaute sich den weißhaarigen Mann, der da mit einem Damenrad vorgefahren war und sich als Dr. Fiedler vorgestellt hatte, ebenso sorgfältig an. Dieser Herr Dr. war kein Herr. Er trug einen ähnlich speckigen, abgewetzten grünen Filzhut wie er, der Wagner- und Bürgermeister, auch. Vielleicht wählte er sogar sozialdemokratisch? Alois wählte Adenauer, den er für einen Pragmatiker hielt. Später war er wegen der Wiederaufrüstung von ihm enttäuscht.

Er sei begeisterter Jäger, nun schon seit über vierzig Jahren, sagte dieser nicht mehr junge Dr. Fiedler, er sei Jurist, Heimatvertriebener und habe früher im Sudetenland ein schönes Revier besessen. Weniger Niederwild als hier, aber auch weniger Mücken, wie er lachend hinzufügte. Eine eigene Jagd könne er sich nicht mehr leisten, nicht heute und sehr sicher nie wieder. Aber vielleicht sehe der Herr Bürgermeister eine Möglichkeit, dass er bei ihm ein bisschen mitmachen könnte. »Mitgehen«, wie er sich mit einem bittenden, erwartungsvollen Blick ausdrückte. Josef Niebauer gefiel der Doktor mit dem Damenfahrrad, der nicht wie so viele Flüchtlinge schlesisch oder ostpreußisch redete, sondern fast so wie er selbst. Die Amerikaner hatten erst vor Kurzem den zu friedfertigen Demokraten umerzogenen Deutschen den Gebrauch von Feuerwaffen für die Jagd wieder erlaubt. Sein Revier war wegen der unfreiwilligen Schonzeit überfüllt mit Wild. Er konnte Helfer gebrauchen. Der Herr Doktor habe doch sicher ein Gewehr? Nein, antwortete Alois, aber er werde sich umschauen. Und so bald wie möglich eines kaufen. Niebauer sah die Verlegenheit in Alois' Augen. »I kann Eana fürs Erste amoi a Schrotflint'n leih'n, is a bisserl rostig, für dös schiaßt's aber guat.« Er lachte. »So, Herr Dokta, dann gängan'S also mit bei uns.« Alois radelte innerlich jauchzend zurück in die Reiterstraße. Von da an ging er mit auf die Jagd beim Bürgermeister. Bis sein Herz sich verkrampfte.

Halali

Seit das Herz ihm Radfahren unmöglich machte, tuckerte Alois auf einem Zündapp-Moped, jägergrün wie Hut und Anzug, in sein Revier. In sein Revier? In sein Revier. Bürgermeister Niebauer hatte die stille Verzweiflung in den Augen des Herrn Dr. gesehen, als Alois ihm eröffnete, die Angina Pectoris mache ihm das Mitgehen auf Treibjagden, das Mitwirken beim Bau von Hochsitzen, das Füttern des Wildes im Winter, kurz jede Jägertätigkeit, die mit körperlicher Anstrengung verbunden sei, von nun an ein für alle Mal unmöglich.

Mit einer Feinfühligkeit, die man dem hemdsärmeligen Bürgermeister nicht zugetraut hätte, erkannte Niebauer, dass es hier um mehr ging als das Aus für ein Hobby. »Herr Dokta, Eana bleibt aber immer noch das Ansitzen auf den Rehbock. Auf dem Hochsitz ob'n müassn's ja nur warten, bis er rauskommt auf die Wies'n. Wissen'S was, i lass' Eana die Blöss. Als Ihr Revier, sag'n wir amoi, is ja net groß, aber ein Rehbock is jedes Jahr drin für Sie.«

Die Blöss war ein winziger Zipfel Auwald, der die Jagd kaum lohnte, vom übrigen Niebauerschen Revier abgetrennt durch die Isar. Doch die Blöss war groß genug für einen Rehbock samt seiner Geißen, für zwei Hochsitze und für den Willen des vom Nitroglyzerin abhängigen Dr. Alois Fiedler, nicht vor seinem Herz und dem Schicksal zu kapitulieren. Er war ein Jäger im Westentaschenformat. Ein Ritter von der traurigen Gestalt. Aber ein Jäger.

Alois konnte das Gewehr nicht mehr selbst tragen. Er hatte

die schwere Repetierbüchse mit dem Zielfernrohr, eine hart ersparte Anschaffung, bei einem alten Ehepaar untergestellt, das am Rand der Blöss in einem selbst gebauten Häuschen inmitten von Heckenrosen und Bienenkörben wie Philemon und Baucis heiter seinem Ende entgegenlebte, unbeeindruckt von Mückenschwärmen. Seine Frau oder einer seiner Söhne folgten ihm mit dem Fahrrad, wenn er auf dem Moped zur Jagd aufbrach, holten das Gewehr bei den zwei alten Leutchen ab und brachten es ihm nach auf den Hochsitz, den er eine Stunde vor der ersten Dämmerung Leitersprosse um Leitersprosse erklomm, stets in der Furcht, sein Herz könnte rebellieren.

Besonders Teja, der inzwischen ein gar nicht mehr schwächlicher junger Mann mit ein paar Pickeln im Gesicht war, verfluchte innerlich die Jagdleidenschaft seines Vaters. Denn zeitgleich mit der Fahrt zur Blöss, gegen Abend, begann das Training im Fußballclub und der Trainer blickte streng, wenn sein rechter Läufer wieder einmal von dieser albernen Gewehraktion abgehetzt und mückenzerstochen zu spät zurückkam.

Alois verstand die Fußballbegeisterung seines Sohnes nicht. »Wie kann man nur Spaß daran haben, mit dem Fuß auf einen Ball einzuhacken«, meinte er gereizt, da er sich insgeheim schuldig fühlte, als er wieder einmal Tejas Unwillen sah, ihm zur Trainingszeit das Gewehr nachzutragen. Teja schwieg verärgert. Er fand es sinnlos, seinem Vater zu antworten, nur Ignoranten mit einem alten Böhmerwaldschädel konnten glauben, man hacke auf den Ball ein. Aber der Sohn wusste, dass die Jagd jetzt Vaters Leben war. Und Alois wusste, dass sein Sohn es wusste. Er war ihm dankbar, obgleich es nur darum ging, dass der Junge nicht rechtzeitig gegen einen Ball hacken konnte.

Oben auf dem Hochsitz fühlte Alois sich in der zunehmenden Dämmerung eins mit mit sich und der Welt. Einer kleinen, mückengeschwängerten Welt, aber seiner Welt. Das große

Schicksal hatte gefälligst für zwei Stunden draußen vor der Tür zu warten. Kommt er heute aus dem Unterholz, vorsichtig, aber nicht vorsichtig genug, der starke Sechsender, den er schon zwei Mal schemenhaft gesehen hatte? Kommt er noch bei Büchsenlicht? Das war hier die Frage und sonst keine.

Er hörte ein Rascheln. War er das? Dann hörte er Musik, viel zu laut für diesen stillen Abend und einen misstrauischen Rehbock, wenn sogar seine schwerhörigen Ohren sie vernahmen. Negermusik! Oder das Geplärre einiger dieser Krachmacher, solcher Typen wie jene Pilzköpfe aus England, für die auch seine Söhne schwärmten, die er im Radio noch weniger ertragen konnte als die Ouvertüren in memoriam Mizzi! Es war ein Liebespaar mit seinem Kofferradio, da drüben, genau auf dem Wildwechsel.

Alois winkte wild mit beiden Armen. Weg da, bitte, weg da! Erst nach einer durchküssten Weile bemerkten die beiden das Gespenst im Halbdunkel, das sie von der Höhe aus heftig rudernd vertreiben wollte. Sie starrten zuerst verwirrt, dann empört auf diese Erscheinung. Der Mann machte schließlich eine obszöne Geste mit dem Mittelfinger in Richtung dieses Verrückten, drehte sein Radio voll auf, dass es dem Rehbock, sollte er sich tatsächlich im Unterholz verbergen, in den Lauschern dröhnen musste, und trollte sich provozierend langsam mit seiner Liebsten. Am nächsten Abend hängte Alois einen Zettel an die Birke am Rand der Lichtung: »Ich bitte alle Liebespaare, ihre verständlichen Aktivitäten während der Rehbockzeit woanders auszuüben«. Wahrscheinlich konnten junge Paare seine altmodischen Sütterlinbuchstaben gar nicht entziffern.

»Das war es für heute mit dem Sechsender«, dachte Alois verärgert. Er bemühte sich, nicht richtig wütend zu werden. Sein Herz. Es würde noch eine Stunde dauern, bis es ganz dunkel war und Teja kam, um ihn abzuholen. Den großen Waidmann. Den Pflegefall. Er schaute nach oben, wo im schwarzblauen Himmel neben der hellen Venus jetzt auch die anderen Sterne zu leuchten begannen.

Das Rauchen hatte er sich abgewöhnt. Deswegen war er wahrscheinlich noch nicht tot. Das Jagen hätte er nie aufgeben können. Auch deswegen war er wahrscheinlich noch nicht tot. Ein Menschenalter ist es her, dass Vater mir ein Flobert geschenkt hat, ein ganzes Menschenalter, denn sechzig Jahre sind bereits ein volles Menschenleben, auch wenn ich jetzt schon fünfundsiebzig bin, dachte Alois. Sein Vater, den die Jagd nie interessiert hatte, der aber vor den Wünschen seines Sohns so gern kapitulierte.

Mit diesem Kleinkalibergewehr hatte der Gymnasiast aus Rohn erst die bunten Glaskugeln zwischen den Johannisbeersträuchern im Vorgarten eines Nachbarn zerschossen, was Vater fast zur Rücknahme seines Geschenks veranlasst hätte. Dann ging er für Mutter jagen. »Bua, schiass mir was!«, hörte er noch heute ihre Stimme, »i brauch no was für morgen zum Mittagessen.« Er war durch die Wälder gestreunt, die seinem Vater gehörten, niemand fragte nach dem Jagdschein, und er besserte den Speiseplan der Familie mit Hasen, Rebhühnern und einmal sogar einem Dachs auf, der aber ziemlich ledern schmeckte.

Vom Manöver in Bosnien hatte er einen jungen Adler mitgebracht und so weit abgerichtet, dass der Raubvogel mit mörderischer Eleganz im Sturzflug Kaninchen und Rebhühner für ihn schlug. Sein Bruder Dori hatte auf dem Prachatitzer Hof eine riesige Voliere aus Maschendraht errichtet, in der der Adler die Frontjahre von Alois bis fast zu ihrem Ende überlebte. Kurz vor dem Waffenstillstand ließ Vater die Tür des Käfigs offen stehen. Wenn die Menschen sich von Steckrüben ernährten, wollte er kein Fleisch an einen Raubvogel verfüttern. Der Adler habe lange gezögert hinauszufliegen, erzählte Vater dem Heimkehrer Alois, aber dann sei er doch mit ein paar mühelosen Schwingenschlägen über dem Libin verschwunden.

Sogar im Krieg hatte Alois gejagt, in Uniform, wenn seine Kompanie im Schützengraben abgelöst wurde. Er war in Serbien hinter der Front – zu seinem großen Bedauern erfolglos – auf Bärenpirsch gegangen. Die anderen, Karel vorne dran, hatten ihren Leutnant für verrückt erklärt, der in der Etappe freiwillig ein Gewehr in die Hand nahm, wo doch jeder sonst froh war, wenigstens für ein paar Tage dem Sterben und Töten entkommen zu sein. Die Jagd habe nichts zu tun mit dem Schrecken an der Front, hatte Alois versucht, Karel zu überzeugen, es gehe nicht ums Töten, es sei die Herausforderung, die Beute zu überlisten, zu überraschen, seine sichere Hand zu beweisen. Der tödliche Schuss sei nichts weiter als der nötige Beweis für das Gelingen, das rote Siegel auf dem Meisterbrief. Sein Freund aus der Kohlenhandlung war nur kopfschüttelnd zu seiner Spielkartenrunde zurückgekehrt.

»Du könntest die Viecher ja fotografieren, da müsstest du sie auch überlisten«, sagte heute genauso missbilligend sein Sohn Tankred, der Biologie studierte, »man muss sie doch nicht umbringen.« Tankred wie damals Karel würde die langsam hochsteigende Erregung nie verstehen, bevor man den Abzug drückt, und das Hochgefühl, wenn man getroffen hat, dachte Alois. Die Jagd hatte ihn abgelenkt in den Zeiten, als er sich zum Klang des Böhmerwaldlieds in Reichenberg betrank und fürchtete, Mizzis hoffnungsloser Wahnsinn würde ihn zerreißen. Sie hatte ihm geholfen, als von Alarich keine Feldpost aus den Rückzugsschlachten an der Ostfront mehr kam. Und er war noch in den ersten Maitagen 1945 nach Nosadel jagen gefahren, obwohl er ahnte, dass seine Welt unterging. Er hatte nie in seinem Leben einen Hund geprügelt oder eine Katze getreten.

Auch noch in Plattling hatte Alois einmal einen Hund gehabt, ein kluges Tier mit braunen Schlappohren. Es war der Jägergruppe Niebauer im Auwald über den Weg gelaufen, verdreckt, verfilzt, verschreckt, verlassen. Einer der Jäger wollte dem Streuner den Gnadenschuss geben. Alois sah die Angst in den Hundeaugen und nahm ihn nach Hause mit. Er probierte alle möglichen Namen durch. Bei »Treff« schien der Hund die Schlappohren anzuheben, und so hieß er dann bis zu seinem sanften Tod zehn Jahre später in seinem Körbchen neben der Küchenkredenz. Treff war ungewöhnlich anhänglich und gelehrig. Er hatte nur einen Nachteil: Bei jedem Schuss verkroch er sich winselnd im nächsten Versteck und war weder mit scharfen Befehlen noch gutem Zureden wieder herauszukriegen. Zur Jagd war er völlig untauglich. »Genau der passende Hund für einen Jäger, dem man sein Gewehr nachtragen muss«, dachte Alois.

Die Jagd auf den Hecht fiel ihm ein. Noch so ein waidmännisches Ruhmesblatt. Ganz am Anfang seiner Zeit im Revier Niebauer hatte er auf dem Heimweg von der Jagd auf der Isarbrücke, damals noch eine hölzerne Behelfskonstruktion für die weggebombte Eisenbrücke, nach unten geschaut und in einem Tümpel, den das Hochwasser übrig gelassen hatte, etwas Dunkles, Großes zappeln sehen. Ein kapitaler Hecht, abgeschnitten vom Fluss, dem Tod geweiht. Alois sah sich um. Die Brücke lag leer da. Er kletterte an einem Holzpfeiler hinunter, lud unauffällig seine rostige Leihflinte, kalkulierte die Brechung des Lichts durch das Wasser und drückte ab. Der Hecht zappelte nicht mehr. Alois fischte ihn mit einem langen Ast heraus. Er passte knapp unter seine Jacke und roch kaum. Im Haushalt Fiedler gab es drei Tage Hecht. Der Jurist Dr. Fiedler stufte seine Wilderei – oder war es rechtlich eher Schwarzfischen? – nach gründlichem Abwägen und einem Blick auf seine sehr mageren Kinder als Mundraub ein.

Nun war es schon sehr dunkel und der Himmel eine Sternenwiese. Jeden Augenblick würde Teja kommen, ein bisschen abgehetzt und verschwitzt vom Fußball. Das Training wollte er in den Semesterferien nicht versäumen. Mein Gott, jetzt waren selbst die beiden Jungen schon erwachsen, die er fast im

Großvateralter gezeugt hatte. Beide studierten in München, Tankred Naturwissenschaften, Teja Germanistik und Geschichte. Nicht die Notarkasse der Notarkammer, sondern ein staatliches Stipendium, das sich »Honnef« nannte, machte es möglich. Die zwei Großen aus der ersten Ehe waren im besten Mannesalter, wenn nicht schon ein bisschen darüber. Alarich arbeitete als Jurist bei einer Bank in Düsseldorf. Er verdiente nicht schlecht, wohnte in einem Reihenhaus, legte Wert darauf, dass auf seiner Visitenkarte »Prokurist« stand, unterstützte seinen alten Vater mit einhundert D-Mark monatlich und hatte keine Kinder. Hellmut war in Bayreuth bei der Bezirksregierung inzwischen als Oberinspektor beschäftigt, sah seine zwei Töchter anständig erwachsen werden, wohnte auch in einem Reihenhaus und gewann bei den Kameradschaftstreffen seiner Division noch immer den Krieg.

Den zweite große Krieg in Alois' Leben. Den Krieg, der ihn die Heimat gekostet hatte. Der erste, in den er begeistert gezogen und aus dem er ausgebrannt zurückgekehrt war, bedeutete für die meisten Menschen nur noch eine schwache Erinnerung, ein fernes, historisches Datum weit weg vom Jetzt. Alois aber waren die menschenmähenden Maschinengewehre noch gegenwärtig, die damals die schrecklichsten aller Waffen schienen. Jetzt fürchtete sich die Welt vor Atom- und Wasserstoffbomben. Die ersten Automobile mit Hartgummireifen, die frühen Flugzeuge, die heute wie zerbrechliches Spielzeug für große Jungs wirkten, was an technischem Wunderwerk war daraus geworden! Der Schuster Philipp Schacherl kam Alois in den Sinn. Wie er überzeugt gestikuliert hatte, das, was man den Leuten als Rundfunk einrede, sei nichts als Schwindel, in diesen schwarzen Kästen sitze einer drin, wahrscheinlich ein Zwerg, von wegen Radiowellen oder sonst so ein Quatsch. Inzwischen gab es Fernsehen. Alois wollte und konnte sich diesen Flimmerkasten aber nicht leisten. Und dann dieser Albert Einstein, das Junggenie seiner Prager Studentenzeit, auch schon zehn Jahre tot. Einsteins Theorien hatte Alois mit seiner Abneigung gegen alles Abstrakte ja nie richtig verstanden. Doch anders als der Schuster Schacherl schien dieser Mensch tatsächlich irgendwie recht zu haben, wie die Atombombe und die angeblich piepsenden Sputniks zeigten, die sich für Alois geradezu aufdringlich grell im Sternenhimmel herumtrieben.

Sein schmucker Tatra fiel Alois ein und wie er ihn das erste Mal vor der Barocksäule auf dem Daubaer Marktplatz geparkt hatte, im Hochgefühl, hier von nun an für immer Notar zu sein. Heute war er wohl der einzige lebende Notar, der es im deutschen Wirtschaftswunder nur bis zum Empfänger von jederzeit widerrufbarer Unterhaltsbeihilfe sowie einem grünen Zündapp-Moped auf Ratenzahlung, mit 50 Kubik und zwei Gängen gebracht hatte.

Hatte das Schicksal ihn zu hart angefasst, über die Gebühr gebeutelt? Die Heimat verloren, das Vermögen, die erste Frau und ihr Wahnsinn, das schlimme Jahr im Gefängnis, ganz schön zugelangt, Schicksal oder Vorsehung oder wie immer du heißt. Er war doch stets ein anständiger Mensch gewesen. Frau Reichmann, heute wiederverheiratet als Frau Reichmann-Bechova, schrieb ihm immer noch herzliche Briefe auf Deutsch aus Dauba, wo sie sich unter Neusiedlern aus der hinteren Slowakei inzwischen fremd fühlte.

Und Herr Hawranek, der dünne Hawranek? Er hatte damals vor dem Volksgericht die geringstmögliche Strafe gefordert, das sprach doch, einmal ganz juristisch nüchtern betrachtet, auch für ihn, den deutschen Herrn Notar, liebes Schicksal. Nebenbei, diesen Dichter Kafka, dachte Alois, von dessen Romanen jetzt auch sein Teja, der Literaturstudent, schwärmte, hätte er eigentlich wirklich einmal lesen sollen.

Ja, ja, ja, für Hitler gestimmt, den Anschluss bejubelt und dann brav den Mund gehalten, die Augen zugemacht, Sieg Heil. Du hast recht, Schicksal, das drückte schon die Waagschale der Schuld nach unten, heute, vom Hochsitz aus gesehen. »Ein guter Mensch in seinem dunklen Drange ist sich des rechten Weges wohl bewusst.« Auswendig lernen musste er dieses »Faust«-Zitat auf dem Prachatitzer Gymnasium als roten Faden fürs Leben. Vielleicht war er aber kein guter, bloß ein anständiger Mensch. Vielleicht gab es keinen rechten Weg. Und sollte es ihn geben, wohin wendet man sich an den Kreuzungen, wenn da keine Wegweiser stehen?

Ein heller Punkt, viel größer und heller als die taumelnden Funken der Glühwürmchen, kam durch das Dunkel auf ihn zu. Teja mit der Taschenlampe. Gleich würde sein Sohn schnell die Leiter hochklettern, das Gewehr schultern, genauso gewandt wieder hinuntersteigen und wegen der widerlich summenden Mücken zur Hütte des alten Ehepaars vorauseilen, während sein Vater den Abstieg und den Rückweg langsam in Raten hinter sich brachte. Teja würde dort den Motor des Mopeds mit dem Pedal für ihn antreten. Sogar diese kleine Anstrengung verzieh das Herz Alois nicht mehr.

Zu Hause wartete dann seine Frau mit einer dicken, dampfenden Suppe und einer Schale Milch mit Erdbeeren vom eigenen Gemüsebeet im Hinterhof, je älter er wurde, umso mehr schmeckte Alois Süßes. Mariechen, diese treue, liebe Seele, verdiente inzwischen neben ihren Näharbeiten als eine Art Leih-Großmutter bei einer Bauernfamilie im Dorf Höhenrain dazu. Alois besuchte sie dort manchmal auf dem Moped, machte der jungen Bauernfamilie Komplimente für den wohlgeratenen Nachwuchs und kleine, gutmütige Scherze, es nach dem vierten Sprössling mit dem Kindersegen nicht mehr zu weit zu treiben.

Er würde noch Nachrichten im Radio hören, eine lebenslange Gewohnheit, obwohl ihm inzwischen der Lauf der Welt weniger bedeutete als der Wetterbericht, der die Hoffnungen für den nächsten Abend auf dem Hochsitz schürte oder dämpfte. An der Wand in der Wohnküche hingen seine Jagdtrophäen, eine schüttere Sammlung sauber präparierter Rehgehörne von der Blöss, die sogar seine Jungen zu Alois' leisem Ärger »Geweihe« nannten – völlig falsch. Das Kruzifix mit dem Messing-Christus im Stubenwinkel neben den Gehörnen hatte er schon früh gekauft, gleich nachdem das Nazi-Bußgeld abgestottert war. Er war seit seiner Jugend kein gläubiger Christ und war es auch jetzt nicht, wo das Abendrot purpurner, die schwarzen Schatten länger und länger wurden. An einen lieben Gott, der Buch über den Sünder Alois führte und am Ende den Daumen hob oder senkte, konnte er nicht glauben. Aber er hatte das Kreuz nicht nur in den Winkel gehängt, weil ein Kreuz im Winkel für ihn Heimat bedeutete. Er hatte es aufgehängt aus dem selben Grund, aus dem er einmal im Jahr an Ostern in die Kirche ging. Beides gab ihm das Gefühl, es könnte vielleicht doch eine höhere Ordnung geben. Alois hätte es gern gehabt, dass hinter dem wirren Auf und Ab in der Welt und in seinem Leben ein tieferer Sinn stehe, auch wenn er sich sicher war, er würde ihn nicht erkennen. Es lohnte aber auch nicht, darüber zu lange zu grübeln. Alois fand es heute besser, nicht mehr weit auszuholen mit den Gedanken.

Er wollte seine Erdbeermilch löffeln, seinem Rehbock auflauern, die paar Rosen, die er draußen vor dem Schlafzimmerfenster gepflanzt hatte, aufblühen sehen und sich über die Liebe in den Augen seiner Frau freuen, solange die roten Kapseln es ihm noch erlaubten. Er las neben den Jägerzeitschriften »Wild und Hund« und »Die Pirsch« nur noch Serienromane aus der Leihbücherei, besonders die Abenteuer des scheinbar vertrottelten Inspektors Percy Brook oder der unbesiegbaren Revolverhelden Billy Jenkins und Tom Prox, noch simpler gestrickt als die Karl-May-Schmöker seiner Jugend. Er las sie eigentlich nicht, er nahm sie ein wie ein leichtes Betäubungsmittel und hatte auf den letzten Seiten den Anfang schon vergessen.

Das Niveau der Lektüre seines Vaters empörte den Literaturstudenten Teja. Gerade tief aufgewühlt vom satanischen Kampf des Kapitäns Ahab mit dem Weißen Wal aus Melvilles »Moby Dick«, der Frage nach dem Bösen in der Welt, tippte er eines Abends verächtlich auf den obersten der auf Vaters Nachttisch aufgestapelten Percy-Brook-Bände und schleuderte dem alten Mann entgegen: »Vater, was liest du für Schund! Da ist doch nichts, aber auch nichts drin zum Nachdenken!« Alois schaute auf von Tom Prox, Band Neunzehn. Er schob die Weitsichtbrille auf der dicken, roten Nase weit nach unten und sagte mit einem Lächeln, das seinem flammenden Kritiker und ihm selbst verzieh: »Ich will nicht mehr nachdenken, mein Sohn.«

Im März 1966 krachte Teja gegen Mittag bei heftigem Vorfrühlingsschneetreiben auf dem Heimweg von der Plattlinger Post, wo er während der Semesterferien Pakete sortierte, mit dem Fahrrad frontal in einen Lieferwagen. Er erlitt einen Schädelbruch und war für ein paar Stunden bewusstlos. Maria verheimlichte ihrem Mann die Schwere des Unfalls einen Tag lang, bis ihr Sohn außer Lebensgefahr war. Sie erzählte Alois mit äußerster Selbstbeherrschung von einem Sturz und einer Knieverletzung, wegen deren Behandlung Teja die Nacht im Krankenhaus verbringen müsse. Auch als Alois dann die Wahrheit erfuhr und wusste, das das Schlimmste vorüber war, besuchte er auf Dr. Rixners Anraten Teja nicht auf der Intensivstation. Die Aufregung und das schwache Herz, er könne nur dringend abraten, meinte der Arzt. Sein Sohn genas.

In diesem Sommer war Alois so zittrig, dass seine Frau manche seiner Briefe zu Ende schreiben musste. Auf dem Moped wurde ihm schwindlig. Er überlegte sich, ein Goggomobil zu erwerben in dem altersstarren Glauben, hinter dem Steuer eines Kleinwagens würde ein bisschen Schwanken nichts ausmachen. Er nahm von der Idee erst Abstand, als er das erst entsetzte, dann kategorische Nein von Dr. Rixner hörte, außerdem an sein bescheidenes Konto bei der Sparkasse dachte. Nun ließ er sich mit dem Taxi zu einem günstigen Sonderpreis auf die Blöss fahren.

Mit seinem Sohn Tankred stritt er sich über die Grenzen des Menschenmöglichen. Im Februar hatten die Russen mit der Raumsonde Lunik Neun weich auf der Mondoberfläche aufgesetzt. Tankred sagte nebenbei am Mittagstisch, in allernächster Zeit werde der erste Mensch auf dem Mond stehen, grundsätzliche technische Probleme stünden dem nicht mehr im Wege. Alois fuhr zu Tankreds Verblüffung hoch, als hätte er gesagt, man dürfe einen Rehbock auch mit Schrot schießen. »Nie, nie und nie!«, rief sein Vater aus, »der Mensch ist für die Erde bestimmt. Über die Erde hinaus wird er nie kommen. Das ist gegen die Natur, das lässt Gott nicht zu!« Er knallte den Löffel auf den Tisch. Die Welt konnte doch nicht so aus den Fugen geraten? Alois musste Zuflucht bei einer Nitrolingualkapsel suchen.

An Allerheiligen, die Rehbocksaison war Vergangenheit, der Herbst grau und nieselig, stand Alois in Filzpantoffeln am Fenster, ein siebenundsiebzig Jahre alter Mann mit gebeugtem Rücken. Draußen gingen nach bayrischem Brauch dunkel gekleidete Menschen vorbei, auf dem Weg zum Friedhof, Totenlichter und wetterharte Blumengebinde in den Händen. Alois blickte ihnen nach und sagte, ohne sich umzudrehen, in das Schnurren von Marias Nähmaschine hinein: »Mariechen, wir können froh sein, dass wir heute nicht auch zum Friedhof gehen müssen, um Teja zu besuchen.« Er fühlte große Dankbarkeit. Es hätte alles viel schlimmer kommen können in seinem Leben.

Kurz vor Weihnachten lag Alois abends lesend neben seiner Frau im Bett. Plötzlich zuckte er hoch, was Maria überraschte. Percy Brooks Abenteuer ließen ihren Mann sonst nie zusammenfahren. »Was ist denn?«, fragte sie. Alois schaute erst sie an, den Mund halb geöffnet, starrte dann auf seine rechte Hand, der das Buch entfallen war, und murmelte: »Wem gehört diese Hand?« Sein Blick wurde leer und er sank nach hinten.

»Schwerer Gehirnschlag«, sagte Dr. Rixner in seiner ruhigen, sachlichen Art, »keine Hoffnung.« Alois atmete noch drei Tage. Er lag leise röchelnd auf dem Rücken. Wenn Mariechen seine Hand fasste, glaubte sie, einen schwachen Gegendruck zu spüren. Die letzte Nacht wachte Tankred an seinem Bett. Das Röcheln schien Vaters einziges Lebenszeichen. Tankred bettete ihn um. Als er ihn hochhob, wurde Vaters Bewusstsein noch einmal hell, blitzte auf wie eine Glühbirne, deren abgerissene Fäden sich ein letztes Mal berühren und dann nie wieder. Alois öffnete die Augen weit, lächelte und sagte mit dem Stolz, den er sein Leben lang über seine Söhne gezeigt hatte: »Schau her, ein Student und so stark.« Tankred nahm ihn in die Arme, als das Röcheln lauter wurde. Ein letztes, nicht mehr aufbegehrendes Rasseln. Es war vorbei. Am frühen Morgen des Heiligen Abends 1966 starb mein Vater.

Keine drei Jahre später landete der erste Mensch auf dem Mond.